白洲次郎 占領を背負った男

北康利
Yasutoshi Kita

講談社

園遊会にて。左からGHQ高官夫妻、次郎、吉田茂

祖父・退蔵
(三田藩大参事、横浜正金銀行頭取、
岐阜県大書記官を歴任)

家族の写真(左から枝子、尚蔵、福子、次郎)

英国渡航直前の次郎と家族の写真(左から枝子、福子、よし子、次郎、三子、尚蔵)

ペイジ・グレンブルックに乗る中学時代の次郎（左ハンドルの運転席）

父・文平とドイツ留学仲間
（一八八八年頃、ベルリンにて撮影）。
前列左から新渡戸稲造（二六歳）、
近衛篤麿（二五歳、文麿の父、公爵、帰国後すぐ貴族院議員）、
後列左端文平（一九歳）。
カッコ内は当時の年齢

ケンブリッジ大学クレア・カレッジ入学式(次郎は最後列中央)

ブガッティに乗る次郎とロビン(ケンブリッジ時代)

1929年、新婚当時の次郎と正子

蔵王で開かれた東北電力スキー大会にて

1952年、吉田首相の特使として欧米に派遣された際、イタリアにて(左端が次郎)。場所はローマのレストラン(Alfredo all'Augusteo)。バターとパルメザンチーズで和えたソースのフェットチーネで有名(皿の上のパスタがそれ)

最後の英国旅行でのロビンと次郎

晩年の次郎と正子（信州にて）

東北電力会長時代の次郎

白洲次郎　占領を背負った男　目次

装幀　間村俊一

白洲次郎　占領を背負った男

稀代の目利き

朝霧《あさぎり》の乳白色が生まれたての太陽を優しく包みこみ、歩くと霧吹きで顔を吹かれたようになる爽やかな朝である。

河上は田圃《たんぼ》の中の道を歩きながら新鮮な空気を肺腑《はいふ》いっぱいに吸い込んだ。河上徹太郎《かわかみてつたろう》——文芸評論家である。ここではそれだけにとどめておく。物書《ものか》きの常として時間の観念が薄い。この日も徹夜明けの頭を冷やすため、自宅のある神奈川県川崎市の柿生《かきお》から山一つ越えて鶴川《つるかわ》にある友人の家へと向かう途中であった。

新宿からの始発らしい小田急線の電車の音が、丘の向こうからかすかに聞こえてくる。東京郊外の町田市鶴川は今でこそすっかり住宅地になってしまったが、昭和三十年代はまだ武蔵野《むさしの》の面影《おもかげ》を色濃く残していた。猟銃片手の山歩きが趣味である彼にとって、それはお決まりの散歩道である。

少し前を、ショールを肩にかけ洒落《しゃれ》た格好をした初老の女性が歩いている。鶴川駅からの道を出てきたところからすると、さきほどの始発電車を降りてきたに違いない。年甲斐《としがい》もなく一晩中飲み歩いての朝帰りだということは、そのけだるい歩き方からもそれと知れた。ほかでもない、河上が今訪ねようとしている友人の奥さんである。

(正子《まさこ》じゃないか。こんな時間に……。はは あ、また夜通し青山たちのからみ酒につき合わされたな)

さっさと歩けば追いつくものを、河上はちょっとした気まぐれでわざと距離を置いて歩いていた。さらに一二～一三分ほども田舎道《いなかみち》を進むと、やがて前方の山懐《やまふところ》に百姓家《ひゃくしょうや》が見えてきた。主人が、朝早くから家のまわりの草むしりに精を出している。

(いたいた、相変わらず早くから起きているな)

目指す友人を視界に捕らえたとき、河上はふいに足を止めた。子供っぽい考えが浮かんだのだ。しばらく遠くから眺めていたくなったのである。

茅葺《かやぶき》屋根が周囲の景色に溶け込んで実にいい味わいを醸《かも》し出している。入り口にある柿の木の枝ぶりも見事だ。早起きにはいろいろなタイプがあるが、この男の場合、その日一日の始まるのがまどろっこしくて堪《たま》らず起きてくる、そんな感じであった。

(こうして見るとタヌキが百姓に化けてるみたいだな、いやキツネか……)

そう思うと急に可笑《おか》しくなった。主人のいでたちがどうにもこの百姓家とは不釣り合いなのである。

五〇代も半ばの男性にしては珍しく、背は一八〇センチほどもある。やけに姿勢がよく、日本人離れして足が長い。軽くウェーブがかかった白髪はまさにロマンスグレイという言葉がぴったりで、横顔もまるで西洋人のように彫《ほ》りが深く整っている。ただの百姓でないことは幼い子供でもそれと知れた。そもそも格好からして妙だ。長靴を履《は》いているのはいいとして、やたら目立つカーキ色のつなぎを着ている。似合わないと言っているのではない。いやむしろ、それは素敵に似合っているのだが、そんな格好をした百姓は全国どこを探してもいないだろうことだけは断言できた。

夫人は家に続く坂道をゆっくりと上がっていく。ふたりの距離は縮まっていった。

（おっと、派手な夫婦喧嘩《ふうふげんか》が始まりそうだな）

河上が、面白くなってきたとばかりに少しにやっとしたそのとき、主人は彼女に気がついて顔を上げた。すると、

「あら、おはよう」

拍子抜けするようなとびきりの笑顔で明るく声をかけると、何事もなかったかのようにそのまま野良仕事へと戻っていった。

（こいつらだけは今だによくわからんなあ……）

河上が思わず苦笑いした不可解な夫婦――それが白洲次郎と正子であった。気を取り直して坂道を上がってきた河上を、白洲はさっきと同じような素敵な笑顔で、

「ようテッツァン、おはよう」

と軽く片手を挙げて出迎えてくれた。

白洲と河上は旧制中学の同級生である。かつて河上が空襲で五反田の家を焼け出されたとき、食糧難の時代であったにもかかわらず、白洲は二年間もこの鶴川の家に食事つきで住まわせてくれた。河上はそれをずっと恩義に感じており、ひと山向こうの柿生《かきお》に引っ越していったあともこうしてときどき顔を出していたのだ。

白洲次郎の名は知らずとも、エッセイスト白洲正子の名を知る人は多いのではなかろうか。

わが国では古来〝数奇者《すきもの》〟というのは、功なり名を遂げた好々爺《こうこうや》の特権とされてきた。彼女は伝統を愛しつつもそうした旧習を破壊した勇気ある女性であり、女性特有の繊細な感性で日本の美を追求し続けた〝美の狩人《かりゅうど》〟である。相当つらい思いもしたらしい。〝有閑《ゆうかん》マダムの物好きだ〟といった誹《そし》りを受け、悔し涙を流したこともあったが、当代随一の目利《めき》き青山二郎を中心とする集まり（〝青山学院〟と呼ばれた）に日参して研鑽《けんさん》を積んだ。

〈いつかジイちゃん（筆者注：青山二郎のこと）を出しぬいてやろうと思い、一人歩きをして、気に入ったものを買い、自慢してみせると、「フン、これは昨日僕が売ったものだ」そういうことが何回もあった。その度に私はがっかりしたが、不思議なことに骨董というものは、そう見当違いの所を歩き廻らないようで、わずか四、五人、多くて十人くらいの数奇者の間をめぐっている〉（白洲正子『何者でもない人生　青山二郎』）

という常人には計り知れない世界である。夜は夜で、その青山や小林秀雄（文芸評論家）にぼろくそに言われ、何度も泣かされながら、彼らのからみ酒に朝までつき合うことで審美眼を鍛えられていった。

文壇一の酒豪と自他ともに認める河上も、青山、小林とは三点セットと呼んでいいほどに仲がよかった。何のことはない、彼もまた、しばしばこのからみ酒に参加していた常連だったのだ。正子が物書きの何たるかを身につけていったのは、実にこの河上と小林のおかげであった。

努力の甲斐《かい》あってやがて正子の目利きとしての才能は開花し、そのたぐい稀《まれ》なる文才もあずかって情緒溢《あふ》れるエッセイとして結実していく。『明恵上人《みょうえしょうにん》』『十一面観音巡礼』『世阿弥《ぜあみ》』『日本のたくみ』『西行』『両性具有《りょうせいぐゆう》の美』等々、彼女の作品に触れると、実に心豊かで優しい気持ちになり、この国に住んでいることの喜びをかみ締めることができる。すでに本人は鬼籍《きせき》に入っているにもかかわらず、その人気は衰えることを知らない。

稀代《きだい》の目利きに成長した白洲正子の眼力は人物にも向けられていた。人間観察の鋭さはその作品からも明々《あかあか》と立ち上ってくる。では彼女が伴侶《はんりょ》として選んだ白洲次郎という男はどうだったのか。

彼は吉田茂に見込まれ、戦後、日本復興の推進役として辣腕《らつわん》を振るった人物である。〝プリンシプル〟（生き方の大原則）を大事にし、筋の通らない話には相手が誰であろうと一歩も引かなかった。正子は次郎のことを「直情一徹の士《さむらい》」、「乱世に生き甲斐を感じるような野人」と評している。

エピソードには事欠かない。

日本政府を代表してGHQとの交渉窓口を任されていたときのこと、昭和天皇からのクリスマスプレゼントをマッカーサーの部屋に持参したことがあった。すでに机の上には贈り物が堆《うずたか》く積まれている。そこでマッカーサーは、

「そのあたりにでも置いておいてくれ」

と絨毯《じゆうたん》の上を指差した。

そのとたん白洲は血相を変え、

「いやしくもかつて日本の統治者であった者からの贈り物を、その辺に置けとは何事ですかっ！」

と叱《しか》り飛ばし、贈り物を持って帰ろうとした。さすがのマッカーサーもあわてて謝り、新たにテーブルを用意させたという。

――戦争には負けたけれども奴隷になったわけではない。

それが彼の口癖だった。日本人離れした体軀《たいく》と英国流のダンディズムを身につけていた彼は、アメリカ人と相対《あいたい》しても位負《くらいま》けするどころかむしろ相手が威圧感を感じるほど。英国仕込みの語学力を武器にGHQ高官とも堂々とわたりあった。

圭角《けいかく》のある人物としても知られ、〝うるさ方《がた》〟として音に聞こえた存在であった。

まず威嚇《いかく》して、相手の反応でその人間の大きさを量るという悪い癖があって、初対面の相手はそれだけで震え上がった。青山二郎はそんな次郎に、〝メトロのライオン〟というあだ名を

つけている。映画会社のメトロ・ゴールドウィン・メイヤー社はトレードマークがライオンで、映画の冒頭必ずライオンが現れウォー、ウォーと吼《ほ》える。これと同じだというのである。言いえて妙であった。

もっとも家庭では冒頭紹介したように温厚そのもの。めったに怒鳴ったりはせず、夫婦仲はすこぶるよかった。正子の活動にもまったく干渉せず、相手の人格を尊重し、そこは自己責任だと割り切っていた。

いろいろな顔をもつ白洲次郎という男、稀代の目利きが生涯の伴侶に選んだこの人物が、本書の主人公である。

育ちのいい生粋の野蛮人

白洲次郎は明治三五年（一九〇二年）二月一七日、兵庫県武庫《むこ》郡精道《せいどう》村（現在の兵庫県芦屋《あしや》市）において、父・文平《ふみひら》、母・よし子の次男として生を享《う》けた。昭和天皇生誕の翌年のことである。

明治七年（一八七四年）、大阪・神戸間に鉄道が開通すると、大阪の豪商たちは競うようにして住吉や御影《みかげ》に広壮な邸宅を建設し始めた。少し開発の遅れた芦屋には、次郎が生まれたころはまだ省線電車（現在のＪＲ）の駅はなく、西宮か住吉駅で降りて人力車に乗らねばならなかったくらいで、のどかな田園風景が広がっていた。

二男三女の五人兄弟である。兄・尚蔵《しょうぞう》は五歳上、姉・枝子《えだこ》は三歳上、そのほかに二歳下の妹・福子《ふくこ》と九歳下の妹・三子《さんこ》がいた。白洲家は三田《さんだ》藩（兵庫県三田市）において代々儒官を務めた家柄で、次郎の祖父・退蔵《たいぞう》は大参事《だいさんじ》（家老職）に抜擢されたほどの名家である。

産声《うぶごえ》をあげたときはみな多少の器量の差こそあれ大差ないものであるが、彼の場合、生まれ落ちた家庭がすでに凡人とは相当違っていた。彼の生家は〝芦屋〟という言葉から人々が連想するとおりの、いやそれ以上の大富豪であった。〝恒産《こうさん》なくして恒心《こうしん》なし〟という言葉がある。この言葉だけですべてが語られるほど人生は単純でもないが、現実にはけっこう人生の重要な一面を示唆《しさ》していたりするから始末が悪い。

母・よし子は色白で評判の美人。おしとやかで心優しい女性であった。当時の既婚女性の多くがそうであったように彼女も頭は丸髷《まるまげ》。着物姿がよく似合い、匂い立つような気品があった。だが上流階級の出身というわけではなく、父・文平が小田原にふらり立ち寄った際に見初《みそ》めてそのまま連れ帰った女性らしい。若いころ、文平は厳格な退蔵に反発していたというから、これもそうした行動の一つだったのだろう。親としては面白くなかったようで、次郎が幼いころまだ存命だった祖母・銈子《そうこ》（退蔵の後妻）は、姑《しゅうとめ》としてよし子に厳しく接していたという。

次郎は母親似だ。兄弟姉妹の中で誰よりも顔立ちがよし子に似ている。なかでも目から鼻筋にかけてのあたりはそっくりである。だからということでもなかろうが、次郎は母親の愛をことのほか強く感じながら育った。幼いころは身体が弱く何度も大病に罹《かか》って死の淵をさまよったが、その都度《つど》、母・よし子の献身的な看病のおかげで生命の危機を乗り越えた。後年そのことを思い出すたびに感謝の思いで胸がいっぱいになったという。

彼は雑誌のインタビューの中で、

——世の中でいちばん好きで、いちばん尊敬しているのは母だ。

と照れることなく語っている。彼は世評というものに対して徹底して神経が鈍麻《どんま》していた人物である。〝マザコン〟だと後ろ指をさされるかもしれないなどということは、くだらなさすぎて頭の中をよぎりさえしなかったろう。好きなものは好きなのである。襁褓《むつき》の臭いと乳の臭いが混じりあったような懐かしさ——母・よし子の存在は次郎の心の支えであった。

一方の父・文平は、大正から昭和初期にかけて綿花貿易で大成功を収めた実業家。留学生活が長かったこともあって考え方や行動も万事欧米流であった上威勢がよく、若いころは〝仕込み杖を持って肩で風を切って闊歩《かつぽ》するような〟青年であった。身体も日本人離れしており、次郎の背が高かったのは文平に似たためである。

商売が忙しかったからさぞかし父親の愛情薄く育ったのだろうと思われるかもしれないが、むしろ逆であり、文平はあたかも動物の親が子供を舐《な》めて慈《いつくし》むようにして愛情を注いだ。自分が家にいるとき、次郎が学校から帰ってくるのが遅いというだけでイライラし、そうした顔を周囲に見られたくなくて檻《おり》の中の猛獣のように家の中を歩きまわる。帰宅すればしたで我慢した分だけ癇癪《かんしやく》を起こすのだから始末におえない。そうした愛情過多なところが次郎には疎《うと》ましかったのだが、後年の彼はそんな父親そっくりになるのだから皮肉なものである。

文平は花柳界《かりゆうかい》に出入りして毎晩派手に遊び、当然妾《めかけ》を囲っていた。詳しくはわからないが、次郎には母親の違う弟や妹もいたようだ。

父親を嫌ったもうひとつの理由は、長じてよし子から聞かされた名前の一件にあった。次郎が生まれたとき、

「名前はわしが考える」

と高らかに宣言したのはいいのだが、待てど暮らせどいっこうに考えている様子がない。よし子が気になって催促しても、

「うるさい、わかっとる!」

の一点張り、ついに村役場に届け出ないといけない日がきた文平は、

「よし、まあ次男なんやから次郎でええやろ」

と投げやりに名前を決めてしまったのである。三女が〝三子《さんこ》〟だというのも同様であったらしい。いい加減なことこの上ない。

次郎は、兄・尚蔵のことをたいへん慕っていた。五歳上のこの兄は、次郎が足に肉刺《まめ》ができて痛がっていると、黙っておんぶしてくれるような心優しい人であった。勉強もでき、性格も温和で白洲家自慢の総領息子であった。

人は皆次郎に優しかった。家の近所に『中現長《なかげんちよう》』という鰻屋《うなぎや》があり、湯木やゑという男勝りの美人女将《おかみ》がいたが、彼女も次郎のことをたいへんに可愛がってくれた。息子の貞一は次郎の一つ年上である。自分の子供と年が近かったこともあったのだろう、幼い次郎のことを「坊《ぼ》ん」と呼んで他人とは思えない愛情を注いでくれた。おいしい鰻を食べさせてくれただけでなく、病気をしたときには、しばしばよし子に代わって何日も看病してくれたことがあった。長じてからもそうだが、人に愛されるという美徳は彼の天性のものである。

当時の芦屋にあった唯一の小学校が精道小学校。児童数二〇〇名足らずの小さな小学校だ。高学年になると、身体が弱かったなどとは想像だにできないやんちゃ坊主へと成長していく。近所の母親たちが「次郎ちゃんとは遊んじゃダメよ」と、わざわざ子供に言って聞かすほどだったその中で、哀れ子分にされていたのが馬淵威雄《まぶちたけお》という四つほど下の下級生であった。

家が少し離れていたので彼らは電車通学していた。精道小学校は阪神芦屋駅のすぐそばにあったが、そもそも当時芦屋に駅があったのは阪神電車だけ。ちなみに省線芦屋駅ができたのは大正二年、阪急は大正九年である。当時の阪神電車は一両だけのチンチン電車。さしてスピードが出ないのをいいことにして、次郎は家が近づくといつも途中で飛び降りていた。後年の気短《きみじか》の萌芽《ほうが》がすでにみえる。ところが馬淵はまだ小さいので恐くて飛べない。

「タケオっ、それ今だ！」

嫌がる馬淵を後ろから蹴飛ばすようにして飛ばせるのが常だった。馬淵はそれがいやでそっとひとりで帰ろうとしたところ、校門を出たところで、

「タケオっ、遅いぞっ！」

と大声が飛んできた。声の主は振り返らずともわかる。次郎が校門で待っていたのだ。

では馬淵は気の弱い大人に育ったかというとさにあらず、戦後世を騒がせた〝東宝争議〟と呼ばれる労使対立を収拾するため、東宝の社長がスカウトした敏腕の役員が馬淵だった。その後彼は東宝の会長に就任。一方同じ東宝系列の東宝東和という洋画輸入配給会社の社長に就任したのが次郎の長男・春正《はるまさ》である。春正はしばしば馬淵と顔を合わせたが、そのたびに、

「お前の親父は本当にひどいヤツだった」

と恨み節を聞かされて閉口したという。

芦屋の次に移り住んだのが、芦屋の少し北に位置する川辺郡伊丹《いたみ》町北村二五六番地（現在の兵庫県伊丹市春日丘四丁目五〇番地付近）である。この家がまた半端ではない。敷地はなんと四万坪もあり、その中には美術館があって雪舟や狩野派、土佐派などの日本画、コロー、モネ、マティスといった洋画、後藤派などの彫金細工《ちょうきん》や清朝《しんちょう》の壺などが何百点と収蔵されていた。また牡丹《ぼたん》畑もあり、まさに贅《ぜい》の限りを尽くした大豪邸であった。高台に建っていたことからはるか遠くまで見晴るかすことができ、さながら城主のような心持ちになった。

昭和四年頃撮影された航空写真を見せてもらったことがある。不鮮明ではあったが、白洲邸が写っている。優に学校ほどもある広さであることが見てとれた。とりわけ驚いたのは、そこに大きな給水塔が建っていたことである。給水塔のある屋敷など聞いたことがない。この給水塔はつたに絡まったまま昭和五〇年代まで残っていたらしい。現在屋敷跡は、自衛隊伊丹駐屯地の幹部宿舎や個人宅などになっている。

何不自由ない暮らしの中、両親の愛を一身に受けて次郎はまっすぐに育っていき、全国屈指の名門校神戸第一中学（現在の県立神戸高校）に進学する。

次郎はなかなかこの学校になじめなかった。先頭にならって一糸乱れずに飛ぶ雁のように、みな同じ方向に向かう様子が次郎には堪えられなかったのだ。よほどつらかったのだろう、後年、神戸一中時代のことに話が及ぶと口をつぐんだ。

妻・正子だけは次郎の会話に時折関西アクセントが入ると言っていたそうだが、子供たちも含めそれ以外の人間が気づかないほど関西弁がでてこなかった。これも、そうしたことが背景にあるのかもしれない。

卒業生が軒並み一高や三高に進み、その後東京帝国大学や京都帝国大学に入学するのが当たり前という風潮にも反発を感じていた。入学のための試験が暗記中心の詰め込み教育であることに疑問を感じていたのだ。

（先生の教えることをそのまま答案にすることがそんなに偉いのか……）

次郎はその人生を通じ、〝他人と同じである〟ことに背を向け続けた。そうした気持ちは、自我の芽生えとともにますます強くなっていったのだ。迷いは成績にも反映されていった。一年生から五年生までを通じて中の下をうろうろする程度。彼の実力が完全に発揮されたものとは言えなかった。

（ガリ勉でいい成績をとっているやつらよりオレのほうが本当は頭はいいんだ）

という自負は常にあった。

唯一神戸一中時代に見せた積極的な行動が野球部への入部である。後述するが、父・文平は野球草創期の花形選手であった。次郎も幼いころから文平相手にキャッチボールをしたりして興味を持っていたのである。もともと身体を動かすことは大好きだ。運動神経も抜群。中学に入学したころはやせて小柄だったが、在学中に背がぐんと伸びた。素質は十分だったのだが、根性をつけさせることを主眼に置いた厳しい練習になじめず、残念ながら熱中するにはいたらなかった。その代わりに熱中しはじめたのがなんと車の運転である。このあたりがそんじょそこらの中学生とちがうところだ。

父・文平が次郎に与えた小遣《こづか》いは法外な額で、与え方も〝これで一年間過ごせ〟という豪快なもの。加えて旧制中学も最上級になったとき、次郎に買い与えたのがペイジ・グレンブルック1919型という米国車だった。車は当時、破格の貴重品。写真を見ると彼の車のナンバープレートは「兵五四」となっており、車の数の少なさが偲《しの》ばれる。舗装《ほそう》された道などない。ドライブは今のような軽快なものではなかったが、それでも幌《ほろ》を上げオープンカーにして走れば風を受けて爽快であった。今の車よりも運転席が高く、下界《げかい》を見下ろしているような感覚になれることも小気味《こきみ》よかった。

だが、このように極端な金持ちであることがいいことばかりとは限らない。同世代と対等の付き合いができなくなり、周囲との間に溝ができた。もともと人と群れることを嫌い、静かにひとりでいることを好む性格である。無理をしてまで周囲に打ち解けようとはしなかったが、それがときには金持ちの傲慢《ごうまん》と映った。成績表の素行欄に〝やや傲慢〟〝驕慢《きようまん》〟〝怠惰《たいだ》〟といった文字が並んでいるところをみると、教師の不興《ふきよう》を買っていたことがうかがえる。

神戸一中時代の友人のひとりに今日出海《こんひでみ》（作家、佐藤内閣での初代文化庁長官、兄は作家の今東光）がいるが、彼は中学時代の次郎の印象として〝背が高い・訥弁《とつべん》（どもったらしい）・乱暴者・かんしゃく持ち〟の四点を挙げている（『野人・白洲次郎』）。

ふだんは声が小さく口の中でもごもご言っている感じのしゃべり方なのだが、感情が激してくると声が大きくなって次第に上唇の右側が上がってくる。そのうち言葉の統制がきかなくなってどもり始め、いらいらした挙《あ》げ句《く》につい手が出てしまう。あまりに喧嘩が多いので、謝罪のために持っていく菓子折りが自宅に常備されていたというから相当なものである。

今《こん》は次郎のことを〝育ちのいい生粋《きっすい》の野蛮人〟と呼んでいる。このころの旧制中学はバンカラ気質が横溢《おういつ》していた時代で硬派が尊ばれた風潮ではあったが、次郎がしばしば喧嘩沙汰を起こしたのはそれだけが理由ではない。彼には日本という小さな国が窮屈でたまらなかったのだ。

ケンブリッジ大学クレア・カレッジ

中学を卒業してからの進学先が問題となった。

優等生だった兄・尚蔵は、旧制第三高等学校（現在の京都大学教養学部）から京都帝国大学へと進んでいた。ところが次郎の成績では三高にはとても合格できそうにない。

文平《ふみひら》が決断を下した。

「それならいっそのこと留学せえ」

次郎は耳を疑った。留学するにしても大学を卒業してからと思っていたからだ。

祖父・退蔵がミッション系の神戸女学院創立に関わったことから、白洲家には外国人女性教師が寄宿しており、次郎は彼女たちからネイティブの英語を学ぶことができた。欧米への憧《あこが》れは募《つの》り、授業中に英語の本を読んでいて怒られることもしばしば。そんな次郎にとって、留学は願ってもないこと。このときばかりは、父・文平が神様に見えた。

後に彼はこのときの英国留学を冗談めかして、

「僕は手のつけられない不良だったから、島流しにされたんだ」

とひとつ話のように語っているが、〝島流し〟どころか世界最高の留学先だった。もっとも、当時次郎と宝塚歌劇団の年上の女性との間にロマンスがあったという話もあり、もしかしたらこれが背景にあったのかもしれない。後年次郎は孫に、

「じいちゃんが学校から帰ろうとすると、校門のところに宝塚の女の子たちが待っていたもんだ」

と言って自慢していたそうだ。そうすると〝島流し〟という言葉もがぜん現実味を帯びてくる。大正九年（一九二〇年）一〇月一八日付の家族写真が残っているから、次郎の渡航はその翌年のことだったようだ。次郎このとき一九歳。


神戸港から客船に揺られ一ヵ月ほどもかけて英国へと渡った。気の遠くなるような長旅も、次郎にとっては心浮き立つ体験である。まずは現地の高校に入って大学の入学準備をすることになった。

次郎がロンドンに来てしばらくすると、京都帝国大学を卒業した兄・尚蔵もまた英国に渡ってきてオックスフォード大学に入学した。尚蔵は上品でハンサムな好青年へと成長していた。兄と同じというのも面白くないと考えた次郎はケンブリッジ大学を志すことにした。今もそうだが、両校は〝オックスブリッジ〟と総称される英国の大学の双璧《そうへき》である。尚蔵を慕っていた次郎にライバル心などなかったが、出来のいい兄に追いつけるまたとないチャンスではあっ

た。

そんなとき、次郎のもとに驚天動地の知らせが届いた。〝日本は大地震によって海底に沈んだ〟というのである。大正一二年九月一日に起きた関東大震災のことであった。実際、第一報はそうしたものであったという。それを聞いて、次郎が親しくしていた英国婦人は、

「ジロー、心配しなくていいのよ。ひとりぼっちになったらうちの子になればいいから」

と、同情の涙を流しながら抱きしめてくれたという。次郎は気が気ではなかったが、やがて誤報だとわかりほっと一安心。ようやく受験勉強に専念することが出来た。

日本の帝国大学を出た尚蔵は当時の制度により無試験で入学できたが、次郎は入学試験を受けねばならない。ヨーロッパ中世史を専攻しようと考えた彼は、どうせ勉強するなら将来役に立つものをと、一念発起してラテン語の勉強を始めた。ラテン語はヨーロッパの古文書を読むには必須の知識である。こうして見事合格。

「日本からの留学生は漢文で受験するものだが、オレはラテン語で合格したんだ」

後年そう言って春正に自慢した。

ケンブリッジ大学には三一のカレッジがあったが、次郎が入ったのは最難関のクレア・カレッジ。英国王エドワード一世の孫娘エドワード・クレアによって創設された名門カレッジである。現在は共学だが当時は男子校。学寮での寄宿舎生活が始まった。

クレア・カレッジ入学式のときの写真が残っている。四角い学帽にマント姿の六九名の中で

東洋人は次郎ただひとり。目立ったであろうことは想像に難くない。当初の成績こそ最下位に近かったが、猛勉強し二年目にはトップクラス入りを果たした。

ケンブリッジは優秀な教授陣で知られている。その中にはあの有名な経済学者ジョン・メイナード・ケインズもいた。恵まれた環境の中で、さまざまな知識を貪欲《どんよく》に吸収していった。このころ、目の覚《さ》めるような経験をしている。J・J・トムソンという優れた物理学者（電子の発見で有名）のクラスで試験を受けた際のこと。授業で教わったことを徹底的に復習していた彼はテストの結果に自信を持っていた。ところが返ってきた点数を見てがっかりした。案に相違して低かったのだ。不満げな顔のまま答案を仔細《しさい》にながめてはっとした。そこには、

〈君の答案には、君自身の考えが一つもない〉

と書かれていたのだ。頭のてっぺんから足先までびりびりっと電流が流れたような気がした。

（これこそオレが中学時代疑問に思っていたことの答えじゃないか！）

痛快な喜びがこみ上げてきた。テストの成績が悪かったことなどどこへやら、誰彼かまわず握手して回りたい気持ちだった。

（よし、やってやろうじゃないかっ！）

次の試験では自分の意見を存分に書いて高得点をもらった。英国で学ぶことの幸せをかみ締めることのできた瞬間だった。

当時のケンブリッジでは試験の得点だけではなく、何回食堂でチューター（指導担任）と夕

食をともにしたかも卒業の条件となっていた。食事の時間を通じてマナーを身につけさせようとしたのだ。また教授たちは、講義を始める前、必ず学生に向かって〝gentlemen〟と呼びかけたという。次郎はその言葉を聞くたび、自分たちは自由であると同時に紳士としての規律を求められているのだということをかみ締めた。

次郎は生涯を通じ、「プリンシプル（原則）が大事だ」ということをことあるごとに口にしたが、それはおそらくケンブリッジでの〝Be gentleman〟（紳士たれ）と同義だったのではあるまいか。英国紳士の精神的バックボーンは騎士道である。武士道と騎士道は、洋の東西と地理的にこそ離れているが相容《あいい》れないものではない。それらは次郎の中で玄妙《げんみょう》に交じり合い血肉《けつにく》の一部となっていった。

青年期は友情を育《はぐく》む時代である。次郎もまたケンブリッジで終生の友と出会った。貴族の青年ロバート・セシル・ビング（Robert Cecil Byng）である。ロビンと呼ばれていた。

先述したように次郎は群れることを嫌う。それは英国に来ても同じこと。パブなどに行ってもひとり店の隅で飲んでいることが多かった。ロビンも内気で人見知りする性格。次郎を見ていて自分に似たものを感じていた。

ある日、ロビンがあることで学友からからまれて困っていた。そこにたまたま通りかかったのが次郎である。弱いものいじめは次郎のもっとも嫌う行為。すぐさま、

「おい、嫌がってるんだからやめてやれよ」

と割って入った。カレッジでも一目置かれているこの東洋人の一言で喧嘩はおさまり、ロビンは無事難を逃れることができたのだ。次郎にすればなんということもなかったが、ロビンはこのことをたいへん感謝した。地味なロビンと派手な次郎。見た目は正反対でも性格的には似たところのあるふたりはすぐに意気投合していった。

ロビンは次郎の二歳年下である。彼の家系はウィリアム征服王の流れを汲《く》むストラッフォード伯爵家（Earl of Strafford）。一七世紀のストラッフォード一世は英国王チャールズ一世の寵《ちょう》臣《しん》として有名であり、ウォーテルローの戦いに参戦し陸軍元帥になった先祖もいる名門だ。

ロビンは次郎の風貌が、自分の知っている日本人の特徴を一つも備えていないことが不思議でならなかった。後年次郎の次男・兼正《かねまさ》がロビンのところでホームステイしていたころ、

「お前たちにはアラブの血が混じってるんじゃないか?」

と乱暴なことを言ったという。

後に爵位を継承して七世ストラッフォード伯爵となるロビンも、このころは並の金持ちにすぎない。それに比べ次郎のほうは使いきれないほどの仕送りをもらっていた。嘘かまことか一度に一万円ほども送金があったという。小学校教員の初任給が四五円程度だったこの時代。現在のお金にして三〇〇〇万円ほどになるであろうか。彼にまつわるエピソードを拾っていくと、どこまでが本当なのかわからなくなってくる。

そのころの英国自動車業界は、第一次世界大戦の航空機技術が導入された高性能の自動車が

出始めていた時期である。新開発の自動車の素晴らしさに、次郎の自動車熱はいやがうえにも煽《あお》られた。そして選びに選んで手に入れた車がベントレーの3リッターカー。当時のカーマニアの垂涎《すいぜん》の的であり、その耐久性がル・マンの優勝でも証明された名車中の名車であった。当時の車とあなどってはいけない。時速一〇〇マイル（約一六〇キロ）近いスピードが出た。今で言えばF1のレーシングカーに匹敵するだろう。現在のようにいたるところに車の修理工場のある時代ではない。高度な車の知識を持ち合わせていなければとても乗りこなせる代物《しろもの》ではなかった。日本にも戦前七台輸入されたが、あまりに高くて三台しか売れなかったという。価格がフォード車の二〇倍だったというから当然だろう。今で言うなら自家用ジェット機を買う感覚であろうか。先述の仕送りほどの資金がなければ買える車ではない。

あきれたことに一台でとどまらなかった。

次に購入したのがブガッティ。最高傑作と言われるタイプ35であり、走る宝石とまでいわれた名車である。車が貴重品であった当時、超高級車を二台所有するというのは尋常ではない。

夏季休暇などを利用して、英国だけではなく船で大陸に渡り欧州各地を走って回った。フランス東部アルザス地方のモルスハイムという町にあったブガッティの工場にまで出かけ、そこの技術者から直接指導を仰いだりもしたという。

当時は道が悪い。今よりゆっくり走ったのだろうと思うとさにあらず、次郎はいつも最高速度近いスピードで爆走した。次郎の車が近づく音はその迫力ある爆音ですぐわかる。休暇にロビンが父親（Hon. Ivo Francis Byng）の住む一四世紀の古戦場オッターバーン（Otterburn）の実家に帰っていたときもその爆音が轟《とどろ》きわたった。窓から顔を出したロビンに、次郎が運転席から声をかけた。

「ロビン、行くぞ！」

次郎が何度もドライブに誘うもので、おとなしいロビンも次第に車が好きになってきていた。もっとも彼の場合、自分で運転するよりも次郎の助手席に乗っている時間のほうが長かった。

「ゴーグル持ってきたか？」

「ああ」

「今日はいつもと違ってサーキットだからな」

ゴーグルはメルセデス・ベンツの創始者であるベンツ男爵がオープンカー用に作らせたのが始まりとされる。当時はまだ珍しいものだった。

「ジローみたいなスピード狂の横に乗るにはこれがなくちゃ目も開けていられないからな」

ロビンは真顔でそう言った。次郎が目指したのはロンドンから一時間ほどのところにあるブルックランズ・サーキット。一九〇七年に建設された世界初のレーシングコースである。

「ロビン、このサーキットはすり鉢状になっているだろ。あの高く膨らんだところを〝バンク〟って言うんだ。高速でコーナリングできるからスリル満点だぜ」

次郎の目はもうきらきら輝いている。

「ってことはいつもよりもっとスピードを出すってことか？　勘弁してくれよ……」

反対にロビンの表情はみるみる緊張で固まっていった。

ちょうど次郎が車で走り始めたころから、英国内ではスピードの出しすぎが社会問題化し始めていた。一九二五年からは公道での自動車レースが禁止されている。そのため各地にブルックランズのようなレーシング・サーキットが建設され始めていたのである。当然危険な目にも遭った。次郎は一度大事故を起こしたことがあり、足と鎖骨のあたりに傷跡が残った。それでも彼は自動車を愛し、走ることを止《や》めなかったのだ。

「あいつらまたブルックランズか？　まさに〝オイリーボーイズ〟だな」

ケンブリッジの友人たちは半ばあきれたようにふたりをこう呼んだ。〝オイリーボーイ〟とは、油まみれになって車をいじっているカーマニアを指す言葉である。次郎たちからすればこれ以上ない誉め言葉であった。共通した趣味によってふたりの絆はさらに深まっていく。

ロビンの伯父はストラッフォード伯爵。ノーサンバーランドに立派な城館を保有していた。

大正一三年（一九二四年）九月、夏季休暇も終わりに近づいたころ、次郎はロビンの伯父の城館を訪れた。蔦《つた》がからまり落ち着いたたたずまいの中に英国貴族のもつ歴史の重みが感じられる。

「ジロー、君はいつも気短だけど、まさかすぐ帰るとは言わないよな」

ロビンに引き止められて結局五日間も泊まることになった。今も残る来客簿には、

〈大日本兵庫県川辺郡伊丹町　白洲次郎〉

という署名が残されている。日本では浮いた存在だったが、こうして自分と対等につき合ってくれる友人をもてたことが嬉しかった。

オイリーボーイズは大正一四年の年も押し詰まったころ、サーキットを飛び出して欧州の果てを目指す旅に出た。ジブラルタル海峡まで二週間ほどのドライブである。真冬にオープンカーで疾駆《しっく》するというのはほとんど常軌《じょうき》を逸《いっ》しているが、それが若さなのだろう。地中海の出口にあたるジブラルタルは軍事上の要衝《ようしょう》であり、現在も英国領のまま。昔から英国人にたいへん人気のあるリゾート地である。まだ車が少なかった当時、行く先々でもの珍しげな子供たちに囲まれた。スペインはことに印象深かった。アルハンブラ宮殿を見下ろす丘に腰をかけ、ロビンとふたりで見た夕日は魂が震えるほど美しかった。

潤沢《じゅんたく》な仕送りもあり、留学生活はそれこそ〝酒と薔薇《ばら》の日々〟である。のびのびと学生生活をエンジョイしていた。スポーツでも活躍し、大学のスポーツ大会でネクタイを賞品としてもらったりもしている。そのうちデートに誘うガールフレンドができた。ロビンの一族と親しかったモリソン・ベル家のキャサリン（Kathleen Morrison Bell）である。ハイグリーンの立派な城館に住む上流階級のお嬢さん。何度も顔を見せるうち、彼女の母親にもすっかり気に入られてしまった。

大正一五年、彼女が親戚の一家と一泊二日の予定でパリ旅行に出かけたときのこと。

（一つキャサリンを驚かせてやろう）

次郎は海峡を渡り、彼女が泊まっているリッツホテル前のバンドーム広場に突然ブガッティに乗って現れた。今でこそ一つ星が減って四つ星になっているが、かのアーネスト・ヘミングウェイが「天国の夢を見ると、それはパリのリッツホテルだ」と賞賛した最高級ホテルである。

「シャルトルまでドライブに行かないか?」

次郎は強引に彼女をデートに誘った。わずか一泊二日の旅なのだから彼女にも計画があったに違いないのだが、イギリスからわざわざ来てくれたボーイフレンドに敬意を表してデートに応じた。シャルトルはパリから南西に九〇キロほどのところにある町。

(まあ往復で五時間くらいみておけばいいかしら……)

と彼女は思ったが、次郎を甘く見てはいけない。なんと一〇〇マイル(時速一六〇キロ)近い全速力を出し、シャルトルまでわずか四〇分程度で行ってしまったのだ。シャルトルと言えばなんといっても大聖堂。〝シャルトルブルー〟と称されるステンドグラスは心揺さぶる美しさで、これをふたり並んで見上げることができただけで次郎は十分満足していた。

観るべきものは大聖堂しかない町である。ひととおり観終わるとふたりはまた車上の人となり、もと来た道を同様の猛スピードでパリへとひた走った。これではドライブでなくカーレースである。オープンカーのまま舗装《ほそう》されていない道を猛スピードで走った彼らは全身埃《ほこり》だらけ。そのままブガッティを、着飾った紳士淑女の行き交うリッツホテルの前に横付けした。

ケンブリッジでの日々は夢のように過ぎていった。車やデートにばかり夢中だったわけではない。優秀な教授陣に囲まれて学問の世界の楽しさにも目覚めていた。

（できれば学者になりたい）

いつしかそう思うようになっていた。儒学者・白洲家の血なのかもしれない。後年春正に、

「中世スウェーデンの王家について研究しようと思っていたんだ」

と語ったこともあったという。

そんな希望に夢膨《ふく》らませていた次郎のもとに一通の電報が届いた。兄・尚蔵からであった。

――シラスシヨウテントウサン、スグカヘレ

（何だって……）

電報を持つ手が震えた。金融恐慌のあおりを受け、白洲商店が倒産したという知らせだった。寝起きの顔に冷水を掛けられたような思いである。昭和三年（一九二八年）、年が明けてすぐのことであった。

白洲商店を倒産に追い込んだ昭和の金融恐慌について少し触れておこう。

昭和二年三月、時の蔵相・片岡直温《かたおかなおはる》が「東京渡辺銀行は手形決済不能となり休業する」と、大蔵次官から渡されたメモを国会でついうっかり読み上げてしまったのがそもそもの始まりだった。東京渡辺銀行が休業に追いこまれると、その影響で他の銀行にも取り付け騒ぎが発生。コール資金の最大の取り手だった台湾銀行の資金繰りが悪化して、同行に頼っていた当時有数の貿易商社・鈴木商店の倒産を引き起こし、ついに若槻礼次郎内閣は総辞職に追いこまれた。

ここで事態の収拾に乗り出したのが、新しく蔵相に就任した高橋是清である。高橋は裏が印刷されていない二百円札を銀行の窓口に積ませて預金者を安心させたうえ、三週間のモラトリアム（債権債務の支払停止）を発動させるという大胆な対策を打ち出してようやく事態を沈静化させた。

一連の騒ぎで休業した銀行は二九行に上ったが、その中に文平がメインバンクと頼りにしていた十五銀行が含まれていた。

次郎は父・文平のことをいつもは煙たがっていたが、それは人生の勝利者である父親がしばしば暴君よろしく勝手気ままに振る舞うのが疎《うと》ましかったからだった。だが今は事情が違う。父親が初めて直面した大きな挫折を乗り越えられるか、心配で仕方なかった。実は当時の白洲家にはもう一つの問題があった。兄・尚蔵のことである。

オックスフォードを卒業した尚蔵は、なんとロンドンのイーストエンドと呼ばれる貧民窟《ひんみんくつ》に住み始めた。大学時代、社会問題に目覚めた彼は、貧しい人々に目を向けようと自らその中に飛び込んでいったのだ。少し前まではアヘン窟《くつ》が軒を連ねていたような場所である。目の焦点が定まらない男や浮浪者がたむろしている。大英帝国の繁栄の陰に隠された闇の部分。ひとりの善意がその暗闇を照らせるほど生易《なまやさ》しいところではない。尚蔵は、あまりに恵まれている自分の境遇とのギャップに悩み、苦しみ、呆然《ぼうぜん》と立ち尽くした。煩悶《はんもん》する日々を重ねた彼はついに心を病んでしまい、次郎より先に傷心帰国していたのである。破産した文平を、そんな状態の尚蔵が支えられようはずもない。次郎が焦ったのにはそんな事情もあったのだ。

電話などない当時のこと。ただただ心配で部屋の中をうろうろと歩き回った。

(こうしてはいられない……)

すぐ気を取り直して荷物をまとめ始め、心残りだったが愛車ベントレーとブガッティを売って帰国費用にあてた。事情を聞いた親友のロビンはしきりに心配してくれた。

「なに、またすぐ会えるさ」

「必ずな!」

家が破産した以上、それが叶《かな》うことかどうか疑わしかったが、自分に言い聞かせるようにして再会を誓った。後ろ髪を引かれる思いがなかったと言えば嘘になる。しかしまずは父親を支えてやることが第一であった。


昭和三年(一九二八年)、八年間の留学生活にピリオドを打ち、次郎は再び日本の土を踏む。二六歳になっていた。白洲商店の倒産さえなければ後年の白洲次郎はなく、おそらく〝ケンブリッジに偏屈な日本人の中世史学者がいるそうだ〟といった程度で終わっていたかもしれない。人間の運命とはわからないものである。

前もって電報で到着時間を知らせていたこともあって、文平と尚蔵がわざわざ伊丹駅まで迎えに来てくれていた。列車のタラップの上から久しぶりに見た父親の姿は、以前より一回り小さくなったように見えた。

「おーい、次郎っ!」

文平はもう待ちきれなくて、遠くから手を振りながら大声で次郎のことを呼んだ。あまりの声の大きさに、周囲の乗客が一斉に次郎のほうを振り返ったのには閉口した。

（これぱっかりは昔のままだな……）

少しほっとした。次郎の心をぎゅっとしばっていた身体の糸がほどけて楽になった。

「大丈夫かい？」

「心配かけたけど、まあなんとか生きとるから安心せえ。それにしても立派になったもんやなあ。見違えたわ」

思ったほど落ち込んでいる様子はない。尚蔵のほうも落ち着いているらしく、相変わらず言葉少なではあったが次郎としっかり握手を交わした。

文平の言葉がカラ元気であったことはすぐにわかった。家に着いて荷をほどく間もなく、何人もの債権者が入れ替わり立ち替わり顔を出した。それこそ息つく暇もない。自慢の豪邸はすでに担保にとられている。売却は時間の問題だった。戦後この地所の一部がホテルになったが、開業にあたって調査したところ登記上土地が何筆にも分かれていたというから、債権者の数も相当多かったのだろう。

それでも文平は傲然《ごうぜん》と、

「払えんものは払えんのや！」

と言い放って口を真一文字にしていたが、家にいると債権者との応対をしないといけないので、しょっちゅう家を空けて花柳界に憂《う》さ晴《ば》らしをしに行った。尚蔵は部屋から一歩も出てこない。母・よし子がその都度申し訳なさそうに頭を下げるのを見るのはつらかった。すっかりやつれ、以前よりぐっと老けこんでいる。

「文平はんは今日も色街か。ほんまに困ったもんや。あの人、まわりに迷惑かけた思てんのかいな」

帰り際《ぎわ》、債権者は文平にぶつけられない不満の捌《は》け口をしばしばよし子に向けた。次郎は見ていられなくなり、深夜したたかに酔って帰宅した文平に激しく食って掛かった。

「親父！　債権者の応対をお袋に任せて飲みに行くとはどういう料簡《りょうけん》だ？　お袋がかわいそうだろう！　こそこそ逃げ回るなんて男のすることじゃないぞ」

「なんやとーっ！」

文平の目がみるみる三角になって釣りあがっていく。

「お前これまでイギリスでええ暮らししてこれたんは誰のおかげや思てんねん。このすねかじりが偉そうなことぬかすな！」

言葉だけでなく手も飛んできて、横っ面をいやというほど殴られた。次郎はこれまで父親に向かっていくなどということは金輪際《こんりんざい》なかったが、今では身体は次郎のほうが大きく筋骨隆々としている。腕っ節で負けるはずがなかった。目を怒らして向かっていこうとする次郎を、よし子は泣きながらしがみついて押しとどめた。

「次郎、お父さんに手を上げるようなことをしたら勘当ですよ！　頼むからやめておくれ、後生だから」

さすがの次郎もよし子には逆らえない。黙って後ろを向くと、怒りに肩を震わせながら自室にこもって荷造りをし始めた。

(こんな親父とは一緒に暮らせん!)

東京へ行くことを決意した。よし子のことが心配でないはずはない。翌朝、叔父の長平に事情を話し、母親を助けてやってほしいとお願いをしておいた。父・文平は頼りにならないが、この叔父はこういうとき、実に頼りになるのだ。

駅での見送りはよし子一人。文平は怒ってとうとう顔を見せなかった。自分のせいで次郎が東京に行くことになったこともあってか、よし子は目に涙をためたまま言葉少なである。母親の寂しそうな顔を見るのはやはりつらかった。

「東京で職を見つけたら仕送りをするからね。楽しみにしててよ」

座席の窓越しに、次郎はわざと明るい言葉を投げた。よし子は微笑みながらうなずき、ホームから手を差しのべた。次郎はその手を、まるで大切なものを包み込むようにして両手で握り返したが、白く蠟《ろう》のように透き通った手は鶴のように痩せていて痛々しい。すぐ離すことができなくなり、ピーっという発車の笛が鳴るまで、その手を握り続けた。

「身体に気をつけて……」

やっとの思いでよし子が口にした最後の言葉は、汽車の動き出す音にかき消されて切れ切れにしか届かなかった。両頬を涙が濡《ぬ》らしている。その姿がせつなくて、次郎は胸の奥が酸《す》っぱくなった。よし子の姿が小さな点のようになるまで窓から身を乗り出すようにして手を振り続けた。さすがに見えなくなってようやく座席に座ったが、それでもしばらくは涙が止まらず、周りの客に見られるのが恥ずかしくてずっと車窓から外を眺めていた。景色が涙の中をゆらぎながら流れていった。

上京した次郎が就職したのは『ジャパン・アドバタイザー』という英字新聞社である。ちょうど昭和三年一一月に昭和天皇即位の御大典が行われることもあって、さっそく日本の歴史や文化を外国人にわかりやすく紹介する連載記事を持たされ、相当の収入を得ることができた。そのほとんどは伊丹への仕送りにあてた。もちろんよし子宛である。

英国にいたときは一度もホームシックにならなかった次郎だったが、日本に帰ってきたとたん胸が苦しいほどに英国が恋しくなってきた。寝ても覚めても思うのは英国のことばかり。

そんなとき、ケンブリッジの友人から手紙が届いた。昭和四年一〇月、太平洋会議という各国有識者の集まる会議の第三回大会が京都で開かれることになっており、そこに英国代表としてこの友人が参加するというのである。次郎はそれを知ってもう居ても立ってもいられなくなってきた。

(よし、ひとつ潜り込んでやろう)

この会議は、上は一線で活躍している政治家から下は社会人になりたての若者を含む幅広い年齢層から選ばれた国際派の人々が意見交換を行う場となっていた。日本側団長は新渡戸稲造《にとべいなぞう》(『武士道』の著者)、そのほかにも前田多門《まえだたもん》(後の文部大臣)や鶴見祐輔《つるみゆうすけ》(当時の高名な著述家)、松岡洋右（後の外務大臣）といった錚々たるメンバーがそろい踏みしていた。大会には正式の代表でないと参加できない。それを次郎は英国代表の友人ということで飛び入り参加してしまうのだ。いい度胸である。

会場は京都ホテル。地上七階地下一階、前年に新築されたばかりの日本を代表する豪華ホテルである。会場に向かう途中、ロビーで急に背後から声をかけられた。

「白洲じゃないか！」

「えっ？」

日本人に知り合いがいるとは思ってもいなかっただけに驚いて振り返ったところ、そこに立っていたのは松本重治《まつもとしげはる》という神戸一中の四年先輩。〝西の渋沢栄一〟と呼ばれた関西財界の雄・松本重太郎（城山三郎『気張る男』の主人公）の孫である。当時東京帝国大学法学部の助手をしていた彼は、幹事役の高木八尺《たかぎやさか》東大教授の推薦で日本側書記を務めていた。秀才の誉れ高かった松本は、中学時代たいへん恐い人という印象だっただけに最初は少し緊張したものの、徐々に打ち解けていった。

英国への郷愁を引きずる次郎に、そんな思いを吹き飛ばしてしまうような鮮烈な出会いがあった。伯爵家のお嬢さんというその相手こそ、樺山正子――エッセイスト白洲正子の若き日の姿だった。

ここで正子の生い立ちについて触れておきたい。

彼女の祖父・樺山資紀《かばやますけのり》伯爵は、海軍、内務、文部大臣、枢密顧問官《すうみつこもんかん》を歴任した薩摩閥の重《じゅう》鎮《ちん》。ちなみに母方の祖父・川村純義《かわむらすみよし》伯爵も薩摩藩出身で、大日本帝国海軍創設の立て役者であった。海軍卿《きょう》、枢密顧問官を歴任。川村家では、明治天皇の意向により幼い昭和天皇と秩父宮を引き取って、しばらく屋敷内で里子として養育していた。それほど皇室の信頼が厚かったのだ。

樺山家の屋敷は東京・永田町一丁目一七番地（現在の自民党本部のあたり）にあり、鹿鳴館《ろくめいかん》と同じコンドルの設計による重厚な洋館。馬が二頭、馬車が三台、門の脇の長屋には御者《ぎょしゃ》と別当《べっとう》が住んでいた。当時の洋画界を代表する画家・黒田清輝《くろだせいき》が父・愛輔《あいすけ》の従弟だったことから、黒田の代表作である『湖畔《こはん》』（一九〇〇年パリ万国博に出品。現在は黒田記念館蔵、切手にもなっている）が客間を、『読書』（東京国立博物館蔵）が食堂を飾っていたというから贅沢《ぜいたく》な話である。

後に〝韋駄天《いだてん》お正《まさ》〟と呼ばれるようになる行動力と男勝りな性格はすでに幼いころはっきりと現れていた。小学校に上がる前に富士山に登りたいと言ってダダをこね、結局ゴネ勝って、馬の背に揺られながら夏の富士に登ったというから恐れ入る。自分のことを〝ボク〟と呼び、気に食わぬことがあると回らぬ舌で「ブッテコロチテチマウ」と叫んでは九歳上の兄・丑二《ちゅうじ》の心胆《しんたん》を寒からしめた。

中学までは学習院女学部（前身は華族女学校）。大正七年に火災のため青山練兵場跡地へと移転するまでは永田町御料地にあったので、屋敷からは目と鼻の先であった。学習院時代の親友が会津松平家のお姫様である松平節子（後の秩父宮妃）である。

正子は、女性としては珍しくアメリカの女学校に留学している。もちろんこれも〝ダダをこねた〟結果だった。留学先はニュージャージー州のハートリッジ・スクール。全寮制の厳しい教育を受けたが、そこに突如金融恐慌が訪れる。先述の十五銀行破綻《はたん》によって樺山家も甚大《じんだい》な損害を蒙《こうむ》ったのだ。

やむなく永田町の屋敷を三菱銀行の串田萬蔵会長に売却して、一家は大磯の別邸へ移ることとなった。西行法師が「こころなき身にもあはれは知られけり鴫立沢《しぎたつさわ》の秋の夕暮」と詠んだ大磯の鴫立沢の近くに〝二松庵〟と呼ばれる別邸があったのだ。すぐ近くには〝園芸場〟と名づけられた別荘もあった。その後永田町の屋敷は吉田茂の手に渡り、空襲で焼けるまでの住まいとなったのは奇縁である。

正子はすでにヴァッサー・カレッジという最難関女子大への入学試験に合格していたが進学をあきらめ、当時ニューヨークのモルガン・ギャランティー・トラスト銀行に勤めていた兄・丑二とともに帰国の途に着いた。丑二は正子を送り届けるための一時帰国である。

丑二《ちゅうじ》とはまた変わった名前だ。昭和天皇の二〇日後に生まれたことから、陛下に次ぐ丑の生まれという意味で丑二と名づけられた。樺山家と皇室との関係がうかがえる。

経済的に多少ダメージを受けたとはいえ樺山家はさすがに名家。帰国するやいなや縁談話が降るようにやってきたが、帰国してからというもの日本の男性の野暮《やぼ》ったさが目についてしかたなかった。

（まだ一八だし、あわてて結婚する必要ないわ。せめて二五くらいまでは自由気ままに暮らし

ましょう）

と気楽に構え、縁談話には見向きもしなかった。だが人生はえてして思いどおりにはいかないものである。

ある日、兄の丑二とともに茶席へと招かれた。茶席は上流階級の社交場である。家を出るときから丑二が妙にそわそわしているのに気がついた。正子は、

「お兄様、何か企んでいません？　もうお見合いはお断りよ」

と念を押したが、丑二は微笑を浮かべるだけで返事をしない。すると案の定、

「僕たちと同じころ英国から帰国した友人なんだ」

とひとりの青年を紹介された。それが白洲次郎だった。

歌の文句ではないが、恋というのは突然に訪れる。目と目が合った瞬間、正子の心臓は早鐘《はやがね》のように打ち始めた。

（なんて背が高いの、なんて凛々《りり》しいの、なんて甘いマスクなの、なんて気品ある物腰なの……）

胸のあたりから零《こぼ》れ落ちてくる甘い花弁《はなびら》のようなオーデコロンの匂いが鼻腔《びこう》をくすぐるともういけなかった。部屋の空気が急に薄くなったように感じ、胸のあたりが酸っぱくなってきた。頬がほてり耳朶《じだ》まで真っ赤になっていくのが自分でもわかる。赤くなったことを相手に気づかれているかと思うとさらに赤くなってしまう。いつもの威勢のよさはどこへやら、柄《がら》にも

なく下を向いてしまい、こんな自分もいたんだと、どこか遠くにいる冷静な自分が感心してしまっている。そう、まぎれもなく一目惚《ひとめぼ》れだった。貴公子然とした彼を前にして、日ごろの〝二五歳結婚宣言〟は頭から吹き飛んでしまっていた。

一目惚れだったのは次郎のほうも同じ。英国から帰国した当初は見るもの見る人すべてが矮小《わいしょう》で貧弱に見えたが、例外だったのが女性である。日本の女性の可憐さや情の細やかさが以前よりずっと魅力的に感じられてならなかった。加えて正子は女性としては珍しく海外経験があり、はきはきしたところもある。彼女は次郎の理想像であった。

実は次郎には、ロビンたち友人の間で「彼はこの女性と結婚するんだろうな」と噂されていた英国女性がいたという（おそらく先述したキャサリンであろう。もっとも正子は「次郎の本命はむしろ彼女の妹のほうだったのではないか」と話していたらしい）。帰国後も次郎の机の写真立てにはその女性の写真が入っていたのだが、正子と出会ってすぐその写真は破いて捨ててしまった。思い切りの良さは次郎の真骨頂である。もっとも後年長男の春正に、

「彼女と結婚していたら、お前も今ごろアイノコだったなあ」

と言って笑っていたらしい（不適切な言葉だが肉声なのでご海容を）。

それからというもの、次郎は毎日のように正子にラブレターを書き送った。恋というのはどんな物臭《ものぐさ》な男をもまめにしてしまうもの。次郎の場合、ラブレターは全部英語。真剣になると、話すときだけでなく書くときも英語になってしまうらしかった。ちなみに正子も英語で返事を書いたという。

〈Masa ： You are the fountain of my inspiration and the climax of my ideals. Jon〉

「正子：君は私にとって霊感の泉であり究極の理想だ　ジョン（筆者注：次郎のこと）」と書かれた次郎のポートレートが今に残されている。第三者からすれば歯の浮くような文句だが、恋は人を詩人にしてしまうようである。

手紙だけではない。映画を観に行ったり、食事をしたりと何度もデートを重ねた。そしてついに昭和四年の春の終わりごろ、次郎は正子にプロポーズするのである。出会って半年後のことだった。気短な次郎にしてはよく我慢していたというべきだろう。場所は京都ホテルの屋上ビアホール。当時のビアホールは、サラリーマンがくだを巻いて騒いでいる場所ではなかったことを急いで付け加えておく。

プロポーズの言葉は意外にも、

「結婚してくれ」

という平凡なもの。土壇場になって以前の〝二五歳結婚宣言〟がわずかに頭をよぎったが、男勝りの正子はくよくよ考えたりしない。その場で、

「はい」

と明るく返事をした。

「じゃ、君のお父上にもご挨拶しなくちゃ」

次郎は相手に息つく暇を与えない男である。このときも一気呵成《いっきかせい》だった。

正子の父・樺山愛輔はアマースト大学、ウェズレーアン大学、ボン大学で学び、日本人で初めてテニスをした人物としても知られている。帰国後は千代田火災、日本製鋼所重役を経て、貴族院議員、枢密顧問官《すうみつこもんかん》を歴任。戦前は日米協会などを通じて開戦回避に全力を傾注し、戦後は国際文化会館の設立など関係改善に尽力。一貫して日本と米国の橋渡しを果たした当代一流の人物であった。

次郎は虎ノ門の東京倶楽部《くらぶ》で将来の舅《しゅうと》・樺山愛輔と初めて会った。一対一である。こんなときぐらい落ち着けばいいものを、椅子に座るやいなや発した言葉がなんと、

「お嬢さんを頂きます」

であった。〝頂きたい〟ではなくて〝頂きます〟である。その強引さには、愛輔もなかばあきれ顔だった。

樺山愛輔と次郎の父・文平は、同じころドイツのボンで留学生活を送っていたからお互いを知り尽くしていたが、実は仲が良くなかった。愛輔は文平のことを乱暴者だと思っていたし、文平は愛輔のことを、

（コーべの野郎、薩摩《さつま》隼人《はやと》の血を引いているくせに外人のご機嫌取りばっかりしやがって、腰抜けめ！）

と馬鹿にしていた。愛輔は留学中、現地の友人から〝コーべ〟と呼ばれており、文平も愛輔のことを終生〝コーべ〟と呼んだ（当時は〝神戸〟が日本の代名詞だったということか、あるいは樺山の姓をコービーとなまらせたのかもしれない）。

愛輔は、次郎があの白洲文平の息子だと聞いて、正直なところこの縁談にはあまり乗り気ではなかった。常識的に言っても、金融恐慌の影響を蒙《こうむ》ったとはいえ、伯爵家の令嬢が破産者の息子と結婚するというのは考えにくい。ちなみに正子の姉の結婚相手は日本郵船社長の令息である。だがそこは恋した者の強み。正子が強引に両親を説き伏せた。いや、

「白洲さんと一緒になれなかったら家出します」

と宣言したのだから、〝脅迫した〟というほうが正しいかもしれない。

喧嘩して上京してきたとは言え、そうと決まれば正子を文平に会わせねばならない。次郎は正子をつれて伊丹へと向かった。伊丹の屋敷は近く取り壊されることが決まっていたが、まだ文平たちはそこに住んでいたのだ。お手伝いの太刀川静（通称タチさん）が正子について伊丹まで来てくれた。

タチさんは越後小千谷《えちごおぢや》の出身で、元は日露戦争の従軍看護婦であった。正子が生まれる一〇年も前から樺山家でお手伝いさんをしており、生まれてからずっと世話をしてくれたいわば育ての親である。越後生まれの女性らしく、性格は優しく肌理《きめ》細やかな気配りのできる女性であった。正子が一〇歳を過ぎた頃にいったん結婚したが、正子が帰国したころには夫を亡くしていたため、再び正子の面倒を見てくれるようになっていたのである。

伊丹では、母のよし子はもちろん喜んでくれたが、意外だったのは、文平が心から祝福してくれたことだった。文平は最初のうち、

「コーべの娘？　そんなお嬢さんもらって大丈夫か？」

と言っていたのだが、正子を一目見るなりすっかり気に入り、その喜びようはそばで見ていても異常なほど。

「良縁や。めでたい、めでたい」

幼いころから暴れんぼうで心配ばかりかけていた次郎がこんな立派な花嫁をもらえた——それを思うと涙が出て止まらない。涙と鼻水で顔がくしゃくしゃになっていった。次郎は恥ずかしくて穴があったら入りたい思いだったが、正子は本当にありがたいと感謝し、一度で文平のことが好きになった。伊丹滞在中、文平は毎日正子を大阪の一流料亭に連れて行ってはご馳走してくれた。だがそれくらいではこの喜びを表すには十分でないと思ったか、

「今やったら少しくらい金があるから」

と、債権者の厳しい取り立てから隠しとおした残りの全財産をはたき、ふたりに結婚祝いとしてランチャ・ラムダを贈ってくれた。当時日本に二台しかなく、現在の貨幣価値で三〇〇〇万円はしただろうといわれるイタリアの名車である。ふたりの門出への精一杯の心づくしだった。

結婚式の日取りは昭和四年一一月一九日、大安の日と決まった。ふたりともしきたりにはこだわらない合理主義者である。結納《ゆいのう》の代わりに五〇円の小切手を郵便で取り交わした。樺山家の家計が苦しかったため、嫁入り道具は母親のお古の箪笥《たんす》だけ。ただ次郎は正子のために、内

側にラテン語で結婚した日付を彫った結婚指輪を買った。

文金高島田《ぶんきんたかしまだ》に花嫁衣裳は白無垢《しろむく》の内掛《うちかけ》。婚家に入るということで、次郎から白洲家の家紋だと聞いていた笹竜胆《ささりんどう》の紋付である。ところがそれを見たよし子から、

「正子さん、また珍しい紋ですわねえ」

と思いもかけないことを言われて仰天してしまった。

「次郎さんから白洲家の家紋は笹竜胆だと聞いていたのですが……」

「いえ、うちの紋は酢漿草《カタバミ》ですよ」

正子は思わず真っ赤になってしまった。あとで次郎を詰問すると、

「カタバミなんて地味な紋、ボクは好きじゃないんだよね。うちは源氏の流れを汲んでいるから、源氏の紋の笹竜胆でいいんだよ」

という返事。あまりのいい加減さに開いた口が塞がらなかった。次郎にこういう一面があることを初めて知って驚いたが、その後の結婚生活では、むしろ彼のこうした面ばかりを見て暮らすことになる。結婚とはえてしてそうしたものである。

ふたりの実家がある東京と伊丹の中間ということもあって、プロポーズされた思い出の京都ホテルを会場に決めた。近親者二〇人ほどの質素な結婚式。それでも仲人を頼んだのが、維新の三傑のひとり大久保利通の三男・大久保利武（鳥取、大分、埼玉、大阪の知事を歴任）だというから並のふたりではない。

このとき、正子には気がかりなことがあった。正子の母・常子《つねこ》が重病の床にあり、明日をも知れぬ状態だったのである。常子は家事や子育ては何もしない人だったらしいが、和歌、茶道、香道など諸芸の天才で、明治・大正の貴族社会では〝今清少納言〟と言われた才女だった。正子は多分にこの母親の血を受け継いだのである。

だが父・愛輔は、

「せっかく文平がこんな素晴らしい車を買ってくれたのだから、新婚旅行に行ってきなさい」

と、正子の背中を押すようにして新婚旅行へ行くよう促《うなが》した。愛娘への心配りだった。

助手席に花嫁を、後部座席には山のような荷物を乗せて次郎は新婚旅行へと出発した。ハイカラでお転婆《てんば》な正子はドライブが大好きである。鈴鹿峠では深い霧で一寸先も見えなくなり、正子が車から降りて路肩を確認しながら何時間も歩くという羽目になったが、ふたりでいれば何があっても楽しかった。まずは奈良ホテルで一泊し、その翌日は蒲郡《がまごおり》に泊まり、箱根の富士屋ホテルに寄って一二月二日、無事大磯へと帰ってきた。

母・樺山常子はまるで正子たちの帰宅を待っていたように、彼らが帰ってきた翌日、天に召された。次郎は悄然《しょうぜん》とする正子の肩を抱きながら、

「しっかりしておいで、気を落とさずにね」

と言って慰めた。こういうときの次郎は実に優しいのである。次郎と正子の母・常子との付き合いはわずか数ヵ月にすぎなかったが、何十年たっても常子の思い出話となると次郎は目を潤ませたという。自分の母・よし子と重なるものがあったからかもしれない。

樺山家は先述の事情で当時大磯に住んでいたが、母屋《おもや》のほかに離れが幾棟もあったため、ふたりはしばらくそこで暮らした。新婚の夕食の席で次郎は、

「ネクタイもせずに失礼」

と一言断ってから席について正子を驚かせたという。アメリカに留学していた彼女にもこうした英国流のマナーは新鮮だった。ただ食事のときの優雅さは新婚時代だけ。後年はさっさと先に食べ終わって席を立つようになってしまった。

結婚式が終わって家に戻ったとき愛輔は、

「正子がいなくなって、世の中が真っ暗闇になった」

とつぶやいた。それほどまでに正子を愛していたのだが、結婚してからは、〝もう白洲家の嫁になったのだから〟と遠慮して次郎たちの新婚家庭に顔を出すことはほとんどなかった。昔気質《かたぎ》の人だった。幸いにして次郎のことはたいへん気に入ったらしく、晩年まで、

「白洲はいい男だ」

としみじみ言っていたという。一方の文平も正子のことを自分の娘のように可愛がり、

「よかった、よかった。お前さんをもらってよかった」

とことあるごとに口にした。幸せなふたりだった。

一緒に軽井沢へも出かけた。上流階級の社交場だった軽井沢ニュー・グランド・ホテルにお揃《そろ》いの白いタキシードを着て現れ、その場の人々の目を釘付けにしてしまった。彼らはどこに行っても目立つ存在だった。当時はまだ貸別荘を利用していたが、後に外国人宣教師の住んで

いた家を別荘として購入。毎年六月くらいから頻繁に利用した。ときには次郎ひとりでも行くくらいに軽井沢は次郎にとってたいへん愛着のある場所だった。

ジャパン・アドバタイザー社の給与はわが国の平均をはるかに上回るものだったが、白洲家への仕送り等もあって収入が追いつかない。仕方なくわずかながら残っていた印象派などの名画を、一枚また一枚と売る筍《たけのこ》生活を余儀なくされた。正子はこのころ、次郎の給料がいくらかなどということは考えたこともなかったという。そんな〝お姫様〟をもらったことも家計を圧迫する要因の一つだったのかもしれない。彼女は料理もできない。とは言っても、タチさんがいるからまったく心配はなかった。娘の桂子《かつらこ》によれば、正子は自分の使った食器を洗っただけで金メダルでも取ったようにして自慢したという。ただその食器も、もう一度洗いなおす必要があったようだ。

昭和六年（一九三一年）二月五日、当時住んでいた赤坂氷川町（現在の赤坂六丁目）の家で長男の春正《はるまさ》が生まれた。次郎は正子が陣痛で痛がるのを見ていられず、外に飲みに行ってばかり。こういうときの次郎は実に頼りないのだ。お産は軽かったのだが、そろそろ退院しようという段になって産褥熱《さんじょくねつ》に罹《かか》ってしまう。病状は重く、生死の境をさまよった。死んだはずの母・常子が目の前に現れたというから、まさに臨死体験である。

医師は次郎に、

「ふだん奥さんは何かスポーツをしておられますか？」

と聞いてきた。

「はあ多少は……。でもどういうことですか?」

と不審に思って聞き返すと、

「心臓が持てば助かります」

と言われ一気に青くなった。

〝正子危篤〟の知らせに、父・愛輔は言うに及ばず、文平のほうも、伊丹を出てひとり暮らしをしていた大分県の直入《なおいり》郡荻《おぎ》村からわざわざ駆けつけてくれた。遠路はるばる来てくれた文平の心配そうな顔を見て、病床の正子はしみじみありがたいと思った。

手厚い看護もあって正子はやがて快方に向かい、なんとか退院することができた。家に戻ると赤ん坊の仕草の一つ一つに笑いが起こる。一時は死にかかったことなど忘れてしまうほどに、家の中は明るくなった。もちろん子育てもタチさんの出番である。


そのころ、次郎のもとにケンブリッジ時代の同級生ジョージ・セールから一通の手紙が届いた。セール・フレーザー商会という貿易商社の御曹司《おんぞうし》だった彼から、不振だった日本法人の整理を手伝ってくれないかと声がかかったのだ。文平が綿花貿易に携わっていたこともあって、かねてから貿易に興味を持っていた次郎は一も二もなく引き受けた。

こうしてジャパン・アドバタイザーを退社し、セール・フレーザー商会の取締役に就任することとなったが、待遇が破格だった。月給がなんと五〇〇円。東京府知事(現在の都知事)の月給が四五〇円だった時代である。通常の会社の一〇倍という高給だった。

給料に見合う仕事をしようと必死に頑張った。簿記の知識が必須だと感じた彼は、会社が引けてから神田の村田簿記に通っている。後年神田のあたりを通った折、長男の春正に、

「このあたりは懐かしいんだ」

としみじみ語ったという。朝六時ごろ家を出て夜九時か一〇時に帰宅という毎日が続いた。

事業の拡大ならまだしも、整理縮小というのは難しい仕事である。ビジネスマンとしての辛酸《しんさん》もなめた。ある夏のこと、大失敗をやらかしてしまい取引先の重役に呼びつけられたことがあった。日ごろから口うるさい人である。ともかくここはひたすら頭を下げるほかはない。

「馬鹿やろう、あやまってすむことかっ！」

案の定強烈な雷が落ちてきた。それだけではない。あろうことか相手は激昂《げっこう》のあまり、蓋《ふた》の開いているインク壜《びん》を投げつけてきたのだ。このとき次郎は運悪く仕上がったばかりの麻のスーツを着ていた。真っ白なスーツの上に青いインクが無情に広がっていく。

（我慢だっ……）

非は明らかに自分にある。唇をかみ締めながらただただ直立不動で頭を下げ続けた。その後水に落ちた犬のようにしょんぼりと戻ってきた次郎は、事務所の前まできたところで、

「ご注文を頂きに参りましたっ！」

と急に声をかけられ、驚いて思わず立ち止まった。そこには洋服屋とワイシャツ屋がにやにやしながら並んで待っていたのだ。聞くと、くだんの重役が、

「もうすぐしたらスーツに青いしみをつけた若い男が帰ってくるから、今すぐ行って待ってろ」

と彼らに命じていたのである。結局まったく同じスーツを作ってもらった。鮮やかな背負い投げを食らった思いである。と同時に、胸に温かいものがこみ上げてきた。

(ありがたいことだ……)

恨みがましい気持ちはいっさい消え、ただただ感謝の気持ちでいっぱいになった。後々まで彼は、このときのことをひとつ話のようにして語った。そうしたときの次郎は実にうれしそうであったという。一方で彼は、昔のこうした〝うるさ方〟が少なくなったことをしきりに残念がった。


当時の日本ではまだ欧米を知る者はそう多くない。次郎のような人材は引く手あまたであったが、このころ彼は、共同漁業の田村啓三社長から強烈なアプローチを受けていた。

共同漁業は田村の父親が英国からトロール船を購入してトロール漁業を始めた会社である。田村社長は日産コンツェルンの鮎川義介《あいかわよしすけ》の協力を得て業務を急拡大させるなど、スケールの大きい人物であった。次郎に対する勧誘の仕方も半端ではない。

「白洲さん、今度うちは日本食糧工業を吸収合併する。そうすれば規模も格段に大きくなる。これを機会に本格的に海外に打って出たいんだ。そのためには貴方の英語力と海外人脈が必要だ。一緒にやってもらえませんか」

「そうはおっしゃっても欧州はノルウェーなど北欧の漁業大国が控えているし、米国もすでに大手水産加工業者が市場を占有している。海外に打って出るとおっしゃるが、容易なことではないですよ」

ここで田村は威儀を正した。

「白洲さん、わが国はご承知のとおり鉱物資源のない国だ。外貨を稼ぐのも至難の業。ただ我々には海洋資源がある。それを冷凍したり缶詰にしたりして加工することで付加価値を与え外貨を稼ぐのはまさにお国のためなんだ。そうは思いませんか」

〝金儲けのためだけではない、お国のためなんだ〟——田村の情熱に次郎の気持ちは動いた。次郎が英国に強い思い入れのあることは先刻承知。田村はダメ押しするようにこう言った。

「白洲さんには役員になってもらい好きにやっていただきます。世界中を回ってもらいますが、とくに英国には毎年行ってもらうことになるでしょう」

次郎の気持ちは決まった。セール・フレーザー商会の仕事が一段落していたこともあり、田村社長の申し出をありがたく受けることにしたのである。

昭和一二年（一九三七年）三月、まずは買収先の日本食糧工業に入社して合併準備を行い、同年一二月、共同漁業と合併後名前が変わった新生〝日本水産〟の取締役外地部部長に就任した。三五歳という若さであった。

缶詰、鯨油《げいゆ》の輸出先拡大が主な仕事。鯨油はマッコウ油とナガス油に大別されるが、前者は蠟燭《ろうそく》や洗剤、口紅などの原料になり、後者はマーガリンなどに加工される。鯨油マーガリンはこの当時、オランダ、ドイツ、イギリス、デンマークなどで大規模生産が行われており、次郎の仕事の中心はこれらの国への日本産鯨油の売り込みにあった。

鮎川義介にも気に入られ、仕事は順調だった。外国人との交渉はお手の物。一年に四ヵ月ほどしか日本にはおらず、世界を飛び回る日々が続いた。毎年ロンドンにも出かけた。ロビンとの友情も復活し、彼から大口の顧客を紹介してもらったりした。このころ貿易実務を学び海外の資本家たちとコネクションを持てたことは彼の大きな財産となった。同時に、貿易こそが、国を豊かにする鍵を握っているのだということを身をもって知るのである。

ただ家庭にしわ寄せがきた。正子は出張中大磯の実家に帰っている。次郎が帰国するとまたどこか適当な借家を探して一緒に住むという生活が続いたため、九年間で一〇回も引っ越しを重ねることになった。たいがいが麴町、赤坂、麻布あたり。乃木坂に住んだこともあるし、麻布鳥居坂の高木喜寛男爵邸の離れに住んだこともあった。

正子は時折ひとり暮らしをしているような錯覚に襲われたが、寂しくはなかった。このころ彼女は留守の無聊《ぶりよう》を慰めるため社交界に入り浸っており、「今日は米国大使館にお呼ばれ」、「明日は英国大使館にお呼ばれ」と、海外の外交官たちとのパーティーが毎晩のように入っていたのだ。長男・春正が最初に覚えた言葉が〝お呼ばれ〟だったという笑えない話もある。春正は戦後の正子の活動に関して、「こうした戦前の華やかな社交界の生活が、戦後振り返ってみるといかにむなしい虚飾の世界であるかということに気づき、そのことが正子を〝侘《わ》び寂《さ》び〟の世界に駆り立てたのではないでしょうか」と語る。さすが身近な人間の観察だけに、

〝エッセイスト白洲正子〟の原点を極めて的確に指摘しているような気がする。

次郎は正子を海外出張に同行させたことがあった。戦時色が濃くなり始めていた昭和一一年のことである。子供はタチさんにお願いし、ふたりで欧州へと渡った。二・二六事件の知らせもパリで聞いた。久々の海外に正子は大喜びである。だがはしゃぎすぎたのが悪かったのか、ドイツ滞在中、子宮外妊娠により卵管が破裂。大量の出血で再び生死の境をさまようこととなった。さしもの次郎もドイツでは頼れる人もいない。後悔の念に苛《さいな》まれた。

（ついて来させるんじゃなかった……）

大量に出血したと聞いただけでもう冷静ではいられない。毎晩浴びるほど酒を飲んだ。ベッドのわきで手を握っていてあげればいいものを、彼の場合それができなかった。飲まずにはいられない。夜もなかなか眠れずベッドの上で輾転反側《てんてんはんそく》した。ラジオからヒトラーの演説がのべつ聞こえてくるのも不愉快だった。ようやく正子が元気を取り戻したころには憔悴《しょうすい》しきっていて、頰が削れて翳《かげ》ができ、病床の正子が逆に慰めてやるほどになっていた。だが良くなってきたと思ったのもつかの間、正子はまた、

「ジロちゃん、おなかが痛いんだけど」

と言い出した。腹が差し込んで我慢できない様子である。医者に見せると、

「これは腸捻転《ちょうねんてん》ですな」

と言われた。大病で急激にやせたために腹の中に隙間ができて腸がねじれてしまったのだ。

（またか……）

悪夢を見ているとしか思えない。二度と海外出張には連れて行かないと心に誓った。

思いもかけない入院費用の支払いで所持金は底をつき途中で借金する羽目になったが、仕事はこなさなければならない。予定どおり商談のためアメリカ経由で帰国することにしたが、その間に正子はみるみる回復。大病したのが嘘のように元気になり、次郎もようやく愁眉《しゅうび》を開いた。

帰国後、長男の春正が大塚にある東京高等師範学校の附属小学校（現在の筑波大学附属小学校）に入学したことから、一家は大曲《おおまがり》から安藤坂下を左に入ったあたりの水道町四一番地（現在の文京区小日向《こひなた》二丁目）へと引っ越した。ここで次男・兼正や長女の桂子が誕生する。徐々に戦争の影がちらつきつつあったが、白洲家はつかの間の平和な毎日を過ごしていた。

近衛文麿と吉田茂

「ジロー、ちょっと頼みたいことがあるんだけど」

その電話の主は、牛場《うしば》友彦《ともひこ》という一歳上の幼馴染《おさななじみ》であった。親同士が親しかったことから神戸時代からまるで兄弟のようにしており、〝ジロー〟〝トモ〟と呼び合う間柄。次郎がその人生で最も親しかった友人のひとりである。神戸二中、一高、東京帝大を経てオックスフォード大学を卒業後、大学で教鞭《きょうべん》をとっていたが、後の同盟通信社社長・岩永祐吉の紹介で近衛《このえ》文麿《ふみまろ》の私設秘書となっていた。近衛は貴族社会の頂点に立つ人物。まだ四十代前半と若く、進歩的と見られていたことから、世間では〝近衛首相待望論〟も出ていた。そんな近衛をサポートする側近団を編成しようと考えた牛場は、自分の身近で〝これは〟と思う人物に声をかけていたのだ。

「近衛さんにジローのこと紹介したいんだよ」

ほかならぬ牛場からの依頼とあって、次郎は二つ返事で引き受けた。父・文平《ふみひら》がボン大学留学中、近衛文麿の父・篤麿《あつまろ》（貴族院議長、枢密顧問官）と親しくしていたという話を聞いていただけに、近衛には以前から親しみを感じていたのだ。牛場に言われたとおり、永田町にあった近衛家の私邸へと出向いていった。

「牛場から話はうかがっています。お父上に似て豪快な方だそうですね」

次郎は目の前に立っている近衛文麿という男に、何ともいえぬ風圧を感じていた。それは日本の貴族社会が千年以上の時間を経て培《つちか》った風格と言っていいだろう。背も高く、ややもすると次郎が見下ろされるほどであるのにも驚いた。少し不自然に感じられるほど顔に表情の出ない人である。鼻の下にちょび髭《ひげ》を生やしている。チャップリン映画が人気を博した大正年間から日本ではちょび髭が流行していたのだ。

近衛家は藤原鎌足《ふじわらのかまたり》を始祖とし、平安時代以降、摂政関白を輩出《はいしゅつ》してきた五摂家《ごせっけ》の一つ。天皇家から養子を迎えたことがある唯一の家系である。同じ華族でも明治以降の論功行賞で爵位をもらった〝新華族〟とは格が違い、平安時代から続く〝堂上華族《とうしょう》〟（三位以上および四位、五位のうち昇殿を許された公卿《くぎょう》を指す）として明治以前から貴族社会の頂点に君臨してきた。余談ながら、次郎の家のあった伊丹は江戸時代近衛家の領地であり、現在の伊丹市の市章は近衛家の家紋をかたどったものである。

次郎は貴族的な雰囲気《ふんいき》が嫌いではない。牛場がいるという気安さもあって、それからしばしば近衛邸に顔を出すようになっていった。そしてそれは、彼が政治の世界に関心を持ち始めるきっかけとなった。

近衛は昭和天皇の前でひざを組む唯一の人間としても知られていた。後年次郎が時代の風潮である天皇崇拝に染まらなかったひとつの理由は、近衛の近くにいて天皇制度を客観的に見ることが出来たからかもしれない。

牛場は第一次近衛内閣（昭和一二年六月～一四年一月）の成立に際して首相秘書官に起用され、側近たちの活動はいよいよ活発なものとなっていった。次郎が太平洋会議で会った松本重治のほか、西園寺公一《さいおんじきんかず》、細川護貞《ほそかわもりさだ》、犬養健《いぬかいたける》、尾崎秀実《おざきほつみ》といった面々が側近グループの中心であり、彼らはいつも近衛と朝食をともにしながら情報交換を行っていた。

側近たちもほとんどが名家の出身。西園寺公一は元勲西園寺公望《さいおんじきんもち》の孫であるし、近衛の娘婿《むすめむこ》でもあった細川護貞は熊本藩主細川家の出である。犬養健も犬養毅首相の嗣子、先述したように松本重治は関西財閥の雄、松本重太郎の孫である。また牛場と西園寺はオックスフォード、次郎はケンブリッジ、松本はエール大学と海外経験者も多かった。一人毛色の違う尾崎は牛場の一高時代の同期である。後に尾崎は有名なゾルゲ事件に連座して死刑となるが、彼のペンネームは〝白川次郎〟だったから、次郎のことは他人という気がしなかったに違いない。

側近たちは近衛のことを〝カンパク〟と呼んでいた。関白太政大臣《かんぱくだじょうだいじん》の関白である。次郎はさらにくだけて〝オトッチャン〟とも呼んでいたようだ。近衛にしてみれば、次郎のもつある種の野蛮さがかえって可愛く思えたらしい。西園寺も「近衛さんは白洲さんのことが好きだったようだ」と語っている。最初は通訳を任される程度だったが、日を追うごとに親密の度を増していった。

「白洲君、少し文隆の面倒を見てやってはもらえないか」

ある日、近衛からそう頼まれた。文隆は近衛の長男である。樺山愛輔の世話でアメリカに渡りプリンストン大学に学んだ彼は、ゴルフ部のキャプテンを務めたほど活発な青年。それを気にした愛輔が、わざわざプリンストン大学の校長に〝あまりゴルフに熱中させないでほしい〟と手紙を書いたほどであった。カーレースにも熱中し夜遊びも盛んだったため、愛輔の心配したとおり、学業不振のため卒業できずに帰国することとなった。

帰国後も名家に生まれたことに反発し、わざと不良っぽいことをしたりして手を焼かせたが、近衛は文隆に面とむかって小言が言えない。次郎なら自分に代わって説教してくれるだろうと思ったのだ。

効果は期待以上だった。次郎は自分に似たところのある文隆をたいへん可愛がったが、間違ったことをしたときには目いっぱい叱《しか》った。あるときも近衛邸の二階で文隆を大声でどやしつけていると、あまりの叱り方に心配になった近衛が二階まで上がってきて、

「そんなに言わなくても文隆はわかるよ」

と泣きを入れてきた。次郎はいっこうに頓着《とんちゃく》しない。

「これはもともと、あなたの指図でやっていることでしょう！」

と声を荒らげて言い返すと、近衛は肩をすくめながらほうほうの体《てい》で階下に降りていった。

しかし立場変わって自分の家庭ではどうだったかというと、いつも正子に叱り役を任せていたというからいい気なものである。

近衛文隆はその後出征し、砲兵隊の中隊長として満州（現・中国東北部）で終戦を迎えたが、近衛の息子だと目をつけられた彼は、一一年の長きにわたって極寒《ごっかん》の地シベリアに抑留され、昭和三一年（一九五六年）一〇月二九日、ついにチェルンツィ収容所において悲惨な最期を遂げた。

そのことを後に知った次郎は、怒りに身を震わせながら痛哭《つうこく》し、

（ソ連の野郎、絶対にゆるさねえ！）

と天を仰いでその非道を呪った。文隆の遺体は今も荒涼たるシベリアの凍土（ツンドラ）の下に寂しく眠っている。

人の出会いとは実に不可思議なものである。ある出会いを通じて、世の中が急に広がったり、人生が思わぬ方向に動いていったり、いわば〝出会いの連鎖〟を誘発していく。次郎もまた、牛場という幼馴染がいたことで近衛との出会いが生まれたわけだが、一方で正子を妻に選んだことにより、もう一つの決定的な〝出会い〟へと導かれていくのである。その相手こそ、次郎をわれわれの知る〝白洲次郎〟たらしめた人物——戦後の大宰相《だいさいしょう》吉田茂その人であった。

ここで吉田茂という人物について触れておこう。吉田は明治一一年（一八七八年）、土佐の民権家・竹内綱《たけのうちつな》の五男に生まれた。吉田が生まれたとき、竹内は土佐の乱の反乱者たちに武器を用立てたとして獄につながれていた。吉田には生母についての記憶がほとんどない。妾腹《しょうふく》であったと言われている。後年、花柳界での遊びが過ぎると言われ、

「芸者の子供だから芸者が好きなんだ」

と冗談を言ったが、あながち冗談でもなかったようだ。竹内には正妻と愛妾数人にあわせて一〇人の子供があったという。邪魔者扱いされたのか、吉田は生後わずか九日目で養子に出された。

養子先は横浜の貿易商・吉田健三のところ。その健三は、茂がまだ一一歳だったときにこの世を去ったが、この養父が当時のお金で五〇万円という莫大な資産を残してくれた。内閣総理大臣の年俸が九六〇〇円だった時代。現在の貨幣価値にして五〇億円は下らないと思われる。

いくつかの学校を転々としたあと、明治三九年（一九〇六年）東京帝大を卒業して外務省に入省。同期の中でもとくに気の合った友人が後の首相・広田弘毅《ひろたこうき》である。そして結婚した相手が牧野伸顕《まきののぶあき》の娘・雪子であった。牧野は明治の元勲大久保利通の次男。文相、農商務相、外相、パリ講和会議次席全権、宮内相、内大臣を歴任した政府の要人である。この結婚が、吉田にとって二度目の、そして決定的な幸運となる。彼は岳父となった牧野を実の父のように慕い、心から信頼して後々まで何かと指導を仰いだ。

牧野と正子の父・樺山愛輔は、同じ薩摩出身で境遇も似ていたことからたいへん親しい関係にあった。牧野はしばしば樺山家の御殿場の別荘を訪れ、正子も〝牧野のおじ様〟と呼んで幼い頃から慕っていたのだ。

次郎は結婚直後、大磯の樺山邸で吉田と初めて顔を合わせた。吉田は大磯に別邸を持っていたから、いわばご近所さんである。

「あなたが白洲君ですか。これはまた男前だ。正子さんもいい人を選ばれましたな」

小柄な吉田はそう言うと、次郎を見上げるようにして微笑んだ。この時次郎は軽い挨拶を返した程度。まさかこれが〝運命の出会い〟になろうとは予想だにしていなかった。次郎二七歳、吉田は五一歳であった。

このときは、貴族的な人物だな、というくらいの印象にすぎなかったが、軍靴《ぐんか》の響きが高まるにつれ、次郎の耳には、吉田が軍部にさえ盾つく一徹な人物だという噂が入ってくるようになった。

昭和七年（一九三二年）、松岡洋右が国際連盟総会に全権として参加することとなった折のこと。この話を聞いた吉田は、即座にその危うさを感じ取った。松岡は英米の実力を軽視しドイツの力を過大評価していたからである。そこで吉田は、外務省長老の秋月左都夫《あきづきさつお》（元読売新聞社社長、元オーストリア大使）を連れて行くよう申し入れたが、〝お目付け役〟だと察した松岡によって一蹴《いっしゅう》される。怒った吉田は松岡に向かって、

「あなたはドイツしか見えていないようですが、出かける前に頭から水でも浴びて少し落ち着いてから行かれてはいかがですかな」

と言い放ったという。松岡といえば当時飛ぶ鳥を落とす勢いで、外務省を牛耳っていた人物であるが、吉田はそんなことなど眼中になかった。吉田の懸念は果たして現実のものとなる。

昭和八年二月二四日、松岡は国際連盟総会の場から芝居がかった退場をし、その後わが国は国際連盟を脱退。国際社会の中で急速に孤立していくのである。

吉田は軍部の大立者である東条英機《とうじょうひでき》のことを、顔を合わせても挨拶をしないほどに嫌っていた。一方その東条を中心とする軍部は、開戦阻止に動く吉田や牧野、樺山たちのことを〝ヨハンセングループ〟（〝吉田反戦〟のもじり）という符号で呼んで警戒していた。そしてついに昭和一〇年一二月二六日、軍部から〝君側《くんそく》の奸《かん》〟と指弾されていた牧野は、彼らの圧力によって内大臣を更迭《こうてつ》される。牧野の更迭を裁可《さいか》する際、昭和天皇は声を上げて泣いたという。天皇が心からの信頼を寄せていた牧野を罷免《ひめん》できるほど、軍部の力は強大になっていたのである。

それでも吉田はあきらめなかった。千葉県の柏に隠棲《いんせい》した牧野と手紙をやりとりしながら策を練った。だが検閲《けんえつ》の目は日増しに厳しくなっていく。そこで活躍したのが次郎だった。

その頃、先述のように次郎は近衛のところに出入りするようになっており、近衛と吉田が親しい関係にあったことから、吉田と接触する機会も次第に増えてきていた。噂どおりの頑固者である。だがそんな吉田に、次郎は強く心惹かれていくのだった。

しばしば次郎は、吉田の依頼で牧野のところへと使いに行っている。樺山家と牧野家の関係を考えれば、次郎が出入りしていてもまったく不自然ではない。こうして懐《ふところ》には吉田からの手紙を持ち、さらに重要な事項は口頭で伝えるべく、吉田と牧野の間を何度も往復した。

当時、ヨハンセングループには身の危険さえあった。昭和一一年、次郎が海外出張で正子と一緒に欧州に渡っていた時に起こった二・二六事件では、牧野は滞在中だった湯河原で反乱軍の襲撃に遭っている。危機一髪、あやうく難を逃れ九死に一生を得たが、軍部の風当たりはいよいよ強くなっていった。

そうこうするうちに広田弘毅に組閣の大命が下る。同年三月のことであった。思いがけない大役に戸惑いながらも、広田は外務省の同期である吉田を外務大臣に迎えようとした。だがこれは当然軍部の猛反対によって突き返されてしまう。やむなく吉田の入閣は見送ったが、その代わり彼を駐英大使に任命した。

広田の友情に感謝しつつ英国に赴任した吉田であったが、大使になった後も彼の姿勢は変わらない。着任早々「日独防共協定」が俎上《そじょう》に載ったときも、各国の大使、公使連がみな賛成した中にあって吉田だけは頑強に反対を続けた。軍部は説得のために武官を駐英大使館に急派したが、それでも首を縦に振ろうとはしない。外務省内でも吉田は孤立した。結局吉田を無視して協定は結ばれることとなった。

「日本はどのような事態になっても英米との絆を断ち切ってはならない。陸軍はなぜドイツに傾斜するのか、なぜヒトラーごとき人物を信じるのか」

〃みんな目を覚ませ！〃――そう世の中に向かって叫びたかった。

日本から遠く離れ、苛立ちは募るばかり。そんな吉田の前に、一陣の涼風のように爽やかな男が現れた。次郎だった。事前に連絡して来るような彼ではない。ふらっと立ち寄ったという様子でロンドンの日本大使館に現れた。

「お元気ですか？」

久しぶりに見る吉田の口元に、白い歯がこぼれた。吉田もまた次郎の溌剌《はつらつ》とした笑顔に触れ、それまでの気鬱《きうつ》が一気に晴れるような思いだった。それから次郎はロンドン出張のたびに大使館で寝泊りするようになり、吉田も次郎が来るのを楽しみにするようになっていった。

しばしば二人は大使館地下でビリヤードを楽しんだが、その様子が尋常ではなかった。

「このバカ野郎!」

「こんちくしょう!」

聞くに堪《た》えない罵声《ばせい》が飛び交う。言葉だけ聞いていると喧嘩しているとしか思えない。

(あの白洲とかいう男がついに何かしでかしたのか)

心配した大使館の職員がこわごわ様子をのぞきに行ったが、幸い殴り合っている様子はない。いやむしろ、吉田の顔は子供に戻ったように生き生きしている。おまけにゲームが終わるとけろっとして、ふたり仲良くビールを飲みながら談笑しているのだ。キツネにつままれたようであった。

それは次郎なりの思いやりだったのだ。吉田は孤独だった。軍部から危険人物とみなされている彼に、近づこうとする者などいるはずもない。外務省内でも孤立し、唯一の理解者だった広田も、わずか一〇ヵ月ほどで軍部の横暴に耐え切れず総辞職していた。

次郎はそんな吉田のストレスを発散させてやっていたわけである。次郎が立身出世を望む人間だったら、この頃の吉田などにはけっして近づかなかっただろう。だがそんなことは次郎にとってどうでもいいことだった。権威をものともしない吉田の硬骨漢ぶりが次郎の心を捉えて離さなかったのだ。鋭敏な時代感覚、周囲に惑わされることなく冷静で筋の通った考え方、こうと思ったら譲らない頑固さ、功を誇らない奥ゆかしさ、すべてが次郎には好ましかった。次郎にとって吉田は、夢に思い描いていた理想の〝うるさ方〟だったのである。

〝苦しいときの友は真の友〟という言葉がある。吉田とは歳が二四も開いていたが、このころ築いたある種の友情がその後のふたりの関係を決定づけた。吉田もまた次郎の中に自分と似た資質を見出したのだろう。議論べたで、気が早いため癇癪《かんしゃく》が先に来て、すぐ〝うるさい〟〝ばかやろう〟になってしまうところまでそっくりである。まるで息子のような次郎が可愛くてならなかった。

麻生太郎が祖父・吉田茂を回想した『祖父吉田茂の流儀』の中に、

〈祖父、吉田茂は「カン」のいい人を可愛がった〉

というくだりがある。吉田は鈍い人を見ると、「犬よりカンが悪い奴だ」と言って嫌った。その点次郎は並外れて「カン」の働く男である。吉田に可愛がられた秘密はこうしたところにもありそうだ。

次郎は吉田の妻・雪子にも可愛がられたが、ある日彼女から折り入って頼みごとをされた。

「うちの和子にいいお相手はいないかしら？　次郎ちゃん、さがしてやってちょうだい」

というのである。和子というのは、吉田が目の中に入れても痛くないほど愛していた三女のこと。吉田には健一（英文学者で評論家、小説家）という長男がいたが、吉田とは性格が正反対だったことから、吉田の愛情はもっぱら男勝りの和子に集まっていた。

その相手を探すというのは並たいていのことではないはずだ。にもかかわらず、次郎は割り箸を割ってくれと頼まれたような気軽さで、

「ＯＫ！　マミー、任せておいてよ」

とふたつ返事で引き受けると、はりきって帰っていった。そしてそれからいくらも経たないうちに、

〈欧州出張から帰る船の中でいい男を見つけたから、この男性と結婚するように〉

という命令口調の手紙を和子に送りつけてきた。その〝いい男〟とは、九州の炭鉱王の息子麻生太賀吉《あそうたかきち》のこと。たまたま船で一緒になり、サンフランシスコから横浜までの二週間ほどずっと一緒に賭け事をしていてすっかり意気投合したのだ。ギャンブルは上流階級の嗜《たしな》みの一つ。〝賭け事〟とはいってもたいへんスマートなものだった。

あれよあれよという間に話は進んでいき、和子はめでたく太賀吉と結婚することになった。次郎は吉田家にとって縁結びの神でもあったわけだ。後年吉田は、

「金は銀行に取りにいけばいつでも引き出せるところをみると、麻生が入れておいてくれるのだろう」

と語っている。麻生財閥の経済的バックアップなくして後の吉田の政治活動はなかっただろう。こうして次郎は、吉田家にとって家族同然の関係となっていく。そして和子、太賀吉、次郎の三人は、その後の吉田側近グループの核となっていくのである。

海外出張の多い次郎は吉田のために、イギリスの駐日大使ロバート・クレーギーとの連絡役も買って出た。英国のチェンバレン首相は当初、吉田の開戦回避の動きが、宮中に影響力を持つ牧野を通じて皇室にまでつながっていることを高く評価していたが、やがて外務省内が松岡の息のかかった枢軸派《すうじくは》（親ドイツ派）で占められるようになると、吉田の提案と日本の外務省の動きとがあまりにもかけ離れてきたため、しだいに吉田がドン・キホーテのようにしか見えなくなっていった。

失意の中、昭和一三年（一九三八年）九月三日、吉田に帰国命令が出た。帰国して浪人状態となった吉田だがまだあきらめてはいなかった。昭和一五年七月、第二次近衛内閣が発足。三国軍事同盟締結の機運が高まると、吉田は、

（是が非でも同盟締結だけは阻止しなければ）

と、近衛に対し内閣総辞職を求めるという思い切った挙に出たが、結局同盟は締結されてしまう。

近衛は蔣介石とは対決姿勢を明確にしていたが、米英との開戦だけはなんとか阻止しようと努力していた。だが第二次近衛内閣に閣僚として入れた東条英機陸相と松岡洋右外相に振り回され、なかでも南仏印進駐は致命的で、米国の対日石油輸出禁止措置・在米日本資産凍結という態度硬化をもたらした。残念ながら、今のわれわれの目には近衛の動きはマッチポンプ的にしか映らない。

時間がむなしく過ぎていく。そして昭和一六年一一月、ついに〝ハル・ノート〟が手交され

るのである。戦後の東京裁判でインドのラダ・ビノード・パール判事が、

「モナコのような小国でもハル・ノートを受諾することは不可能だったろう」

と語ったほど厳しい条件が並んでいた。

当時、日米協会の会長をしていた樺山愛輔は、最後の最後まで日米の関係改善に向けて努力を続けており、アメリカのグルー駐日大使と次郎たちは自然と家族ぐるみの付き合いになっていった。そうした中、しばしば吉田と次郎はグルーと会談を持ち、必死に事態打開を模索していた。だがもう吉田ひとりの力では、いかんともしがたいところまできていたのだ。

祈りもむなしく昭和一六年一二月八日、真珠湾で戦いの火蓋《ひぶた》が切られた。それはあたかもレミングの大群が湖に一直線に進んで溺《おぼ》れ死ぬようであった。


一方、日本水産役員としての次郎もまた、時代の流れに押し流され、もがき苦しんでいた。水産業は戦時下の重要な産業である。そのため国家統制の対象となり、私企業としての自由な活動は次第に制限されていった。次郎は、召集令状を受けて戦地に向かう社員がいれば率先して壮行会を開いてやるなど、部下思いなところを見せていたが、ついに昭和一七年五月、水産統制令により日本水産は、日本海洋漁業統制株式会社（後のニッスイ）と帝国水産統制株式会社（後のニチレイ）とに分割を命じられるのである。

次郎は、日本水産の元重役であった農林大臣・井野《いの》碩哉《ひろや》の推薦もあって、不本意ながら帝国水産の理事に就任することになる。彼を日本水産へと誘ってくれた田村啓三社長は日本海洋漁

業統制株式会社の社長となり離れ離れになってしまった。戦時体制への不満は日に日に募るばかり。次郎はその不満の捌《は》け口を帝国水産の新社長・有馬《ありま》頼寧《よりやす》へとぶつけていった。

有馬は久留米藩二一万石を誇った大名家の当主である。有馬家は久留米に移封《いほう》される前は白洲家のルーツである三田《さんだ》藩を領しており、有馬家が創建した菩提寺梅林寺がその後名を変えて白洲家の菩提寺心月院となったという縁もあった。大正一三年には衆議院議員となり、昭和七年には農林政務次官、翌年には農林中央金庫理事長、昭和一二年には第一次近衛文麿内閣で農林大臣へと上り詰めた〝大物社長〟であった。

有馬は日記をつけていたが、昭和一八年から一九年にかけて次郎が頻繁に登場している。そこには、

〈白洲君としばらく話す。此人《このひと》は何かの時に役立つと思ふ〉（昭和一九年六月二一日）

といった記述がある。近衛や吉田から直接情報が入ってきたから、「近く東京が空襲される」とか、「ドイツはあと一ヵ月も持たないらしい、その証拠に英国ではすでに灯火管制《とうかかんせい》を解いたそうだ」などという最新情報をもたらして重宝《ちょうほう》がられた。有馬からの依頼で近衛への連絡役を買って出たりもしている。ただ一方で有馬は、次郎の〝親米的な言辞《げんじ》〟が気になってもいた。

農相まで経験した大物が社長に就任したのは、この会社を政府に忠実な組織にするためだということくらい先刻承知の次郎だったが、戦時色が強まっていくにつれ不平不満をぶつけるようになっていった。

「国は生産性をあげるために統制会社を作ったっていうけど、競争をなくしちまったら生産性

なんてあがるわけないですよ。日本はいつから共産主義国家に変わっちまったんですか」

「今回の統制会社設立は、君の古巣の日本水産と井野農林大臣が中心となって進めたものなのだから、君が文句を言うのは筋違いだろう」

「知りませんよ、そんなこと。オレが外国に出張している間に全部決まっちまってたんだから」

「もう動き始めたんだから、お国のためと思って君も持ち場でがんばってくれ」

「英米相手に戦争しちまったら、せっかく広げた販路だって全部パアですよ。ドイツやイタリアが代わって缶詰買ってくれるんだったらいいけど。まあ、こんな馬鹿なことしてるようじゃ戦争もすぐ負けちまうに決まってますけどね。ソ連に占領されちゃったときはそのままでいいでしょうけど、資本主義国のままでいるつもりだったらさっさと統制会社なんてもんはなくしたほうがいいですよ」

いつも言いたいことだけ言うと、さっさと社長室から出ていく。次郎の言い分もわからないではないが、それをもろにぶつけられる有馬社長はいい迷惑だ。有馬は日記に、

〈相変わらず白洲君に話しこまれる。どうして此人《このひと》は、日本の敗ける事を前提としてのみ話をするのであろう〉（昭和一九年九月二六日）

と書き記している。憲兵にでも聞かれたらと思うと気が気ではない。そのうち次郎は理事会にも出席しなくなっていった。

「白洲君、最近理事会に顔を見せないがどういうことかね」

有馬にとがめられた次郎は、きっとして、

「理事会で何か決めて自分たちでビジネスができるっていうんですか？　できないでしょう。政府から言われたとおりにするだけの経営なら理事会なんて必要ないですよ」

と言い放った。理事会どころか社長も不要だというような口ぶりである。

「お国のために国民が一致団結しなければならないときに、自分勝手なことをされては困るよ」

精神論でしか反論できない社長を前にイライラが最高潮となり、ついに、

「帝水なんかつぶしちまえばいいんだ！」

と暴言を吐いてしまった。これには日ごろ温厚な有馬もさすがに頭に来たのか、

「そんなことを言うなら君のほうこそ会社をやめればいいだろう！」

と珍しく声を荒らげた。次郎は黙って後ろを向くと、バタンッと大きな音を立てて部屋から出て行った。無性に腹が立った。有馬に対してではない、政府の無能無策に対してである。売り言葉に買い言葉ではないが、〝いやならやめろ〟という有馬の言葉どおり、次郎は帝国水産に辞表を叩きつけた。未練はなかった。

ちなみに有馬社長は戦後、Ａ級戦犯として巣鴨プリズンに収監されるが、そのころ終戦連絡事務局次長としてＧＨＱとの折衝にあたっていた次郎は、尋問の際の注意を与えるなど何かと世話を焼いている。有馬個人には何のわだかまりもなかったのだ。釈放後有馬は日本中央競馬会理事長に就任。競馬レースの一年を締めくくる大一番・『有馬記念』にその名を残した。

次に次郎が選んだ仕事——それは百姓だった。話は日本水産時代にさかのぼる。

「正子、オレ百姓やろうと思うんだ」

次郎の思いつきはいつも突然である。

「はいはいそうですか」

正子は子供たちの手前、相槌《あいづち》を返しはしたが、また始まったかと内心あきれていた。

「バカ、わかってねえな」

次郎は真顔である。

「いいか、よく聞けよ」

そう前置きしたうえで、近い将来間違いなく食糧不足になること、東京一円が空爆される可能性さえあることを、とうとうと話して聞かせた。

(ジローさんってやっぱりすごいわ)

満州に続いて中国全土を占領しようかという破竹の勢いだった当時、〝敗戦〟などという文字は人々の頭にまったくなかったはずである。そんな中にあって、周囲に流されることなくきわめて冷静に危機対策を考えている。自分の選んだ夫は本当にすごい男だと惚れ直していた。退職金も残っている。こうして田畑つきの田舎家探しが始まった。

南多摩郡鶴川村(現在の東京都町田市鶴川)の駐在所につとめていたタチさんの甥《おい》がその話を聞いて、それならぜひ鶴川村へ来てくださいと協力を申し出た。彼とは以前から行き来があり、春はイチゴ狩りや筍《たけのこ》掘り、秋は栗拾いにと子供たちをたびたび鶴川に連れていってくれていたのだ。鶴川は多摩丘陵の一部で山や谷の多い変化ある地形。夏になると田圃に蛍が群舞し、秋は柿や栗が採れ、雑木林からはのんびりと炭を焼く煙が上がった。

（こんなところに住んだらさぞかし寿命が延びることだわね）

正子はここを訪れるたびにうらやましく思っていたのだ。

彼の世話で付近を見て歩くことにした。当時の小田急線鶴川駅は、列車が着いても乗降客がひとり、ふたりしかいないのんびりした田舎駅であったが、やはり駅に近くないと不便である。売家は結構あったが、駅から離れているものがほとんど。これでは子供が通学できない。探し始めてから一年以上たったある日のこと、駅から一五分ほど歩いたこんもりとした山懐《やまふところ》に、いかにも住みやすそうな農家があるのが目に留まった。

「あんな家に住んでみたいものだわね」

そんな正子のつぶやきを耳にして、タチさんの甥はさっそく交渉してくれた。そこには老夫婦が住んでいたが、幸運にも、家が老朽化していたこともあってちょうど引っ越したいと思っていたところだった。とんとん拍子に話が進んだ。次郎も一目見て気に入り即金で購入することを決めた。初めて手にした我が家だった。

敷地は五〇〇〇坪ほどもあった。茅葺屋根は雨もりがし、床も一部腐ってはいたが、一〇〇年以上の年月を経た大黒柱や梁《はり》は黒々として実に見事である。

「よし、オレがなんとかしよう」

次郎が腕をまくった。若い大工はみな兵隊に行ってしまっている。年をとってはいても腕のいい大工を見つけだし、次郎の指揮で修理を始めた。正子も大黒柱を磨いたりと手分けして汗を流した。そのころ自宅は水道町にあったからそう頻繁には来られなかったが、それでも週に二、三回は足を運んだ。

次郎はこの田舎家を〝武相荘《ぶあいそう》〟（現在の住居表示は東京都町田市能ケ谷町一二八四）と名づけた。

「武蔵の国と相模の国の国境にあるから武相荘だ。立派な名だろう」

もっともらしいことを言っているが、〝無愛想《ぶあいそう》〟にかけたしゃれであるのは誰でもすぐわかる。そんな子供のような遊び心が彼にはあった。

やがて真珠湾攻撃によって日米間に戦争の火蓋が切られると、緒戦の勝利に国民はみな提灯行列《ちょうちんぎょうれつ》で狂喜していたが、次郎はそんな様子を冷ややかな目で見ていた。懊悩《おうのう》する日々が続き、このころ訪ねてきた友人の今日出海《こんひでみ》もその常ならぬ様子に驚いた。

「えらい深刻な顔しとるな」

「そういうお前は、提灯行列で浮かれてるやつらに組するっていうのか？」

「そういうわけじゃないが、ちょっと肩の力を抜いて眺めていてもいいんじゃないか」

「馬鹿なっ！」

次郎は珍しく雄弁に語りだした。

「今に見ていろ。東京は数年にして灰燼《かいじん》に帰すだろうよ。ルーズベルトの二〇〇〇万トン造船計画を絵空事《えそらごと》だと笑うやつがいるが、あいつらはきっとやってみせるだろう。しかも、今の造船所をフル回転してではなくまったく新しい工夫によってそれを実現するんだ。日本の諜報機関はなってねえ！　机上の研究ばかりで、生きている米国人をぜんぜん知らない。あんなやつらの言うことなんか当てになるか！」

ただでさえ感情の量が常人に倍しているのだ。話すにつれ力が入り声が大きくなっていく。目は血走って少し涙ぐんでいるようにさえ見えた。

（漱石の〝坊っちゃん〟のような奴だな）

冷静な今《こん》は、四十の声を聞くようになっても青年のひたむきさを失わないこの友人をうらやましく思っていた。

昭和一七年（一九四二年）四月、東京に初めての空襲があった。このときは爆弾を数発落としただけだったが、水道町の家の二階からところどころ黒煙が上がっているのを見た正子は我慢できなくなった。

「ジローさん、すぐにでも鶴川に疎開しましょうよ」

自分たちはまだしも子供たちが心配だった。すぐさま荷物をまとめるよう正子に言った。

修理はまだ不十分だったがそんなことは言っていられない。母屋の屋根の葺《ふ》き替えもあったので、まずは納屋で暮らし始めた。母屋の裏にトタン板で囲って即席の風呂場も作った。そこから見る星空は〝降るような〟という形容がぴったりの息を呑む美しさ。思わず見とれてしまい風呂に入るのが楽しみになった。

当時の農村にはまだ江戸時代以来の隣組制度が残っている。冠婚葬祭の際などその組同士で助け合うのである。彼らはよそ者の次郎たちのことを温かく仲間として迎え入れてくれ、無償で手伝ってくれた。人情が身にしみた。落ち着いてみるとますますこの家が気に入ってきた。前の持ち主が植木好きだったらしく庭木が四季折々の美しい花をつけ、桔梗《ききょう》、りんどうなどの草花も可憐《かれん》な花を咲かせた。夜はしんしんと静かでフクロウの鳴く声もする。田舎暮らしは時代の暗さを一時忘れさせてくれた。

次郎と正子が誰かれとなく自慢するもので、どれひとつ見てやろうといろいろな人が鶴川を訪れるようになった。近衛文麿も訪ねてくれた。そのうち秩父宮夫妻までが訪れ、子供の土産にと立派な昆虫図鑑をもらったりもした。当時秩父宮は御殿場で静養しており、妃殿下もそこで野菜作りに精を出した。次郎は彼らのために御殿場まで行ってパンを焼くかまどを作ってあげている。

鶴川に引っ越した翌年の昭和一九年八月五日、兄・尚蔵がこの世を去った。心優しい彼の愛情は、次郎や妹たちに注がれたのと同様、社会の弱者にも向けられたが、いきなり貧民窟に飛び込むという行動は暴挙に過ぎた。富裕な家の総領息子として乳母日傘《おんばひがさ》で育てられた彼が、免疫のない身体で飛び込んだ時の衝撃は想像を絶するものだったろう。豊かな社会が同時に貧困を生み出していくという根深い矛盾は、ひとりで立ち向っていくにはあまりに巨大な闇の世界だった。四七歳という死は早すぎるものではあったが、魂の苦悶から解き放たれて安寧《あんねい》の境地に赴けることはむしろ幸せだったのかもしれない。

次郎は胸に大きな洞《うつろ》ができ、そこを木枯らしが吹きぬけていくような喪失感にさいなまれた。同じ時期英国に留学し、〈私も二十歳位の時にはカール・マルクスを耽読《たんどく》した経験をもっている〉(『腹たつままに』「文藝春秋」一九五二年一一月号)という次郎ではあったが、兄と違いこれ以上なく青春を謳歌《おうか》していたことに対する後ろめたさがないはずもない。みなが寝静まった頃ともなると、幼いとき足を痛めた自分を背負ってくれたことなどを思い出し、青みがかった哀しみが上げ潮のように胸にこみ上げてきて、幾晩もの夜、枕を涙で濡らした。


そんな折、細川護貞が訪ねてくれ、鶴川は急に明るくなった。敗色濃い昭和一九年一二月三日のことである。

「おお、よく来てくれたな。トモも来てるよ」

そう言って次郎は、このところ見せたことのなかったような笑顔になった。近衛ファミリーは本当に仲が良かった。牛場もこのときたまたま鶴川を訪れていた。いや、水道町の家にいたときには毎日のように顔を出していたから、〝たまたま〟というのは彼の場合当てはまらないかもしれない。近衛のお供で花柳界に出入りしたせいか、牛場は赤坂の芸者さんと結婚していた。だが子供がなかったこともあって、にぎやかな白洲家によく遊びに来ていたのだ。

「それにしてもいいところだなあ。入り口にある柿の木の枝ぶりがまたいい。まるでゴッホのデッサンのようだ」

「ゴッホときたか。さすが美術通の一家だ。言うことがちがう」

牛場や細川たちと昼食のテーブルを囲み四方山話《よもやまばなし》に花が咲いた。

「そういやあ、たいへんだったんだって？」

次郎は、細川が憲兵隊に二度も尋問《じんもん》を受けたという話を人づてに聞いていた。

「ボクのことではなくママの代わりなんだけどね」

細川は、その淡い茶色がかった大きな瞳を少し曇らせた。白皙《はくせき》の貴公子である彼は、そうした何げない表情にまで女性的な上品さを漂わせている。

「さすがに憲兵も侯爵夫人を引っ張ることはできなかったってわけか。それで？」

次郎は、憲兵隊が細川家のような上流階級にまで手を出した理由が知りたかった。

「ママはフランス語のレッスンを、ある画伯の奥さんであるフランス人女性から受けていてね。その女性と町で挨拶をしたのはなぜか、って詰問されたんだよ」

「たったそれだけ？　挨拶したとき、国の機密が漏れたんじゃないかってことか？　馬鹿馬鹿しい！」

いよいよ末期的な状況になりつつあることを実感した。食事を終えコーヒーを飲んでいた頃、遠くでかすかに空襲警報が聞こえてきた。三人が黙って空を見上げたそのはるか上空を二十数機の編隊が飛翔《ひしょう》するのを望見することができた。

「やつらこの時間になるといつも決まって飛んで来るんだ。富士山を目標にして飛んでくるもんでいつも鶴川の上を通るってわけさ」

「ここは大丈夫なのか？」

「ここに爆弾を落としたって何があるわけでなし、無駄づかいってもんだろ」

暗い世情ではあったが、仲間と過ごす時間だけが次郎にとってつかの間の息抜きであった。

細川家では白洲邸の話が大きな反響を呼んだらしく、次郎や正子が〝トノサマ〟と呼んで尊敬していた護貞の父・護立《もりたつ》（美術品コレクター、白樺派の支援者としても有名）が戦後になってから、鶴川に農家を買って週末を過ごすようになった。細川家と白洲家のつきあいは軽井沢の別荘でも同様だった。細川家の別荘は大きな西洋館で敷地は三万坪もあり、門から玄関までフランスの農村風景のような並木道が続いていた。細川護貞の息子が後に首相となる細川護熙《もりひろ》だが、細川元首相は次郎との思い出を次のように語っている。

〈私とはもちろん親子ほど年が違ったわけだが、たまたま将棋の腕前は同じくらいで軽井沢で夏などよく「おい、ひろちょっとこい」といわれて白洲邸まで将棋をさしに出かけたものである。次郎さんは大変な負けず嫌いだったから、負けそうになると「おい、ちょっと待て」「お前、ほんとにそれでいいのか、いいのか？」と威嚇《いかく》して相手の手を変えさせるのが得意だった。私はその手には乗らなかったが、私の祖父に仕えていた家令で、アダ名を田村将軍という軍人あがりの大男がいて、その将軍は図体に似合わずよく次郎流の脅《おど》しに屈して逆転負けを喫《きっ》し、それをまた次郎さんは殊《こと》のほか楽しんでおられた〉（『次郎さんの想い出』「波」二〇〇四年一〇月号）

ほほえましい情景である。細川護熙は首相在任中、次郎の孫の白洲信哉《しんや》（兼正の長男）を公設秘書にしているが、これも縁というものだろう。

吉田の身に危険が迫っていた。

このころ吉田は近衛からの依頼もあって、敗戦はもはや必至であるという内容の上申書を天皇に提出しようとしていた。ところがこの計画は軍部の知るところとなり、吉田は大磯の自宅にいるところを憲兵隊によって逮捕されるのである。吉田はまったく気づいていなかったが、屋敷に住み込んでいた東輝次《あずまてるじ》という書生が、実は陸軍中野学校出身で憲兵隊のスパイだったのだ。吉田に対する警戒はそれほどまでに厳しいものだった。

収監先は代々木の陸軍刑務所。何を聞かれても「知らん」「わからん」で頑張った。空襲は日に日に激しさを増し、昭和二〇年五月二五日には陸軍刑務所にも焼夷弾《しょういだん》が落ちた。明治神宮外苑へと逃れ、最後は目黒小学校に移された。

もうこの頃には憲兵でさえ内心は敗戦を覚悟していたに違いなく、早期戦争終結を画策していた吉田を収監している意味は失われていたはずだが、それでも彼らは吉田を起訴する計画であったという。それを救ったのが旧知の陸相・阿南維幾《あなみこれちか》である。阿南の口添えにより証拠不十分で不起訴となった。ちなみに阿南陸相は終戦当日「一死大罪を謝し奉る」という言葉を残し陸相官邸で自刃して果てた。

無事釈放された吉田だったが、青い囚人服を着たまま。永田町の屋敷（元の樺山邸）は戦災で焼けて家族は大磯に疎開している。途方にくれた彼は中目黒を目指した。行きつけの料亭の女将さんの疎開先を頼ったのである。彼女も吉田の格好にさぞかし驚いたことだろう。そこで風呂に入れてもらい、着物に着替えさせてもらって人心地がつき、ようやく大磯に帰ることができた。

知らせを聞いて、次郎も急ぎ〝出所祝い〟に駆けつけた。玄米の握り飯一つとたくわん二切れという毎日だったためにげっそり痩せて見る影もない。その凄絶《せいぜつ》な様子に次郎は思わず涙ぐんでしまったが、吉田はけろっとした顔で収監中の話を面白おかしく語って聞かせた。

「刑務所の中は汚くてね、夜毎《よごと》ノミ、シラミ、南京虫《なんきんむし》の攻撃でおちおち眠れないのには参ったよ。掻《か》いたあとが膿《う》んでしょうがないので赤チンを塗りたくっているうち赤チンだらけの二目《ふため》と見られない姿となっちまってそのうち包帯でぐるぐる巻きにしたが、いや誰に会うわけでなし平気だったがね」

吉田はそう冗談っぽく言って笑ったが、次郎はにこりともできなかった。

「あんまり頭にきたんで憲兵が見回りに来たとき言ってやったんだ。〝おかしいではないか。本来なら君が檻《おり》の中にいて、僕が外にいるべきなんだ〟ってな」

（この人は男だっ！）

まさに百折不撓《ひゃくせつふとう》。目の前にいる好々爺《こうこうや》然《ぜん》とした小柄なじいさんのどこにそのような胆力があるのか？　彼は吉田茂という男に惚れなおしていた。このじいさんになら、自分のすべてを捧げ尽くしてもいいと思った。

戦争も末期に入りつつあった昭和二〇年（一九四五年）五月二三日のこと、東京に大空襲があり、鶴川からも東の山向こうに、天に冲《ちゅう》していくつもの火柱が立つのが望見された。おびただしい火の粉が舞っている様はまるで金砂子《きんすなご》を撒き散らしたようで、残酷な美しさを見せていた。心配してラジオをつけると品川、五反田が火の海だという。この日投下された焼夷弾は七万四〇〇〇発を数え、三月一〇日の東京大空襲のときの倍近い焼夷弾が投下されたと言われている。

当時五反田に住んでいたのが冒頭紹介した河上徹太郎である。以前から次郎は、

「もし家が焼けたらオレのところに来い」

と言ってあったのだ。

「ちょっとテッツァンのとこ見てくるよ」

「えっ、空襲があったばかりじゃない。まだ空は少し赤いわよ」

「もし焼け出されてたとしたら、時間が経ってからじゃ可哀想だろう」

「そんなこと言って、もしまた空襲があったらどうするの」

もう返事はない。さっさと身支度《みじたく》を始めている。言い出したら聞かないことは先刻承知。正子もあきらめ、おにぎりを持たせて送り出した。

空襲のため線路はずたずたである。夜通し歩き続け、なんとか五反田に着いたのは明け方近くだった。一面に赤黒い焼け野原が広がっている。

「テッツァン！　大丈夫か？」

「次郎か？　来てくれたんだな、すまん」

河上は次郎がまさかこんなに早く、なおかつ自分のほうから来てくれるとは思いもしていない。白昼に幽霊を見たような顔をして驚いた。次郎はさっそく持ってきた水と食料を渡してやった。河上の妻はそれを伏し拝むようにして受け取った。

幸いなことに河上の家は全焼を免れてはいたが、必死の消火活動のため河上の顔は煤《すす》で真っ黒。そのうえ、いつまた爆撃があるやも知れず神経はぴりぴりとささくれ立っていた。その様子を見て次郎が号令をかけた。

「さあ、君たちが住めるように準備してあるから一緒に鶴川へ行こう」

こうして河上一家は次郎と一緒に五反田をあとにした。鶴川に着いたのは夕方のことであった。

実は正子の心配は当たっていたのだ。この翌日、東京都心部は再び大規模な空襲に見舞われた。吉田が収監されていた陸軍刑務所に焼夷弾が落ちたのはこの日のことだ。もしこの空襲に巻き込まれていたら次郎の命も危うかったかもしれない。間一髪であった。

いったん友情を結ぶと徹底して気配りをするのが白洲流である。ピアノの好きな河上のために、後日もう一度五反田に戻って奇跡的に焼け残ったグランドピアノを運んできてやった。部屋に運ぶときは近所の村人が何人も手伝ってくれ、神輿《みこし》を担《かつ》ぐようにして土間に置いた。河上は落ち着いたころ、駅一つ隣の柿生《かきお》へと引っ越していくが、それまでの二年間、武相荘に寄寓《きぐう》することとなった。自分たち同様母屋に住まわせ、別棟の六畳間を書斎として提供するという気の遣い方である。食糧難であったにもかかわらず、自分の田圃《たんぼ》で作った米を家族と分け隔てすることなく食べさせてやった。河上はそのことを後々まで恩義に感じたが、次郎にすれば当たり前のことであった。

ある晩河上は鶴川駅から帰る途中、はるか上空にB29の編隊が飛来するのを遠望した。それが時折高射砲で撃ち墜《お》とされてくる。その様子が実に壮観で、

「いけっ、やっちまえっ!」

と応援しているうち、ついつい丘の上に腰を下ろしてしまい、帰りが遅くなってしまったことがあった。すると次郎は心配していたらしく、遅くなった理由を話すと烈火のごとく怒り、

「馬鹿野郎! 心配する者の身にもなってみろ!」

と徹底的に絞られた。河上は身をすくめるようにして謝りながらも、

(こいつは本当にいい奴だな)

と、心の中でそっと手を合わせた。

次郎は今《こん》の一家のためにも納屋を改造して戦争が終わるまで空けて待っていたという。実に友情に篤い男なのである。いったん胸襟《きょうきん》を開くとファーストネームで呼ぶ癖があったから、相手のことを友人と思っているかどうかはすぐわかった。

あるとき、所沢からゼロ戦に追われた米軍戦闘機が入り込んできて、鶴川上空で機関銃を撃ち合った。たまたま居合わせた正子や春正はこのとき、米人操縦士の顔まではっきり見たとい

う。戦争の影は重苦しく鶴川村をも覆《おお》っていた。いち早く疎開してきた頃には腰抜け扱いされたものだが、いつしか先見の明があるとうらやましがられるようになっていた。

空襲が多くなり、戦争の終わりが近づいていることは誰の目にも明らかになっていた。すでに首都東京は一面の焼け野原である。その死者のほとんどは戦闘員ではなく一般の市民であった。黒焦げの死体がいたるところに転がり、母親が子供をかばうようにして死んでいる姿が人々の涙を誘った。

終戦連絡事務局

次郎は情報収集能力に人一倍優れていた。それは後年も発揮されるのだが、戦時中鶴川に疎開している間でさえ、どういうわけか情報は入ってきた。

日本海軍はミッドウェーの海戦で「赤城」「加賀」「飛龍」「蒼龍《そうりゅう》」という四隻もの空母を失う大惨敗を喫し、結局この痛手から立ち直ることができなかったことが敗戦の最大の要因と言ってもよかった。戦時中、この大敗は国民には知らされていなかったのだが、次郎はたまたまこの海戦に参加した大石某（おそらく大石保第一航空艦隊首席参謀であろう）から聞かされ知っていた。さすがの次郎もそれを聞いた瞬間、

「えーっ！」

と思わず大きな声を上げたという。

ポツダム宣言受諾についても同様であった。当時春正が通っていた大塚の東京高等師範附属中学校では生徒の多くが日光に疎開していたが、春正は東京残留組として残った。終戦の数日

前のこと、Ｂ29が飛来し、校庭が真っ白になるほどのビラを撒いていった。手にとってみると妙なことが書いてある。

〈戦争は終わりました。皆さんの安全は保証されていますのでご安心ください〉

（何のことかな？）

不審に思った春正が持ち帰ってジャガイモ畑にいた次郎に見せたところ、土のついた手で受け取り一瞥《いちべつ》するなり、

「このことは誰にも言うな。言ったらまだ危ないぞ」

と声の調子を落として言うと、腰の手ぬぐいで流れ落ちる汗を拭き、また農作業に戻っていった。「親父はどうもポツダム宣言受諾を事前に知っていたようでした」と春正は述懐する。


そして昭和二〇年（一九四五年）八月一五日、日本は敗戦を迎えた。玉音放送を次郎は河上や正子とともに鶴川で聞いた。予期していただけに、〝やっと終わったか〟というのが正直な感想であった。次郎四三歳の夏のことである。

わが国は建国以来、他国に占領された経験を持たなかった国である。日清、日露、第一次世界大戦と、明治以降勝ち組に入り続けてきたことで、敗戦したら自分の国がどうなるかという想像力をまったく欠いていた。為政者の多くは呆然として、自裁しようかといったことで頭がいっぱいになっていたが、次郎は逆に、この日から新たな戦いが始まるのだと心に期すものがあった。

東久邇宮稔彦王《ひがしくにのみやなるひこおう》内閣の下で近衛文麿は国務大臣に就任した。次郎は近衛に、

「オレにアメリカとの折衝役をやらせてくれませんか？」

と嘆願したのだが、近衛はしばらく考えて、

「これはきわめてデリケートな問題です。押しが強いからいいというものではありません」

と慎重な姿勢を見せた。代わって次郎を重用し始めるのが吉田茂なのだが、その前にＧＨＱ総司令官ダグラス・マッカーサーにご登場願う必要があるだろう。

〝いざ来いニミッツ、マッカーサー、出てくりゃ地獄へさか落とし〟という軍歌「比島決戦の歌」の文句のとおり、マッカーサーがついに〝出てきた〟のである。


昭和二〇年八月三〇日午後二時五分、マニラからＣ－54輸送機バターン号に乗ったマッカーサーが厚木基地へと降り立った。コーンパイプに黒のサングラスというでたちでタラップの上からあたりを睥睨《へいげい》するその姿は、抵抗しようのない強大な権力の到来を予感させるものがあった。だがマッカーサーが悠然《ゆうぜん》と構えていたのは実はまったくのポーズであり、二日前に先遣《せんけん》隊《たい》を上陸させて偵察を命じていたからだった。フィリピン戦線で勇猛果敢な日本軍に悩まされた経験があるだけに、本当のところは前夜も不安で眠れずズボンのポケットには拳銃を忍ばせていたのだ。彼はその点実に名優だった。

ところが厚木に到着してみると、日本軍機のプロペラはすべてはずされ、出迎えの日本軍将校もすべて丸腰。占領軍の最初の作業であるべき武装解除を、日本軍はすでに自発的に行って

いた。占領の手引書には、一年間はゲリラ戦を覚悟せよと書かれていたほどだったが、何日経っても何も起こらない。静かなことがかえって不気味だった。〝鬼畜米英《きちくべいえい》〟のスローガンのもと、ヒステリックなまでに戦闘的になっていた国民はどこにいってしまったのか。キツネにつままれたようではあったが、一週間ほどして占領軍の将校たちはおそるおそる拳銃の携帯をやめた。

当時、東京の主要なビルのほとんどが戦災に遭っていた中で、第一生命ビルだけはお堀端にあったこともあり無傷で残っていた。

花崗岩《かこうがん》を使ったギリシャ風の重厚な玄関を入れば、内部はイタリア産大理石をふんだんに用いた華やかなアール・デコ調の内装をもつ風格ある建物である。暖房はもちろんのこと、地下四階に設けられたターボ冷凍機による冷房と除湿も完備され、六階の大集会室脇には、広大で豪華な大理石張りの〝日本一豪華なトイレ〟があった。マッカーサーは一目で気にいった。その瞬間から、このビルはGHQ本部と名を変えることになる。

GHQとは総司令部を意味するGeneral Headquartersの略である。連合国最高司令官（SCAP：Supreme Commander for the Allied Powers）の総司令部とアメリカ太平洋陸軍司令官の総司令部を兼ねていた。マッカーサーはこの組織の頂点に君臨したわけだが、一個人にこれほど強力な権能が与えられた例は歴史上皆無《かいむ》だと言っていいだろう。

彼の執務室はエレベーターを上がった六階。窓からは皇居を見下ろし、晴れた日には富士の秀麗な姿を遠望できた。まさに日本全体を見下ろしているような満足感に浸れる部屋であった。

マッカーサーはすでに当時のアメリカ軍の中にあって〝歩く伝説〟であった。日本軍の本間雅晴中将率いるバターン第二次攻撃で、昭和一七年三月、フィリピンから撤退する際に残した〝I shall return〟（私は必ず戻ってくる）という言葉はあまりに有名である。この言葉どおり彼は再びフィリピンに上陸し日本軍を掃討《そうとう》したのだ。当時六五歳という年齢は本来ならとっくに退役していてしかるべきものだったが、彼にはそうした常識は通じなかった。

その伝説は、陸軍士官学校（ウェストポイント）を九九・三三という驚異的な得点で合格したときに始まった。ちなみに二番は七七・九点だったという。そして彼は同校を平均点九八・一四という創立一〇一年の歴史の中で最高の成績で卒業した。自信に満ち溢れ、強烈な野心の持ち主であった。

「私の相談相手はワシントンとリンカーンだけだ」

という彼の有名な言葉がある。この言葉が象徴するように、自己陶酔の気があった。

彼が人生で失敗したのは唯一結婚だけである。初婚の相手はフィラデルフィアの億万長者の娘。彼がウェストポイントの校長をしていた四二歳のときのことである。彼女は再婚であった。一気に上流階級との付き合いが始まったが、彼はそれを極端に嫌った。結局離婚し、彼女は映画俳優と再婚した。だがその映画俳優とも長続きはせず、また別の男に走った。マッカーサーはこの先妻のことをけっして語りたがらなかったという。

再婚相手は母親が見つけた。マニラにいたマッカーサーに会いにいく途中の船の中で南部出身の愛くるしい娘を見つけたのだ。一九歳年下だったが、母親の推薦とあってマッカーサーは一度で気に入り再婚した。ひとり息子のアーサーはマニラで生まれている。新妻は彼のことを神のごとくに尊敬し、いつも〝元帥〟（マーシャル）と呼んでいたという。

マッカーサーの住まいは赤坂の米国大使館。朝は大使館で人と会い、九時から一〇時の間に出勤する。キャデラックに乗って裏門を出て霊南坂《れいなんざか》を下りGHQへと向かった。早ければ午後二時、遅ければ三時ごろまで執務をし、それからいったん大使館に戻って遅い昼食をとって少し昼寝をするのが日課だった。フィリピン駐在時代に身につけたシエスタの習慣である。そして午後五時ごろに再びGHQに現れ、ふだんは八時か九時、遅いときは一〇時まで仕事をした。それから帰って夜食をとって寝るのである。幕僚たちはマッカーサーがいる間は近くにいなくてはならない。宴会等の約束はほとんど守れなかった。

マッカーサーが第一生命ビルに入ったことにもっとも落胆したのは、おそらく東久邇《ひがしくに》内閣の外相重光葵《しげみつまもる》であったろう。彼はなんとかマッカーサーを横浜に引き留めておこうと努力していたのだが、よりによってお堀端とは。上機嫌のときでさえ渋面を作っていることで有名な彼のこと、一際《ひときわ》渋い顔をしたことは想像にあまりある。

さらに重光が驚いたことに、マッカーサーはとんでもない布告を準備していた。「日本国民に告ぐ」というその布告の内容は、①日本全域と全住民を軍事管理下におき、三権の一切の権能は最高司令官がこれを行使する。また軍事管理期間中は公用語を英語とする　②最高司令官の命令に反した者は軍事裁判によって処罰される　③米軍の軍票を法定通貨として日銀券とともに流通させる、というもの。明らかな軍政である。

この内容を知った東久邇首相は緊急閣議を招集。絶対に発令を阻止せねばならないということになり、重光外相たちが必死にGHQを説得した結果、なんとかこれを撤回させることに成功した。

そこまではよかったのだが、重光外相がその経緯をマスコミに話してしまったからたいへんだ。日本政府があたかもマッカーサーをへこませたというような内容で報道されてしまい、誇り高いマッカーサーは赤鬼のようになって赫怒《かくど》した。責任を取って重光は辞任に追い込まれたが、それだけにおさまらず、その後公職追放になり、さらには戦犯として巣鴨プリズンに収容されてしまう。虎の尾を踏んでしまうとどういうことになるかを知って、人々は震え上がった。

ここで次郎が動いた。重光の辞任を絶好の機会と捉え、近衛に対し、吉田を外相にするよう働きかけたのだ。

「重光さんの後任に吉田のじいさんを推薦してやってください。カンパクもじいさんの手腕はよくご存知のはずだ。ぜひともお願いします」

〝吉田のじいさんならオレに活躍の場を与えてくれる〟――次郎はそう確信していた。近衛は最初渋っていたが最終的には了解し、東久邇首相に推薦。こうして吉田は外相に就任するのである。ついこの間まで囚人だった人間がいきなり大臣である。吉田はまたも強運ぶりを発揮した。

予想以上の手痛い敗戦を目の当たりにして吉田の心は沈んでいたが、そんな中、元気に尻をたたいてくれる次郎の存在は頼もしいものだった。次郎は麻布市兵衛町二丁目の外相官邸に頻繁に顔を見せ、若槻礼次郎《わかつきれいじろう》や近衛が訪問してきた折の昼食会にもしばしば同席するようになっていった。

吉田は外相就任報告のため鈴木貫太郎前首相を訪問した際、次のような言葉を贈られたという。

「戦争は勝ちっぷりもよくなくてはいけないが、負けっぷりもよくないといけない。鯉はまな板の上にのせられるとぴくりともしない。あの調子で負けっぷりよくやってもらいたい」

負けず嫌いの吉田だからこそ、鈴木はあえてこの言葉を贈ったのだろう。吉田は肝に銘じ、その後しばしばこの言葉を使うようになった。


マッカーサーが上陸して一ヵ月ほどが経った九月二七日、昭和天皇からマッカーサーを訪問したいという申し出があった。このときの会見の写真は日本人に大きな衝撃を与えた。開襟《かいきん》シャツで両手を腰に回してラフな格好のマッカーサーに比べ、天皇はモーニング姿で直立不動。どちらが占領されている側でどちらが占領している側かは一目瞭然である。第一ボタンをわざとはずすなど、すべてを計算し尽くした名優マッカーサーの演出も加わっていた。

時の内務大臣・山崎巌《やまざきいわお》は不敬であるとして、写真を掲載した新聞の発禁処分を発動したが、これに怒ったのがGHQである。処分の翌日には言論の取り締まりに関する法令を全廃させた。おさまらない山崎内相は記者を集め、

「治安維持法の精神は今後も生かしていく。したがって国体を破壊するような言動は許されないし政治犯の釈放も考えていない」

と発言した。この時代錯誤的発言に、GHQは山崎内相の罷免《ひめん》を要求してきた。

「こんなことでは責任を持って政局にはあたれない」

東久邇首相は山崎内相罷免《ひめん》要求の翌日、総辞職した。昭和二〇年一〇月五日のことであった。

一方でマッカーサーは、天皇問題に関しては合理的な計算も働かせていた。戦争中、天皇陛下のために兵士は死んだが東条英機のために死んだ兵士はいない。もし仮に昭和天皇を処刑したりしたら、いったん死人のようになっていた日本国民は再び立ち上がり、命を賭《と》してレジスタンスを展開したかもしれない。むしろ人質のようにうまく利用することが占領政策を成功に導く鍵であることを冷徹な彼はすぐに了解した。

総辞職した東久邇宮にかわって大命降下を受けたのが幣原喜重郎《しではらきじゅうろう》である。このとき七三歳。すでに過去の政治家と思われていたが、英語ができ、親英米派であることから吉田が説得して引っ張り出したのだ。吉田は幣原首相の下で引き続き外相を務めることになった。

吉田は外相就任直後から外務省の大改革を行っていた。終戦直前、軍部とともにソ連に講和の労をとってもらうよう動いていたセンスのなさに、今のままの外務省ではダメだと痛感し、

局部長以上に辞表を書かせて人事を一新した。そのうえで吉田は、昭和二〇年一二月、次郎を終戦連絡事務局参与に任命するのである。大抜擢《だいばってき》だった。

「戦争に負けて外交に勝った歴史もある。ここからが正念場だからな」

吉田は次郎に期待をこめてそう語った。


終戦連絡事務局（終連）とは、政府とGHQの間の折衝《せっしょう》を行うために新設された役所である。自治権を取り上げられ、自主外交も認められなかった当時にあってみれば、この終戦連絡事務局こそがあらゆる役所の中でもっとも重要な権能を担うことになった。そのため設立に当たっては各省から俊秀が集められた。一方、白洲次郎の名は中央ではまったく無名である。実績もない次郎がいきなりこうした重職に就くことには、とりわけ官僚たちの間で強い反発があった。


終連政治部長の要職にあった外務省出身の曾禰益《そねえき》などは、いきなり次郎が来たことに内心腹を立てていた人物のうちのひとりだった。そうした不満の声があがることを知っていてなお、吉田は敢えて次郎を迎えたのだ。

舞台は整った。斜《はす》に構えることも韜晦《とうかい》する必要もなく、全身全霊でぶつかっていける場所を見出したのだ。嬉しくて思わず武者震いがした。

（アメリカが何様だというんだ！）

次郎の精神構造の中には米国を軽く見る傾向があった。それは英国人が米国のことを〝所詮《しょせん》彼らは成り上がりだ〟と軽侮《けいぶ》するのにも似た感情であった。敗戦後とかく卑屈になる日本人が多かった中にあって、次郎は異色の存在であった。

当時、終連は日産館（現在の日比谷セントラルビルの場所）に入っていた。財閥解体される前の日産コンツェルンの本部があったビルであり、日本水産もここに入っていたから懐かしい建物である。

仕事のことはいっさい正子には話さなかったが、彼女もそばにいて今度の仕事に対する次郎の意気込みを肌で感じ取っていた。朝起きると、すごい勢いで飛び出していった。鶴川の自宅には週末しか帰らなくなり、それ以外は麻布の外相官邸で寝泊まりすることが多くなった。官邸には次郎とGHQをつなぐ内線電話が架設されており、夜中でも容赦《ようしゃ》なく呼び出しの電話がかかってきた。一日の睡眠時間は四時間ほど。最初のうちはそれでも週末は休めたが、やがて忙しくなると日曜日も働きづめになっていった。ちょっと気を抜くと通りの悪い下水道のように仕事が溜まっていく。それこそ文字どおり〝寝食を忘れて〟働いた。

給料は低く、次長でも三百数十円（当時の国産ウィスキー〝サントリー白札〟が一本二八円の時代）だったというから参与の彼はもっと少なかったにちがいない。間違いなく彼のキャリアのなかでもっとも低い給料だったろうが、そもそも使う時間がなかったので困らなかった。

次郎は驚くほどすみやかに彼ら（SCAP）の中に入り込んでいった。そのため、

「彼はすごい。ジャパニーズではなくスキャパニーズ（Scapanese）だな」

とGHQ内部でも驚きの声が上がった。

次郎の最大の交渉相手がＧＨＱ民政局（ＧＳ：Government Section）である。彼が指摘していることだが、〝民政局〟という日本語への翻訳は〝占領軍〟を〝進駐軍〟と呼んで国民のショックをやわらげたのと同じであり、本来は読んで字のごとく〝統治する〟（Govern）ことを目的とした部局であった。

〝統治〟の主眼は、日本を民主的な国家に変貌させること。民主化といえば聞こえはいいが、二度と戦争を起こせないよう骨抜きにすることに尽きた。この民政局を率いたのが局長のコートニー・ホイットニー准将と行政公職課長のチャールズ・ケーディス中佐である。

このふたりは後々まで次郎の宿敵として立ちはだかる人物でもあり、少し詳しく触れておくことにしよう。

ホイットニー民政局長は一八九七年生まれだから、当時四九歳と次郎より五つ年長になる。コロンビア・ナショナル・ロースクール出身の弁護士で法学博士。軍籍に入っていたが退官して、一九二七年から四〇年までをマニラで弁護士としてすごしていたところ、そこに駐留していたマッカーサーの知遇を得て軍隊に復帰した。

マッカーサーに対する献身ぶりは伝説的である。ものの考え方から筆跡に至るまでほとんど見分けがつかないほど一体化し、「どこでマッカーサーが終わり、どこでホイットニーがはじまるかわからない」と言われるほどであった。あらかじめの断りなしにマッカーサーの部屋にノックだけで出入りできたのは、ＧＨＱ広しといえども彼ひとりであった。だが彼らの親密さへのやっかみもあってか、GHQ幹部の中で彼に好意を抱く者はほとんどなく、仲間内では〝白い脂肪〟とだぶついた身体を揶揄《やゆ》されていた。マッカーサーと一心同体であることが、彼の権威のすべてであった。

一方のケーディスは当時四〇歳と次郎より四つ年下。ニューヨーク州で生まれ、コーネル大学とハーバード・ロースクールで学んで弁護士資格を取得。ルーズベルト政権下の公共事業局、財務省顧問、臨時国家経済委員会委員を歴任してニューディールの空気を胸いっぱいに吸い込んでいた。大戦中はヨーロッパ戦線で活躍し、南仏に進駐して民政を担当している。その腕を買われて第一陣で東京入りし、ニューディール政策をこの日本という真っ白なキャンバス（彼はそう思っていた）の上に描きたいと希望に胸膨《むねふく》らませていた。

中背で細身、色白で髭《ひげ》の剃《そ》り跡《あと》が青々している。眉《まゆ》が太く笑うと目じりに細かいしわができたが、それがまたなんとも言えず魅力があった。彼は後にたいへんな女性スキャンダルを巻き起こすのだが、それはこの端正なマスクとも関係していたに違いない。シャープな頭脳を持つ彼は、しだいに民政局の中で大きな存在感を示していく。〝いつも頭の中で何かがひらめいているようだった〟と、当時を知る複数の人間が証言しているほどの切れ者だった。

当初は行政公職課長だったがしばらくして局次長に昇格。階級も中佐から大佐へと昇進した。彼がユダヤ人だったことも忘れてはなるまい。ケーディスという名はヘブライ語の〝カーデッシュ〟（聖者の意）に由来している。ナチスドイツによるユダヤ人弾圧は当然のことながら彼の心に暗い影を投げかけていた。知り合いの従軍カメラマンに頼んでユダヤ人虐殺の写真を取り寄せ、三冊の分厚いアルバムにして大事に持っていたという。

民政局はマッカーサーの執務室と同じ六階にある。ホイットニーだけは個室が与えられていたが、その他の局員は大部屋を執務室としていた。この部屋は大集会室で六階と七階が吹き抜けになっており、大きさはちょうど学校の講堂くらい。そんな大きな部屋に机がぎっしりと並び、すべてが廊下側を向いている様子は壮観だった。

ケーディスも局次長になってからは個室をあてがわれるが、当初は大部屋の住人だった。机のそばの壁には、漢字で〝民主主義〟と書いた掛け軸が飾られ、戦時中に特高警察が拷問《ごうもん》に使っていたという竹刀が置いてあった。おそらく当初の彼の思いは極めて純粋なものだったのだろう。


（〝敵を知り己を知らば〟だ、とにかく情報を集めなければ……）

次郎はそう考えた。当時民政局は矢継ぎ早に指令を出していたから、それを事前にキャッチして対策を立てておかないと大混乱を生じかねない。彼はほとんど動物的なカンで、民政局の陰の実力者がケーディスであることをすぐに見抜いた。本当は秘書役の将校を通さないと面会できない規則なのだが、大部屋の裏口から入ってきては、

「ミルクマンです。ミルクの御用はありませんか？」

と言いながら近づいていった。当時の英国の会社では三時ごろになるとミルクマンが鈴を鳴らしながら紅茶とクッキーを持ってオフィスを回る習慣があったのだ。

そのうち次郎は受け入れられ、「明日農地改革指令が出る」とか「次の公職追放の対象は誰か」といった情報を入手できる関係になっていった。

「ほら、持っていきなよ」

しばしばケーディスは煙草を一カートンくれたりもした。次郎がヘビースモーカーであることを知っていたのだ。次郎はアメリカ煙草ならラッキーストライク、日本の煙草なら両切りピースを好んだ。ケーディス自身は吸わなかったが、次郎のためにPX（Post Exchange：将校専用の売店）で買ってきてやったのである。次郎もそのうち接待費の予算枠をもらい、逆に高価な葉巻やサントリーのオールドを民政局内の局員たちに配って歩いたりするようになった。これが彼らにとって最初で最後の蜜月《みつげつ》であった。

そうした努力にもかかわらず、次郎はけっしてGHQ内で評判がよかったわけではない。口頭での指示を嫌い、

「細かい点に齟齬《そご》があってはたいへんだから、指示はすべて文書にしてくれませんか」

と言って嫌がられ、"Difficult Japanese"（扱いにくい日本人）と呼ばれていた。文書でやり取りをすることは、ビジネスマンだった次郎が体得した身を守るためのすべてであった。

おかしいことはおかしいと、はっきりものを言った。宮澤喜一元首相は当時を振り返って、

「占領期間中、白洲さんはとにかくよく占領軍に楯《たて》ついていましたよ」

と述懐している。しばしば大喧嘩《おおげんか》にもなる。日本語は口の中でこもったようなしゃべり方をするうえに吃音《きつおん》も残っていたが、英語での喧嘩はお手のもの。

彼の英語のうまさに感心したホイットニーが、

「貴方は本当に英語がお上手ですな」

とお世辞《せじ》を言ったとき、次郎が、

「閣下の英語も、もっと練習したら上達しますよ」

と切り返したというエピソードは有名である。

日本語は訥弁《とつべん》であるにもかかわらず英語は流暢《りゅうちょう》だというのはどうしても合点《がてん》がいかなかったのだが、斯界《しかい》の権威である日本大学医学部先端医学講座の泰羅雅登《たいらまさと》教授にお尋ねしたところ、大脳生理学的には十分ありえるということであった。ただ複数言語をどちらもネイティブとして学習した場合に多い現象だということなので、次郎の英語はよほど早いうちから身についたものだったに違いない。もっとも、流暢ではあったが激してくると右上唇が上がってくる癖は同じで、外国人にも聞きづらい話し方ではあったようだ。

アメリカ人はあだ名が大好き。昭和天皇のこともチャーリー・チャップリンに似ているといって遠慮会釈《えんりょえしゃく》なく〝チャーリー〟と名をつけてしまったほどである。次郎の場合、彼らと接する時間が長かったので、あだ名はいくつもついたが、そのひとつに〝Mr.Why〟というのがある。〝どうしてだ？〟としつこく迫ってくるからで実に彼らしい。

このころ、次郎はいやな光景をしばしば目にしていた。ＧＨＱは戦前の軍閥、財閥にメスを入れたが官僚組織にはほとんど手をつけなかった。官僚の持つ行政機能をそのまま利用しようとしたのである。そしてあろうことか役人の多くは、さしたる抵抗も見せずＧＨＱの言いなりで動くようになりだしたのだ。

「軍部がはびこればこれに頭を下げ、ＧＨＱが実権を握ればすぐに尾を振る。〝巾着切り《きんちゃつき》〟（スリのこと）みたいな役人ばかりじゃねえか！」

虫酸《むしず》が走った。吐き気を催すような嫌悪感でいっぱいになった。彼の官僚嫌いはここに原体験を求めることができるだろう。

当時吉田は、ホイットニーには極力会わないようにしていた。

（マッカーサーと天皇陛下や幣原首相は本来対等な相手ではないはず。対等なのはアメリカ大統領だけだ。だからわしがマッカーサーの相手をしなければ）

そう自分に言い聞かせ、日本が軽んじられないよう踏ん張ったのだ。その胸中が痛いほどわかった次郎は、ケーディスのみならずホイットニーまでをカバーしなければならなかった。いやそれどころか、マッカーサーにも会おうとした。なんとか吉田を支えようという執念がそう駆り立てたのだ。だがそうした行動はケーディスたちの不興《ふきよう》を買った。

ＧＨＱは次郎のことを深く知るにつれ、彼が単に押し出しの強いだけの男ではなく権謀《けんぼう》術数《じゅつすう》に長《た》けた侮《あなど》りがたい人間であることに気づいていく。そのつかみどころのなさから、

「やつは〝Sneaking eel〟（こそこそ動くうなぎ）だから気をつけろ」

とささやかれるようになっていった。

最初のうちこそ猫をかぶって彼らに近づき〝Scapanese〟と言われた次郎も、やがてタフネゴシエーターぶりを見せ始めて〝Mr.Why〟とか〝Difficult Japanese〟と言われるようになり、つい

には本領を発揮して"Sneaking eel"とまで言われるようになった。こうしたあだ名の変遷こそが次郎の戦いの軌跡だった。

判断のひとつひとつが、日本の復興と独立を早めもすれば遅らせもする。毎日が、崖っぷちに足を踏み出すような緊張との戦いであった。孤独な重圧が次郎の上に覆《おお》いかぶさっていた。

憤死

マッカーサーは敗戦で呆《ほう》けたようになった日本国民の口を大きく開けさせて、心の隙間《すきま》にアメリカ流民主主義を流し込んだ。〝自分たちは戦争に勝ったのだからアメリカイズムこそ世界でもっとも優れている〟——無邪気なほどの単純さで彼はそう考えた。そのためには大日本帝国憲法に代わる民主的憲法が必要だった。ただ当初、改正は日本のイニシアティブで進められるべきだと考えており、そうした中、白羽の矢を立てられたのが近衛文麿だった。

昭和二〇年(一九四五年)一〇月四日夕方、近衛は通訳の奥村勝蔵とともにマッカーサーを第一生命ビルに訪ねたが、その折、マッカーサーは近衛に対し、

「今日は決定的なことを申し上げる」

とわざわざもったいぶった前置きをした上で、

「近衛公は世界を知り、コスモポリタンで、年齢も若いのだから、自由主義者を集めて帝国憲法を改正するべきでしょう。できるだけ早く草案を作成して新聞に発表するべきだ」

と憲法改正の必要性を強く説いた。

会談のあと、近衛は荻窪《おぎくぼ》の自宅へともどってきた。この屋敷は、大正天皇の侍医頭であった入沢達吉《いりさわたつきち》博士が別荘としていたものを買い取り、西園寺公望に〝荻外荘《てきがいそう》〟と名前をつけてもらったもの。南斜面の高台で見晴らしのいい場所にある。（杉並区荻窪二丁目四三番に現存）

マッカーサーが語った「近衛公は世界を知り、コスモポリタンで」という言葉は、近衛のことを戦争犯罪人どころか高く評価して期待していると言っているわけで、一種の〝免罪符《めんざいふ》〟を手に入れたようなものであった。近衛はふだんめったに喜怒哀楽《きどあいらく》を表情に出さなかったが、この日は屋敷の玄関で出迎えた牛場にも「はっきりとわかるほど晴れ晴れと嬉しそうな様子」であったという。

さっそく近衛は、京大時代の恩師である憲法学者の佐々木惣一《さききそういち》に声をかけ、大石義雄京都帝大教授などを含めた憲法調査会を編成。天皇制にも関係することだからと宮内省を説得し、この目的のために内大臣府御用掛の発令を受けた。

佐々木は東大の美濃部達吉と並び称される憲法学の権威である。謹厳な人物としても知られていた。昭和八年の滝川事件に際し、官憲の弾圧に抗議して京大を去り、立命館大学に移って総長に就任していた。

一方政府はというと、そもそも首相の幣原自身が改正に消極的であった。「ＧＨＱはすでに天皇陛下をしのぐ絶対的権力を握っており、戦前の憲法や法律などに関係なくどんな命令でも出すことができるわけだから、憲法だけ優先して改正する必要などないではないか」というのがその理由であった。

だがそこで黙っていなかったのが国務大臣の松本烝治《まつもとじょうじ》である。日本の法曹界を背負って立っていると自負していた松本にとって、近衛の動きは看過《かんか》できなかったのである。事実、昭和一三年の商法改正は彼の独《ひと》り舞台であったし、専門外の憲法にも一家言あった。

「このまま政府が何もせずにいるならば、内閣の運命が左右される恐れがあります。早急に手を打たなければなりません」

松本が閣議でそう強硬に主張したため幣原も重い腰を上げ、閣内に松本を委員長とする憲法問題調査委員会を設置。委員には宮沢俊義東京帝大教授、清宮四郎東北帝大教授、河村又介九州帝大教授など憲法問題のスペシャリストが名を連ね、近衛たちと対峙《たいじ》する形となった。

宮内省と内閣が別々に憲法改正案を作成するというこの不可解な事態が、政府の混乱ぶりを示している。

松本は六八歳。吉田より一年年長である。ちなみにこの当時、首相の幣原は七三歳であった。烝治《じょうじ》の名は、鉄道庁長官だった父親がジョージ・ワシントンにちなんでつけたものである。元東大教授で専門は商法。その活躍は学界にとどまらず、満鉄副社長、第二次山本内閣で法制局長官、斎藤内閣で商工大臣を歴任。弁護士でもあった彼は、多数の会社の監査役、相談役を務め、実務に精通していた。次郎が勤めていたジャパン・アドバタイザー社の顧問弁護士もしていたことから、次郎とは旧知の仲である。周囲の松本に対する人物評は、〝頭がよくて〟、〝自信家〟だという点でことごとく一致している。

松本たちの動きをよそに近衛は張り切っていた。

外国人記者とのインタビューではけっこう思い切ったことを言っている。次郎は通訳として同席したが、こんなに明るくて元気な近衛を見たのは初めてだった。

「新しい憲法では天皇からほとんどすべての大権を取り離す」

「天皇退位の条項を挿入することもありえる」

宮内省の意を受けているとは思えない大胆な発言も飛びだして周囲をはらはらさせた。

一〇月二二日の夜、次郎は牛場とともに近衛や佐々木博士を囲んでの会食に加わった。佐々木博士は一両日中に箱根宮ノ下の奈良屋旅館へ憲法草案執筆のために出かけようとしており、この会食はいわばその壮行会であった。佐々木がいかに気負っているかは周囲にも痛いほど伝わってきた。佐々木の気持ちをほぐそうとみな気を遣い、さしさわりのない話題で時間は過ぎていった。ところがここで、それまで黙っていた次郎が初めて口を開いたのだ。

「博士、旅館もいいですが、ぐずぐずしていると間に合わなくなりますからね」

その場にいた人々の箸《はし》を持つ手が止まった。部屋の空気が一瞬にして凍りついた。〝カン〟の鋭い次郎には、日本独自の憲法案を急がないと、やがてGHQが自分で動き出すのではないかという気がしてならなかった。そのまま楽しい時を過ごして波風を立てないこともできただろうが、ことの重要さゆえ言わずにはおれなかったのだ。

佐々木博士は一代の碩学《せきがく》である。気位の高いことこの上ない。当年とって六七歳。気難しい

博士をなだめすかしてようやくやる気にさせたのだ。案の定、顔色がさっと変わり、次郎のほうに向きなおると、

「何をおっしゃいますか。かりにも一国の憲法を吟味するのです。簡単にお考えになってはこまります」

と静かな口調ながら厳しい調子で言い返した。座は静まり返っている。いつも冷静な近衛の表情までもがこわばっていた。次郎はまだ何か言いたげである。

（まずいっ！）

そこは気配りのできる牛場のこと、絶妙のタイミングでふたりの間に割って入った。

「おい、ジロー」

わざと酔ったふりをしながら徳利《とっくり》を振り上げて次郎の注意をそらすと、別の話題をふり、まるで何事もなかったかのようにきれいにその場を収めたのだ。


当時、米国の新聞記者は重要な存在だった。米国の世論やGHQに彼らの書く記事が多大な影響を与えるのだから当然だろう。次郎はその記者たちとの応対をしばしば任されたが、そこで感じたのは近衛の不人気である。米国のジャーナリズムは近衛の戦争責任を非常に重いものと捉えていた。そこで次郎は、近衛の憲法改正の動きはほかでもないマッカーサー自身の指示によるものだということを盛んに宣伝したのだが、記者たちはけっして次郎たちの味方ではなかったのである。

〈少年院の規則を決める人間にガンマンを選んだようなものだ〉（一〇月三一日付「ニューヨーク・ヘラルド・トリビューン」社説）と、戦犯容疑の濃い近衛を重用するマッカーサーに批判的な記事が掲載され、それはやがてマッカーサーの耳にも届くことになる。驚いたことに、マッカーサーはここで態度を豹変《ひょうへん》。なんと近衛を切り捨てるのである。

一一月一日、ＧＨＱは、

――近衛は憲法改正を行っているが、これはＧＨＱの関知せぬことである。

と発表。近衛をたきつけた日から一ヵ月も経っていない。佐々木の壮行会の実に一〇日後のことであった。このことを知ったときの近衛の表情を、牛場は一〇年後に回顧して、

〈近衛の凄いまでの表情は私の目の前にはっきりと、まだ見える〉

とつづっている（『風にそよぐ近衛』「文藝春秋」一九五六年八月号）。

いいように使われた挙げ句、風向きが変わるとポイッと捨てられた。かつて一国の首相を務めた人物を相手に、そんなことがあっていいものだろうか。

「次郎、どうにかならんのか、オレはカンパクが可哀相で見ておれん」

牛場は引き絞るような声で次郎に思いをぶつけた。

「オレだってあの話を聞いた瞬間、すぐ近衛さんの顔が浮かんださ。とにかくマッカーサーって野郎は、アメリカ国内での人気取りしか考えちゃいないんだから。大統領になりたくってしょうがないいんだよ。そのたび日本政府は右往左往させられるんだ」

次郎は吐き捨てるようにそう言うと、唇をかみ締めた。

それでも近衛は作業を続けた。次郎の危惧したとおり、佐々木は慎重な上に保守的だった。

「多少政治的考慮も払ってもらわねば」

と言われると、

「私の学者としての良心が許しません。それなら京都に帰らせてもらいます」

と席を立つこともあったという。結局できてきたものを見た近衛はこれではだめだと判断し、佐々木には改正案をご進講の形で上奏してもらうこととし、近衛は別途憲法改正案を上奏することにした。

両案の主な相違点は、①佐々木案が天皇大権を認めているのに対し近衛案は認めず、総理大臣が奏請《そうせい》した事項に対して承認を与える権限のみを有するとした点　②佐々木案は枢密院《すうみついん》に準じるものを残しているが近衛案では立法権を制限してしまうという理由で廃止している点　③佐々木は天皇の統帥権《とうすいけん》を認めているが、近衛は自らの苦い経験にかんがみ、国務と統帥をすべて総理大臣に集中させている点。要するに佐々木案は明治憲法からほとんど一歩も出ていないのに対し、近衛は開戦にいたった教訓を新しい憲法に盛り込もうと努力していたことがわかる。

だがこうした近衛の頑張りにもかかわらず、ＧＨＱは佐々木、近衛両案ともに一顧《いっこ》だにせずに黙殺。一一月二四日、マッカーサーの指令で内大臣府が廃止されるという事実上の憲法調査会解散命令が下り、近衛の憲法改正作業は打ち切りとなるのである。後にケーディスは、

「近衛公が独自に憲法案を作成されていたことはまったく知らなかった」

とインタビューで答えているが、当時の状況からしてそんなことはありえない。

近衛の努力は報われなかった。それは同時に、戦犯指定の危険が高まっていることを意味していた。一二月二日、梨本宮《なしもとのみや》、平沼騏一郎《ひらぬまきいちろう》、広田弘毅《ひろたこうき》元首相の逮捕が発表となり、そしてついに一二月六日の夜、静養先の軽井沢にいた近衛のもとに、外務省から戦犯指名された旨の電話連絡が入るのである。電話口に出た近衛はその知らせを聞くとさっと顔色が変わり、大声で相手の外務省係官を怒鳴りつけた。酔っていたこともあったが、こうした激しい感情を他人に見せたのはおそらく彼の人生で初めてのことではなかったか。

牛場と次郎はしばしば吉田外相のところに集まり、善後策について語り合った。吉田は、

「東郷茂徳元外相の巣鴨入りも病気で延期になっているだろう。病気だと言って東大病院に入院させるんだ。あとは引き受ける」

と知恵を授けた。次郎は牛場と相談し、一五日の晩、柿沼昊作《かきぬまこうさく》、大槻菊男という東大の内科と外科の教授の診察を受けさせている。近衛は若いころに結核をわずらって胸に影があったし、この年の夏に長大なサナダ虫が出てまだ駆除《くじょ》が十分にすんではいなかった。両教授は、

「医師の良心に照らしても〝静養の要あり〟と十分診断書を書ける状態です」

と言ってくれた。

「先生方もこうおっしゃっています。入院しましょう」

必死に勧める牛場に対し、近衛は片頬にかすかな微笑を浮かべながら、

「入院はやめましょう」

と静かに言った。

——近衛が自殺を決意したのはこの瞬間だったのではないか。

そう牛場は述懐している。

〈近衛という人は……貴族的な、あまりにも貴族的な人だった。お前達などには一指も触れさせないという反面があった。……どんな理由からでも監獄へ入るなどとは彼には考えられないことだった。彼の体内を流れる血がそれを許さなかったのだ〉（牛場友彦『風にそよぐ近衛』）

近衛が自殺する前日の一二月一五日のこと。彼は親しい友人たちを夕食に招待した。その中に次郎も含まれていたのだが、彼はせっかくの誘いを断っている。

（オレは〝最後の晩餐《ばんさん》〟なんかにはとても出られない……）

カンの鋭い次郎には、この夕食会がどういう目的で開かれるものかが痛いほどわかったのだ。終戦連絡事務局にいた次郎のところには近衛に関する情報が次々と入ってくる。

（ほかの戦犯指定者は収監される前に寝具などの準備をしているのに、近衛さんはいっこうにそうした様子がない）

その意味するところは明らかである。その日は土曜日で珍しく夕方には帰宅していたが、次郎は帰るなり自室にこもったきり。自分の〝カン〟を、誰かに伝えるべきか悩んでいた。他人の大きな不幸を前にすると感情移入が激しくて、急に意気地がなくなってしまう。表面上の豪傑ぶりとは違って、擦《す》り傷で赤くなった皮膚のように繊細な神経の持ち主なのだ。目の中にまつげが入った時のように落ち着かない。逡巡《しゅんじゅん》した末、夜になって思い切って松本重治の家に電話をかけた。

「カンパクはどうしても巣鴨《すがも》プリズンに行く様子がない。自殺するのだろうか……」

電話するのがやっとの次郎に代わり、これを聞いた松本はすぐ行動に移した。細川は九州へ旅行中で不在だったため、ともかく牛場を誘って荻外荘へと急いだ。

そのころ近衛は、作家の山本有三や後藤隆之助（近衛のブレーンのひとり）らと応接間で話しこんでいた。珍しいことに近衛は皆にウィスキーをついで回ったという。おそらく〝別れの盃〟のつもりだったのだろう。

到着するとすぐ、松本たちは近衛を別室に呼び出し、そのまま二時間ほども自殺の非を滔々《とうとう》と言って聞かした。近衛は終始無言だった。

近衛の入浴中、牛場は次男の通隆に言って衣類を全部調べさせたりもした。だが夫人はもうあきらめていた。通隆が一緒に探そうと持ちかけても、

「私はお考えのとおりなさるのがいいと思うから探しません」

と言って断った。刀剣や薬物のたぐいはいっさい見つからなかった。そして午後一一時すぎ、近衛は、

「もう寝るから水を用意してくれ」

と言って夫人に水差しを用意させた。近衛はいつもひとりで寝る。近衛の寝室は中庭に面した一二畳の和室。夫人は隣室である。来客がひとり、またひとりと帰り、牛場と松本のふたり

も近衛の隣室で寝ることにした。

（あれだけ探して何もなかったんだから大丈夫だ、大丈夫だ）

牛場はそう自分に言い聞かせながら、湧き上がってくる不安と戦っていた。

この夜、息子の通隆は、

「一緒に寝ましょうか」

と近衛に声をかけたが、

「人がいては眠れないから」

とやんわり断られている。その代わり、

「少し話していかないか」

と言われ、遅くまで近衛の部屋で話しこんだ。近衛は盧溝橋事件以来の自分の活動や日本の将来について、まるで言い残すようにして熱く語ったという。

「何か書いてください」

そう通隆が手近にあった鉛筆を渡すと、近衛は今の自分の心境をつづった。それはいつに似ず殴り書きのような文字であったが、結局それが彼の遺書になった。通隆が部屋を出たのは午前二時ごろ。

「明日（巣鴨へ）行っていただけますね」

と最後にそう言って念を押すと、近衛は暗い顔をしたままで何も答えなかったという。そして午前六時、寝室にまだ明かりがついているのを不審に思った夫人が部屋に入ってみると、布団の中で近衛はすでに息絶えていた。夫人は驚かなかった。

「友さん、やっぱりやりましたよ」

冷静な声で隣室の牛場を呼んだ。その光景を目にした牛場と松本は全身の力が抜けて膝から崩折《くずお》れ、しばし呆然と腰が抜けたようにその場から動けなくなってしまった。独特のにおいがする。枕元の茶色の小瓶《こびん》に目が留まった。青酸カリだった。長女の昭子はその瓶に見覚えがあると言っており、以前から用意していたものであったらしいが、どこに隠していたかは結局わからずじまいであった。享年五五。早すぎる死であった。


明くる一六日は日曜日である。それは本来なら、近衛が戦犯として巣鴨プリズンに入所するべき日であった。知らせを聞いて早朝から内外の新聞記者が駆けつけた。ジープや自動車に踏みにじられて玄関先の霜柱はみるみるぬかるみに変わっていく。家の周囲を物々しくMP(Military Police：憲兵)の鉄かぶとと巡査のサーベルが固める中、午前八時、所轄《しょかつ》の杉並署による検視が行われた。一歩も中に入れてもらえず苛《いら》つく記者たちに、牛場が冷静に対応した。できることなら近衛のそばにじっと座っていたかっただろうが、状況はそれを許さなかった。

さて次郎である。知らせはすぐに届いた。暫《しば》くの間、布団をかぶったままで自室から出る気力さえ起こらなかった。予感がはずれることをひたすら祈っていたが、それも今となってはむなしかった。

(近衛さんには本当にお世話になった。最後の挨拶をせねば……)

ようやく昼ごろになり、意を決して弔問《ちょうもん》に出かけた。荻外荘は相変わらず黒山の人だかりである。人垣をかいくぐるようにして邸内に入った。牛場がいた。次郎の姿を見つけて近づいてきたが、お互い言うべき言葉を持たなかった。

「ご苦労だったな、近衛さんは寝室か」

「ああ……実に安らかな顔をしておられるよ」

これまでの牛場の苦労を思うと目頭が熱くなって顔が上げられなくなった。軽い会釈《えしゃく》だけを残すと近衛の遺骸《いがい》が安置されている寝室へと向かった。白装束の近衛は金屏風《きんびょうぶ》を背に北向きに寝かされている。枕頭《ちんとう》の千代子夫人と次男・通隆、文麿の弟・秀麿にお悔やみを伝え、顔にかけられた白い布をとると、いつもの顔が眠っているとしか思えない様子で現れた。少し青味こそ帯びていたが端正な容貌は生前のままの静かな死に顔であった。

（予期できた死だった……自分も近衛さんの死には責任の一端がある）

そう思うと胃のあたりが分銅を飲み込んだように重くなって、口の中がしきりと乾いた。近衛の最期の場所となった部屋の中をぐるっと見回してみた。中庭越しに遠く白扇倒《はくせんさかしま》に懸《か》かる富士が見える。正面にガラス張りの書棚、後ろに床の間と違棚《ちがいだな》があり、違棚の上の小さな置き時計が九時三五分を指したまま止まり、主人がネジを巻いてくれるのをじっと待っていた。

書棚に並んだ本の背表紙を見てはっとした。『憲法述義』（上杉慎吉著）、『政治及び政治史研究』（蠟山政道《ろうやままさみち》著）、『憲法撮要《さつよう》』（美濃部達吉著）、『逐条帝国憲法講義』（清水澄《しみずとおる》著）等々。それらは近衛の人生最後の仕事となった憲法改正のための資料であった。

（無念だったでしょう……）

いっぱいに水の張ったダムが決壊するように感情の高ぶりが奔出《ほんしゅつ》してきて、それまでなんとか我慢してきた嗚咽《おえつ》が食いしばった歯の間からあふれ出し、次郎を押し流した。あんなに気位の高かった近衛がＧＨＱに振り回されたあげくに悲惨な最期を遂げた。哀れでならなかった、悔しくてならなかった。

近衛の死後、あろうことかＧＨＱは、

〈近衛は日本政府の行政機構改革を研究するように言ったのを、通訳の誤訳のために憲法改正と考えたのだ〉

という噂を意図的に流した。自分たちの非を隠蔽《いんぺい》しようとしたのである。次郎はＧＨＱに正義はないと確信した。マッカーサーは後に自らの回顧録の中で憲法改正に多くの紙数を割いたが、近衛についての言及はまったくなかった。

近衛の死からわずか一週間ほどで、日本は敗戦後最初のクリスマスを迎えた。

次郎はまだ心の傷も癒《い》えず鬱々《うつうつ》とした日々が続いていたが、そんなとき、マッカーサー一家に天皇陛下からのクリスマスプレゼントを渡すという話が持ち上がった。元帥には毛筆セット、夫人に雛人形、元帥の息子アーサーには人形とキャンディ。吉田外相の名代として、次郎がそれらのプレゼントをマッカーサーの部屋に持っていくことになった。六階の廊下の奥がマッカーサーの部屋。ドアの前には銃を持ったＭＰがふたり立っている。部屋に入るとすでに机

の上は贈り物でいっぱいになっていたのでマッカーサーが、

「そのあたりにでも置いておいてくれ」

と言い、それを聞きとがめた次郎が顔色をかえて叱りつけた話については冒頭で触れた。このとき次郎が怒ったのは、天皇に対する不敬だけが理由ではなかった。近衛を振り回した挙げ句死に追いやったマッカーサーの横暴に対する抑えようのない義憤があったからこそ、次郎はこの絶対権力者に対して大胆にも声を荒らげて怒ったのだ。

(見ていてくれましたかカンパク、あの野郎に一矢《いっし》報いてやりましたよ)

部屋を出る時、次郎は誰にも見られないようにそっと目頭をぬぐった。


吉田はその後、未亡人の生活の足しになればと、近衛の荻外荘を借りて時々寝泊まりに使うようになった。

「近衛閣下の亡くなった部屋で寝起きされるのは気持ち悪くないですか?」

と尋ねられると、

「幽霊が出たところで、近衛のお化けなんか怖くないわい」

と言って笑い飛ばした。口は悪いが、そういったさりげないやさしさは吉田と次郎に共通したものである。

近衛の死は牛場をぐっと老けこませた。その後彼はしばらく日本輸出入銀行の監査役を務めた後、アラスカパルプ会社の副社長となったが、公の場にはあまり出ず、あとは余生だと達観していた感がある。〝君《きみ》辱《はずかし》めらるれば臣死す〟といった心境だったに違いない。

〝真珠の首飾り〟——憲法改正極秘プロジェクト

昭和二一年（一九四六年）一月四日、GHQ民政局は軍国主義者と認定された人々の公職追放令を発令した。容赦はなかった。幣原内閣の現役閣僚中五人までもが追放されるという事態に、政府内には無力感が漂った。

公職追放の是非をめぐっては、GHQ内でも民政局（GS）と参謀第二部（G2：General Staff Section II）のヘッドであるチャールズ・ウィロビー少将との間で激論が戦わされた。G2とは治安・諜報をつかさどる部隊である。ウィロビーは、

「このように徹底的な追放を行えば日本は大混乱に陥ってしまうだけだ。赤色革命を起こす可能性だってある。追放は最高指導者だけに限るべきだ。下の者は上の者に従っただけではないか」

と、追放令に強く反対した。

このとき民政局のなかでも、とりわけウィロビーに激しく反発したのがケーディスである。

それはケーディスがユダヤ人であり、一方のウィロビーがドイツ貴族の血を引くというドイツ系米国人であったことと無関係ではあるまい。ウィロビーの英語には強いドイツ語訛《なま》りがあったが、ケーディスはそれを聞くたびに虫酸《むしず》が走った。

ウィロビーは本名をツェッペ・ワイデンバッハといった。彼自身の書いた陸軍省の履歴書によるとドイツのハイデルベルク出身、一八九二年生まれで、父親はドイツの男爵で母親はアメリカ人ということになっている。もっともドイツの雑誌「シュピーゲル」が調べてみると、その日に生まれた男子はまったく別の名前だったらしい。「ニューヨーク・タイムズ」の記者が本人に真偽を尋ねると、

「自分は孤児で父を知らなかった。だが履歴書に書いたことは正しい」

と答えたという。ほとんど答えになっていないが、この頃のどさくさではどんな人間でも実力があればのし上がれたということだろう。この履歴書が正しければウィロビーはホイットニーより五歳年上ということになる。

一八歳でアメリカに渡り市民権を取っている。ウィロビーという名は母方の姓を名乗ったのだとする説が多いが、ドイツ語のワイデンバウム(weidenbaum)が〝柳〟という意味なので、英語の同意語である〝ウィロー〟(willow)からウィロビーと名乗ったという説も捨てがたい。一九〇センチを超える大男で、鼻梁《びりよう》が高く額はひいで鷹のような鋭い顔立ちをしていた。その冷徹そうな容姿と諜報担当という任務の性格から、誰しもナチスドイツの将校を連想せずにはいられなかった。ミズーリ号艦上の降伏文書調印に際しては連合国軍代表を務めている。謎の

多い男である。実際、G2の配下には謀略を担当した胡散臭《うさんくさ》いセクションがいろいろあり、そのうちのひとつである〝キャノン機関〟は、昭和二四年の夏に立て続けに起こった下山事件、三鷹事件、松川事件といった占領下の暗黒の事件に関わっているという説さえある。

ウィロビーは民政局、なかでもホイットニーに激しい対抗意識を燃やしていた。ウィロビーはマッカーサーがフィリピン戦線で戦っていた時以来の部下であり、いわゆる〝バターン・ボーイズ〟の中心メンバーである。最初のうちはウィロビーのほうがむしろマッカーサーの信任が厚かったのだが、途中で入ってきたホイットニーがその地位を奪ってしまったのだ。

そもそも参謀部は敵地占領に際してその土地の民政を担当する部署なのである。ところが日本占領はとくに大きな仕事だというのでワシントンの指示で特別に民政局が設けられ、最初は〝参謀部顧問〟程度だろうと思っていたら、みるまにGHQの中枢にのし上がってしまった。

ホイットニーが、ケーディスのような若いリベラリストを起用していることも看過できなかった。ウィロビーはフランコ総統を尊敬していたほどの反共主義者である。民政局は日本を共産主義国家に改造しようとしているのではないかと危惧し、ケーディスたちのことを〝ピンカーズ〟と呼んで毛嫌いした。

さて、公職追放に関しては裁定がマッカーサーの手に委ねられ、結局彼がホイットニーを支持したことから公職追放は速やかに実行に移された。

日本国民はアメリカがかつて敵だったことをすみやかに忘れたが、マッカーサーはフィリピンのバターン攻略戦で撤退に追い込まれた屈辱をけっして忘れてはいなかった。とくに彼を破った本間雅晴中将に対しては、四三もの罪状を挙げ容赦なく銃殺刑を科《か》した。処刑の日時は昭和二一年四月三日午前〇時五三分、ちょうど四年前にバターン第二次攻撃を本間中将が命じたその日、その時刻を選ぶという念の入りようである。本間は刑の執行を前に次のように語ったという。

「私はバターンにおける一連の責任を取って殺される。私が知りたいのは、広島や長崎の無辜《むこ》の市民の死はいったい誰の責任なのか、という事だ。それはマッカーサーなのか、トルーマンなのか」

その声をマッカーサーは黙殺、東京裁判や徹底的な戦犯追及を通じ、屈辱をなめさせられた日本へのリベンジを次々に果たしていった。公職追放もまたその一環だったのだろう。

先述したように幣原内閣の現役閣僚中五人までもが追放されるという事態に、幣原喜重郎と吉田茂は抗議のための総辞職を考えた。吉田はマッカーサーと会見。明日総辞職するつもりだと詰め寄ったが、マッカーサーは「天皇が再組閣を命じても自分が許さん」と言い放ち、結局幣原内閣は総辞職を断念せざるを得なくなった。最高権力者が誰であるかを痛感した瞬間だった。

マッカーサーのお墨付きをもらったケーディスは、勝ち誇ったように追放者を次々に発表し、一年半ほどの間に二十万余の有力者が追放された。

「これで日本の世代交代が進み、活力が出る」

そうケーディスはうそぶいたが、実際には指導者を失った現場は大混乱に陥った。後述する憲法改正が完全なＧＨＱペースで進んでいった背景には、政治家が牙を抜かれてしまっていたという事情も存在するのである。

日本側も戦犯逮捕までは予期していたが、かかる広範な公職追放は予想外であった。次郎は民政局に対する警戒を強めると同時に、

（ウィロビー少将をわれわれの味方にすることができれば……）

という考えを抱き始めていた。ウィロビーは胡散臭いヤツに違いなかったが、〝敵の敵は味方〟というわけである。

ＧＨＱに押し付けられる前に新憲法を作り上げようというもくろみは、近衛の死によって風前の灯となっていた。今やこの重責を担うのは松本烝治ただひとり。だが次郎は、松本の保守的な姿勢が気になってしかたなかった。

一度松本に面と向かって、

「ＧＨＱの考えている内容は、先生がお考えになっているほど生易《なまやさ》しいものではありません。少なくとも天皇の大権については大幅な制限を加えないと」

と忠告してみたのだが、松本はいっこうに考えを変えるつもりはなく、

「そんなことをしたら国民に殺されてしまいますよ」

といった返事しか返ってこなかった。次郎が不安を募らせていた頃、事件が起こる。検討中

だった憲法草案の一部が毎日新聞にスクープされてしまったのだ。

昭和二一年二月一日金曜日——この日は珍しく雪が降り静かな一日であったが、官邸内は大騒ぎである。松本も問題の毎日新聞を手にしたとたん思わずうなってしまった。一面にでかでかと「天皇の統治権不変」という見出しが躍っている。おまけに憲法問題調査委員会試案全文が掲載されていたのだ。

（これは閣議で審議されている案ではない。また、ボクが書いた憲法改正私案でもない。委員のひとりである宮沢君［俊義、東京帝国大学教授］が個人的にまとめた甲乙両案のうち、改正部分の多かった甲案のほうだな。それがいったいどうして漏れたんだろう……）

憲法改正作業は極秘裏に進められている。情報管理は厳しく、委員に配布した資料にはすべて通し番号が付されていた。外部に流れたということがどうしても信じられない。ただ宮沢教授の弟が毎日新聞の記者であるということが周囲の憶測《おくそく》を呼んだし、宮沢本人を青くさせた。

その後、この世紀のスクープは西山柳造という枢密院詰め政治部記者の手によるものだということがわかった。西山はこのとき弱冠二九歳。晩年に至るまで入手先を秘匿《ひとく》し続けたため、真相は藪の中となった。

マスコミは叩き落とされた蜂の巣のような騒ぎである。どの新聞も政府案は保守的にすぎると強く批判したが、そんなマスコミの論調を、松本は世論を正確に反映したものとは思っていなかったし、思いたくもないと耳をふさいだ。

ケーディスたちはこれまで、楢橋渡《ならはしわたる》内閣書記官長や次郎を通じ、松本委員会の審議が進捗していることについてはおおよそ聞いていたし、甲乙両案あることも知っていた。ただ内容については聞かされていなかっただけに、このスクープを歓迎した。ところができてきた翻訳文に目を通した彼らの面々の顔に朱が走った。それは民主化憲法にはほど遠く、明治憲法に微調整を加えたものにすぎなかったからだ。

民政局が不快に思っていることはすぐ松本たちの耳にも入ってきた。そこで、スクープされた宮沢案ではなく正式な憲法問題調査会案（いわゆる〝松本案〟）のほうを提出したのだが、翻訳されてきたものに目を通したホイットニー局長とケーディス次長は顔を見合わせ大きな声で、

「ノー」

と叫んだ。スクープされたものと何ら変わらなかったからである。

松本はＧＨＱの意向に無頓着《むとんちゃく》すぎた。極端な負けず嫌いで、自分が弁護した側が訴訟に負けたときは裁判官の頭が悪いせいにしたほどだったというが、自尊心が強すぎたのだ。自分たちは敗戦したのであり、独立を失って占領されているのだという自覚があまりにも希薄だった。

ホイットニーからの報告を受け、さすがにマッカーサーも新しい憲法作りを日本側に任せておくわけにはいかないと判断した。これまでマッカーサー自身が乗り出さなかったのにはわけがある。ＧＨＱが憲法を制定することは、そもそも国際法に違反する行為だったのだ。

国際法の基本条約であるハーグ条約には次のような規定がある。

〈国の権力が事実上占領者の手に移りたる上は、占領者は、絶対的の支障なき限り、占領地の

現行法律を尊重して、成るべく公共の秩序及び生活を回復確保する為施《ほどこ》し得《う》べき一切の手段を尽くすべし〉(ハーグ条約付属書規則第四三条)

占領軍主導で憲法改正を進めることは明らかなハーグ条約違反である。ところが連合国各国代表による極東委員会が設置されることになったことが、マッカーサーの行動に微妙な影を落としていた。GHQは連合国軍の総司令部だったが、実際にはアメリカ軍だけで組織されている。そのことに他の連合国、とりわけソ連が不満を抱き、モスクワで開かれた米英ソの外相会談で極東委員会の設置が決まっていた。GHQの占領政策をチェックするためである。マッカーサーは、極東委員会に横から口出しされる前に自ら行動に移すことを決意した。先手必勝と考えるのは軍人の本能でもあったろう。

毎日新聞スクープの二日後に当たる二月三日、マッカーサーはホイットニー民政局長を部屋に呼んだ。この日の東京は快晴だったがたいへんな冷え込みで、平均気温はわずかに一・六度。廊下などでは息が白くなるほどで、ストーブの上のやかんがしゅんしゅんと音を立てていた。

「憲法改正草案の作成を命ずる」

マッカーサーはそう前置きすると黄色い紙を手に取り、

「象徴天皇、戦争放棄、封建制廃止という三つの原則に則《のっと》ったものとなるようとくに留意してもらいたい」

と言葉を続けた。これが後に〝マッカーサー三原則〟と呼ばれ、日本国憲法の骨格をなす基本原則となった。人類史上初めて〝戦争の放棄〟という政策が登場する。マッカーサーの回顧録では幣原首相のほうから求めてきたのだとされており、ケーディスは昭和天皇が示唆したものだと後に述べているが、真相はわからない。ちなみに次郎は、幣原説は幣原の側近だった楢橋渡のデッチ上げだと批判している。

翌二月四日午前一〇時、民政局の中から極秘のうちに二五名が選ばれ、会議室に呼び集められた。彼らを前にしてホイットニー局長は、

「これからの一週間、民政局は憲法制定会議の役割を果たすこととなる」

と、高らかに宣言した。しかも作業はリンカーン誕生日の二月一二日までに終えるようにというのである。

(九日間しかないじゃないか……)

軍人だからどよめいたりはしなかったが、隣の者と視線を交わすものがいるなど、その驚きのほどは隠せない。話は一〇分ほどで終わりホイットニーが自室に戻ると、あとの説明はケーディスが引き継いだ。一連の憲法改正作業を実質的に指揮したのはこのケーディスである。当時四〇歳と脂の乗り切っている時期であった。後に触れるシロタ女史は、

〈彼がウンと言わなかったら、ホイットニー准将とてこんな無謀とも言える〝作戦〟に踏み切らなかったと思う〉(ベアテ・シロタ・ゴードン『1945年のクリスマス』)

と、このときの事情について述べている。組織図を発表し、担当者が任命された。仕事の進

め方をてきぱきと説明していく手際の良さからも、時間がないのだ、というメッセージがひしひしと伝わってきた。この極秘プロジェクトのコードネームは〝真珠の首飾り〟に決まった。
それにしてもわずか九日間で憲法を作れというのはどういうことか。常軌《じょうき》を逸《いっ》している。
二五名のメンバーの顔ぶれがまた尋常ではなかった。陸軍将校一一名、海軍士官四名、軍属四名、秘書を含む女性六名で、弁護士資格を持つ者こそ三人いたが、憲法の専門家はただのひとりもいない。どう考えても一国の憲法作成を任せるべき布陣ではなかった。当時のメンバーは後に、ホイットニーから憲法案作成の話を初めて聞いたときの印象を次のように話している。（西修『ドキュメント日本国憲法』より）
「とても興奮しました。しかし、同時に私は、このようなことはとても不幸なことだと思いました。なぜなら、外国人によって起草された憲法は正当性を持たないと思ったからです。私は、民主主義を理解している日本人を何人か知っており、彼らに自国の憲法を作らせるべきだと思いました。そして、そのことを上司に述べたのですが、採用されませんでした」（行政委員会・ミルトン・J・エスマン陸軍中尉）
「興奮しましたが、私には憲法を作る能力も知識もなかったので不安でした」（立法委員会・O・ホージ陸軍中佐）
彼らの反応は実にまともである。一方〝素人〟集団に憲法を作られてしまった国民を代表して、次郎は後に次のように語っている。
〈大体GHQにやってきた大部分の人々は、自分の国で行政《ぎょうせい》の行位《ぎょう》やった経験のある人はいたかも知れぬが会ったことはなかった。無経験で若気の至りとでも言う様な、幼稚な理想論を丸呑みにして実行に移していった。憲法にしろ色々の法規は、米国でさえ成立不可能な様なものをどしどし成立させ益々得意を増していった。一寸《ちよつと》夢遊病者の様なもので正気かどうかも見当もつかなかったし、善意か悪意かの判断なんてもっての外で、ただはじめて化学の実験をした子供が、試験管に色々の薬品を入れて面白がっていたと思えばまあ大した間違いはなかろう〉(『占領政治とは何か』「文藝春秋」一九五四年臨時増刊号)

次郎自身は、GHQ案はホイットニーやケーディスが喧伝《けんでん》しているように何の準備もなくゼロから一週間で作られたものではなく、豪州において日本本土侵攻作戦を開始したころから周到に準備されたものに違いないと主張している。その証拠として、憲法公布を記念して作られた銀杯をホイットニーに渡しにいった時、

「ミスター・シラス、この銀杯をあと幾組かいただきたいんだ。豪州時代にあの憲法に関係したスタッフもいるもので」

と言って、相当数を余分に要求したことをその証拠としている。だがそれは、ただ単に銀杯をたくさんほしいための方便《ほうべん》でそう言った可能性もあるだろうし、真相はわからない。

毎日新聞のスクープの直後、吉田はホイットニーに対し「二月五日に松本案の内容を説明する非公式会談を行いたい」と申し入れて了承を得ていた。だが松本案の英訳作業が手間取ったため恐る恐る会談の二日延期を申し入れたところ、民政局が案に相違してすんなり了承しただ

けでなく、日本側の提案より一週間も先の二月一三日にしたいと言ってきたのだ。まさか彼らが独自に憲法改正案作成作業を進めているとは思ってもいない日本側は、キツネにつままれたようであった。

ホイットニーは約束した二月一三日に、満を持して完成した憲法草案を日本側に叩きつけてやろうと思っていたのだ。

〝真珠の首飾り〟プロジェクトの面々は、期日に間に合わせるべく必死に取り組んでいた。第一生命ビルの最上階にあった簡易食堂でサンドイッチの立ち食いをしながら空が白々と明けるころまで作業を続け、朝にいったん宿舎に帰ってシャワーを浴び、一時間ほど仮眠しただけでまた定刻の午前八時には全員集まって作業を続けた。女性も同様である。

情報が外に漏れてはならない。メンバー以外の将校がポーカーをやらないかと誘ってきても適当に返事をしてやり過ごした。作業部屋の外には見張りがいて、他の部局の人間が来るとさっと合図を送った。すると一同は憲法関係の書類を裏返しにし、数字を書くふりをしてごました。

ウィロビーはしきりに探りを入れていた。もしウィロビーが情報をつかんでいたら次郎は知ることができたかもしれないが、さすがの彼も情報をつかめなかった。

メンバーのひとりだった法規課長で弁護士のマイロ・E・ラウエル中佐はこのときのことについて次のように語っている。

〈おもしろい男がいた。白洲次郎がそれで、彼はいつも民政局のあたりをウロチョロしていた。われわれを見ると、遠くから〝ハーイ〟と叫んで手を振る。日本人らしくない身ぶりで、実際、調子のいい男だったよ。白洲は鼻がいいから、何か感じてはいたのだろうが、しかし、まさか憲法草案を作っているとは思わなかったらしい〉（週刊新潮編集部『マッカーサーの日本』）

なんと当初の予定より二日早く、二月一〇日の日曜日の夜に草案は完成した。彼らは九日間どころか七日間で憲法草案（いわゆる〝マッカーサー草案〟）を作り上げたのである。ケーディスとラウエル中佐と民政局政治課長のアルフレッド・R・ハッシー中佐の三人は帝国ホテルで祝杯を挙げた。ケーディスとハッシーは親友である。ラウエルが「もう一杯か二杯飲めば完全につぶれてしまっただろう」と語っているほどに痛飲した。

こうしてホイットニーとケーディスは準備万端整えて昭和二一年二月一三日を迎えることができた。その日は水曜日だった。

外務大臣官邸には、早朝から官邸の主である吉田と次郎のほか、松本国務大臣と通訳役の外務省嘱託《しよくたく》長谷川元吉が集まっていた。松本は松本案の英訳版と説明書を持参している。彼らは予定どおり松本案を説明し、日米双方で検討を加えていくものだと思っていた。ホイットニーが用意している〝爆弾〟のことなど頭をよぎりさえしなかった。

当日は快晴だった。

「いい天気だから庭に出たほうが気持ちいいね」

吉田はポーチに椅子を用意させ、全員庭へと出た。

「いやあ、本当に気持ちのいい朝ですなあ」

松本もすこぶる機嫌がいい。

「白洲君、少し相手をしてくれるかね」

松本は用意してきた想定問答集を手に次郎相手に予行演習を始めた。緊張感がないと言ったら嘘になるが、天気のよさも手伝ってけっして暗い雰囲気ではなかった。

一方の民政局サイドはと言うと、ホイットニーは夜半から高熱を出していた。宿舎の帝国ホテルに迎えに行ったケーディス大佐はそのつらそうな様子を見て、

「今日の会談は延期されたほうがよろしいのでは？」

と進言したが、ホイットニーは、

「延期できるような会談ではない」

と言下に否定した。気合が軍服を着て歩いているようであった。

ハッシー中佐とラウエル中佐も同乗し、一行はカーキ色に塗られたおなじみの四五年型フォード（通称ジープ）に乗り込むと外務大臣官邸へと向かった。

午前一〇時、官邸へと到着。次郎が出迎えに出ていた。

官邸といっても今とは違い日本家屋である。彼らが通された部屋も、庭に面して長い廊下がついている和室であった。客は奥に座るのがふつうだが、ホイットニーは吉田たちに挙手の礼を返すや否や庭を背にして座を占めた。庭のほうから朝日がまぶしいばかりにさしこんでいるのを見たからである。日光を背にして精神的圧力をかけようという作戦であった。この日にか

ける彼の思いの強さが伝わってくる。吉田たちは戸惑いながらも奥の側に並んで座った。

先述したハーグ条約の件もあり、この件だけは上から押し付けるのではなく、日本側から自発的に従う気にさせねばならない。そのうえ、極東委員会の邪魔が入らないよう速やかに進める必要があったわけで、ホイットニーは内心緊張していた。

ホイットニーは松本とは初対面である。吉田が松本を紹介し、

「では……」

と、松本が先日提出した松本案について話をはじめようとしたそのとき、急にホイットニーはそれをさえぎると、次のように話し始めた。

「先日あなた方から提出された憲法改正案は、自由と民主主義の観点からみてとても容認できるものではありません。しかし最高司令官は、日本国民が過去の不正と専制政治から守られるような自由で啓発的な憲法を熱望していることを十分理解しておられます。ここに持参した憲法草案こそ、日本の人々が求めているものであるとして、最高司令官があなた方に手渡すようお命じになったものです」

英語を理解させるとともにことの重要性を認識させるためであろう、ホイットニーは一語一語区切るように話をした。その言葉には有無を言わせぬ強さがあった。

（なんと、GHQ側は自ら憲法改正案を用意してきたのか！）

虚を衝《つ》かれた日本側は粛《しゅく》として声もない。海の底から湧き出してくるような重々しい沈黙が部屋の中を支配していた。人は驚きが大きすぎると表情を失ってしまうもののようである。

GHQ側の資料にはこの瞬間、〈白洲氏はまるで異物の上に座ったかのように背筋を急に伸ばした〉と描写されている。おそらく次郎はここにいる日本人の中で、かかる事態に対してもっとも心の準備のできていた人間だったろうが、その彼でさえ驚きと緊張で手足が冷たくなってくるのを感じていた。

(やられた！　あいつらいつの間にこんなものを用意してたんだ)

前述のように、ラウエル中佐は次郎が何か感づいていると思ったようだが、実際にはまったく気づいてはいなかった。〝まんまとやられた〟次郎と〝してやったり〟というケーディス――視線さえあわさずともふたりの間にはある感情の交換があった。

ホイットニーがアゴで合図すると、ハッシー中佐はカバンから一束の書類を取り出した。マッカーサー草案であった。幅約二〇センチ、縦三三センチの紙にカーボン印刷されたそれは全部で一五部。一部あたり表紙を含めて二一枚、表紙にはそれぞれ左上に6から20までの番号がふられていた。次郎がハッシー中佐の差し出す受領書にサインをしている間に、ホイットニーはコピー番号6番を吉田に、7番を松本に、8番を長谷川にとそれぞれ渡し、残りはすべて次郎へと手渡した。

「我々は少し席をはずして、君たちが草案に目を通す時間を差し上げよう」

彼はそう言って立ち上がると、ケーディスたちとともに庭へと出た。

このとき、米軍のB25爆撃機が一機、低空で上空をかすめ飛び、重低音の爆音が地響きのように彼らを包み込むと官邸全体を大きく揺るがした。耳を聾《ろう》するようなその轟音《ごうおん》は、日本の面々のただでさえ繊細になっている心臓をぎゅっと締め上げた。そのあまりのタイミングのよさに、〝これはホイットニーたちの心理作戦だったのではないか〟と後年まことしやかにささやかれたほどである。

この間中吉田たちは黙ったままであったが、さすがにホイットニーたちが庭に出るとようやく気を取り直し、英文で書かれている草案に急いで目を通し始めた。緊張しすぎて内容がなかなか頭に入らない。パンを口いっぱいほおばったのに唾液が出ないようである。それでも必死に字面を追っては頭に流し込んだ。

それは完全に憲法の体裁をそなえたものであった。

(何だこれは……)

冒頭、〝前文〟という不思議な文章が置かれている。同席していたハッシー中佐がほとんどひとりで書き上げたものだなどということは知る由もない。何はさておき皆が最初に目を通したのは天皇制に関する箇所であった。

(シンボル?)

天皇制が維持されていることには安堵《あんど》したが、そこに使われていた〝シンボル〟という、法律用語とも思えない文学的な表現には皆一様に戸惑いを隠せなかった。国会は一院制とされており、衆議院しかない。そして何より皆を驚かせたのは、国民の権利義務の項にある〝土地その他の天然資源は国有とする。ただし国有化の際、国民には適当な補償は支払う〟という規定だった。

（土地を国有化しようというのか？　国民は大混乱に陥るぞ！）

民政局には共産主義者が多かったとされるが、この条項を見てもそのことがわかる。この条項は後に日本側で〝レッド条項〟と呼ばれることになる。


さっとすぐ全文に目を通した次郎は、ここで吉田たちと議論するより、むしろホイットニーから直接真意を聞き出したいと考え、庭に出ることにした。ケーディスはハッシーたちと、

「肺炎になるといけないからすぐ軍医を呼ばなくては……」

などと話していたが、次郎が近づいてくるのを見て急に口を閉ざした。ホイットニーも次郎に気がついた。

「我々は原子力の陽光を楽しんでいたんだ（〝We have been enjoying your atomic sunshine〟）」

彼は微笑みながら静かな口調でそう言った。

（何だと？）

原爆を落とされた心の傷もまだ癒《い》えていない日本人にとって、〝アトミック〟という言葉はタブーである。次郎は全身の血が逆流する思いがしてかあっと顔が火照《ほて》った。わざわざ〝アトミック〟という言葉を使ったのは明らかな威嚇《いかく》である。次郎がしつこく質問してくるのを封じたのだ。後にケーディスは、ホイットニーに悪気はなかったのだと弁護しているが、悪気が無くてこんな言葉が出てくるはずはない。不快感が胃酸のようにこみ上げてきて、次郎はしばらく口をきこうとはしなかった。気まずい空気が流れた。そこにいいタイミングで吉田たちが次

郎のことを呼んでいると秘書官が知らせにきた。

　険しい顔のまま次郎が部屋に入った瞬間、松本の声が聞こえてきた。

「これはとてもだめだ。こんなもの今即答することはできないから、持って帰るより仕方ないな」

「…………」

　吉田は黙って腕組みしたままである。そんな彼らに、庭で聞いたホイットニーの言葉を伝えようとした時、間の悪いことに当の本人たちがもどってきた。部屋に入った時、ケーディスが目にしたのは、〝生涯を通じあれほどの渋面を見たことがない。彼らは完全に石のような顔をしてがっくりしていた〟という吉田たちの姿だった。なかでも自分の案を黙殺された松本は、ホイットニーといっさい視線をあわせようとしなかった。

　吉田は腕組みを解きいくつか質問を試みた。先ほどの怒りがまだ頭の中を支配している次郎は、通訳しようと口を開いても言葉が出てこない。その都度《つど》長谷川に助け舟を出してもらった。

（いったい次郎はどうしたんだ……）

　庭での彼らの会話を知らない吉田はいぶかったが、ケーディスは日ごろ生意気な次郎が陸《おか》に上がった魚のようになっているのを見て内心ほくそ笑んでいた。さすがに表情に出すことこそしなかったが、ホイットニーと目があった時、彼も同じことを考えていることがはっきりとわかった。ホイットニーはダメ押しをするように次のような話をした。

「マッカーサー最高司令官は、天皇を戦犯として取り調べるべきだという他国からの圧力から天皇をお護りしようという固い決意を持っておられる。しかし最高司令官といえども万能ではない。最高司令官はこの憲法草案が受け入れられるならば、事実上、天皇は安泰になると考えておられる」

天皇を持ち出してマッカーサー草案を受け入れろというのである。脅迫《きょうはく》以外の何ものでもない。吉田は、しきりに両方の手のひらをズボンにこすりつけるような仕草《しぐさ》を繰り返した。緊張で手のひらに汗をかいていたのだ。長谷川は唇が乾いたらしく、しきりに唇をなめている。

このとき、松本が勇気を振り絞って口を開いた。

「一つ申し上げておきたいが、二院制というのはただなんとなく二つあるというのではなく、チェック＆バランスの役割を果たしているのです」

松本のその言葉に対し、ホイットニーは意外にも素直に耳を傾けた。後年、「参議院など不要だ！」と発言する次郎も、このときばかりは松本を応援したい気持ちになっていた。一院制はケーディスの発案で盛り込まれたものだったが、彼もさして反論はしなかった。それはそうだろう。草案制定会議の議事録を見ると、

「マッカーサー元帥は一院制のほうがいいと思っているようだ」

というケーディスの一言で、何の理論的裏づけもないまま一院制が採用されていたにすぎない。いい加減なことこの上ない。だがこれ以外の問題となると、彼らはまったく聞く耳を持たなかった。

「あなた方がこの草案を受け入れるも受け入れないも自由だ。だがもし受け入れないのなら、次の総選挙で日本政府案を選ぶか、マッカーサー草案を選ぶかの国民投票を行うことにする」

このホイットニーの言葉に、松本たちも黙ってしまった。

「本件はなにぶん内密に願いたい」

吉田が絞り出すような声で言うと、ホイットニーは黙って頷《うなず》いた。そしてかたわらのケーディス大佐らに何か補足することはあるかと確認し、この日の会談は終わった。GHQの資料では、立ち上がったホイットニーが次郎に、

「私の帽子と手袋を持ってきてくれないか」

と頼んだことになっている。そして、〝白洲氏はふだんは非常に穏やかで優雅な人だが〟あわてて玄関近くの控えの間に走っていき、途中でベランダのほうの書斎に置かれていることを思い出したらしく急いでもどってきて、〝極度の緊張をあらわしながら〟帽子と手袋を手渡した、とされている。後年これを読んだ次郎は、

「ふざけるなっ！　官邸には秘書官もいるんだぞ。どうしてわざわざオレがそんなことをする必要がある！」

と、怒りと恥ずかしさに全身を震わせるようにしながら赫怒《かくど》した。GHQの資料は憲法制定の過程をよほどドラマティックなものに演出したかったと見え、異常なほど詳細で、不自然なほど劇的である。今となっては、どこまでがGHQの脚色かは永遠の謎となってしまった。

とにもかくにも、ホイットニー一行は一一時一〇分ごろ官邸をあとにした。

「実は……」

次郎はここで初めてアトミック発言について吉田に報告した。

「何だとっ！」

吉田は地団太《じだんだ》踏んで悔しがった。

「ＧＨＱなど〝Go Home Quickly〟（さっさと家に帰れ）だっ！」

真っ赤になって怒りながらも吉田のジョークは冴えていた。

ジープウェイ・レター

歴史に〝ｉｆ〟は禁物だが、ハーグ条約を盾にして、ＧＨＱから憲法案を押し付けられようとしている事実を公表し、国際世論を味方につけるということもできたかもしれない。だがその際はソ連などが介入して占領政策は混乱し、ドイツのように分割統治された可能性は高い。このあたりの判断は極めてデリケートな問題だろう。

外相官邸からもどった松本烝治国務大臣は、すぐ幣原喜重郎首相に報告。その際、マッカーサー草案が単なる提案なのか、それとも〝指令〟なのかについて議論があった。指令であれば交渉の余地はない。

「提案だと思って行動してみるしかなかろう」

協議の結果、このマッカーサー案を踏まえつつ松本案の再説明書を書くことになった。松本案自体の内容を変えるのではなく、民主化という趣旨はわかっているのだという〝言い訳〟をしてみようというのである。次郎は暗い気持ちになった。ホイットニーの態度からも、〝これが指令でなくて何なのだ〟という思いだった。だが一方で、提案であるという可能性に一縷《いちる》の望みをかけようとする幣原や松本の気持ちもわからぬではない。そこでいくつか観測気球を上げて彼らの真意をはかることにした。

外相官邸での会議があった日の午後、次郎はさっそくホイットニーをGHQ本部に訪ねた。開口一番、

「松本大臣も〝総司令部案の目的としているところは完全に賛成だ〟とおっしゃっていました」

と、彼には珍しく相手の歓心を買う行動に出た。だがその裏にはもちろん、総論に賛成しつつ各論で反対していこうという算段があったのだ。

「それは嬉しいことだ」

ホイットニーはそっけない口調でそう答えた。次郎の言葉を額面どおり受け取るほど彼もお人よしではない。その後は譲歩をまったく見せなかった。時間が経つほど追い込まれるのは日本側である。GHQペースになる前に改正作業の主導権をもう一度日本サイドの手に取り戻したいと思った次郎は、翌日再びホイットニーを訪ねた。次郎は日本固有の事情を引き合いに出しながら松本案の背景について説明した。このときホイットニーが若干興味を示したようなそぶりを見せたが、彼の〝カン〟が、それはポーズであって最初の印象から何も変わっていないと語っていた。会談後、松本大臣に報告に行った次郎は、

「大臣、むこうはやはり〝指令〟だと考えています。交渉は受けつけそうにありません」

と率直に自分の意見を言った。

「うーん、そう一方的では困るよ」

〝あっさりあきらめすぎだ〟――そう言わんばかりの口調にむっとしながら、

（じゃあ、あんたがやってみたら？）

という言葉を必死に呑み込んだ。英語でハードな交渉ができる人間が自分をおいて他にいないことは先刻承知である。ここで尻尾《しっぽ》を巻いて逃げ出すわけにはいかなかった。そうすれば吉田に迷惑がかかる――それだけは避けたかった。

「わかりました。もう一度やってみましょう」

ときっぱり言った。

（勝ち目がないとわかっていても、男には戦わねばならない時がある）

腹をくくった。勝つか負けるかということで言えば、もう戦争で負けた時点で勝負あったのだ。失うものは何もない。戦う姿勢が重要であった。後の首相・宮澤喜一は次郎の口から次のような言葉を聞いている。

「自分は必要以上にやっているんだ。占領軍の言いなりになったのではない、ということを国民に見せるために、あえて極端に行動しているんだ。為政者があれだけ抵抗したということが残らないと、あとで国民から疑問が出て、必ず批判を受けることになる」

次郎の目はすでに占領後の日本を見ていたのだ。

〈手紙を書こう〉

次郎は〝言質《げんち》をとるには文章にかぎる〟と、いつものようにそう考えた。これが世に名高い「ジープウェイ・レター」である。と言っても知られるようになったのは、ジャーナリストの大森実が昭和五〇年（一九七五年）に発刊した『戦後秘史』の中で紹介してからのことであり、それまではこうした次郎たちの苦闘はまったく世に知られていなかった。

〝松本案もマッカーサー案も民主的憲法の必要を切望しているという意味において目的は同じであり、ただその進め方が違うだけだ〟――という論旨を展開したのだ。この手紙を手に、次郎はホイットニーの部屋を訪ねた。

〈マッカーサー案は、日本の固有の事情をまったく顧《かえり》みない〝エアウェイ〟（空路）のようなものです。それに対して〝彼ら〟の案は、日本の狭くて曲がりくねった山道（固有の事情）をなんとかジープで走っていこうとしているわけです。回り道であっても日本の伝統と国情に即した道をとるほうが混乱を招かないからです。ぜひ〝彼ら〟の考えをご理解ください〉

次郎はＧＨＱを説得するため、日本人のことを意識的に〝彼ら〟（Ｔｈｅｙ）と呼んだ。あたかもＧＨＱサイドからものを見ているかのような表現を多用することで親密感を引き出そうとしたのである。

だが次郎の作戦は見透かされていた。ケーディスはホイットニーに、

「閣下、これは見え透いた時間稼ぎか、松本や白洲たちが事態をまったく理解できていないかのどちらかでしょう。我々の限度を超えた好意を彼らはまったく理解していない！」

憤懣《ふんまん》やるかたないといった様子のケーディスにホイットニーも、

「同感だな……」

とつぶやいた。

「すぐ返事を書こう。こういうことは早くしたほうがいい」

「"Mr.Why"に、ひとつはっきりとＷＨＹ（なぜ）かを教えてやりましょうよ」

ケーディスが下書きをしたものにホイットニーが加筆してサインをし、翌日すぐ返事をよこしてきた。丁寧ではあったがきわめて厳しい調子の文章だった。〈マッカーサー案の目的に賛成するというのなら、松本案のように漸進的にではなく積極的に推進すればいいではないか〉と反論し、〈松本たちに権利と自由の旗頭になる決意がないのなら、指導者に必要な資質を備えている他の人々に道を譲るべきだ〉とまで書かれていた。

次郎のせっかくの〝ジープウェイ・レター〟も結局功を奏さなかったのである。夢の中で足をばたつかせるのだが前に進まないような焦りにさいなまれ、考えれば考えるほど脂汗でわきの下が冷たくなっていった。


当然この返書の内容は松本に伝えたが、にもかかわらず松本は前回提出案の再説明書を作成した。あえて次郎とホイットニーのやりとりに耳をふさいだのだ。

――西洋の苗木《なえぎ》を無理やりさし木すれば枯死する。日本人には苦すぎて飲めない薬を無理やり飲ませるようなものだ。

内容は〝ジープウェイ・レター〟の趣旨の繰り返し。松本は意地になっていた。二月一八日、次郎が再び使者として再説明書を民政局に提出することとなった。

（ホイットニーの怒る顔が目に浮かぶようだ）

吉田は次郎をＧＨＱの交渉の窓口に立たせ続けた。微妙なニュアンスを聴取するため、あるいは変な言質《げんち》をとられないためであろうが、次郎にすれば爆弾を抱いて〝バンザイ突撃〟を命じられたも同然だった。

午後三時三〇分、意を決してホイットニーの部屋のドアを叩いた。ケーディスもいた。ホイットニーは再説明書の英訳文タイプ紙六枚に目を通すと、憮然《ぶぜん》とした様子でケーディスに手渡した。読み終わったとたん、ケーディスは真っ赤になって再説明書を机に叩きつけ大声で怒鳴った。

「不誠実だ。最高司令官をバカにしている！　このような文書は……」

白い紙がぱっと机の周辺に散らばった。ホイットニーはケーディスを制したが、その顔はケーディス同様真っ赤になっている。怒りを押し殺し、冷静を装いながら次郎に尋ねた。

「松本博士の再説明書を読んだかね？」

「いいえ、読んでいません」

当然読んでいたが、ここで変に質問されたくはない。

「では、ここで読んでみたまえ！」

そう言うと説明書を乱暴に突きつけた。そして読み終わるのを見届けるや否や、矢継ぎ早に質問を投げかけてきた。

「この説明書は政府の見解を代表するものなのかね？」

「いいえ」

「先日渡した総司令部草案は閣議で検討されたのかね？」

「たぶん……」

次郎の言葉はいつもと違って歯切れが悪い。憲法改正に関しては閣僚には大略しか伝わっておらず、内容の詳細を閣議に諮《はか》るということはしていなかったのだ。したがってまだ政府の正式見解だと答えるわけにはいかなかった。だが閣議も通さず回答してきたと聞いたら〝真剣に考えているのか！〟と嚙み付かれるのは明らかだ。進退窮《きわ》まった。

さすがにホイットニーも、次郎の様子で状況はほぼ飲み込めていた。急に厳《おごそ》かな調子になると、次のように言い渡した。

「政府はマッカーサー案を受け入れるかどうか、今から四八時間以内に回答するよう幣原首相に伝えなさい。でなければ当方で一方的に国民に向けてマッカーサー草案を公表し、きたるべき総選挙の争点にし、国民の了承を取り付けるだろう」

ホイットニーたちは、今の日本国民ならマッカーサー草案に反対するはずがないと確信していた。事実そうだったに違いない。

そのままホイットニーは背を向け、ケーディスも横を向き、次郎は完全に無視された形のまま退出をうながされた。何たる屈辱。こみ上げる怒りに肩を震わせながら部屋を出た。

首相官邸へと急ぐ車中で唇を噛み締めた。最初から結果はわかっていた。だがあらためて結果が明らかになってみると、無力感で全身が鉛のように重く感じられた。

首相官邸では幣原首相のほか松本や吉田も次郎の帰りを待っていた。

「四八時間とは……」

幣原は次郎からの報告を聞き、思わず腕を組んで唸《うな》った。松本は無言のままだったが、こめかみに静脈がぜんまいのように浮き上がっている。

「とりあえず閣議に諮ることにしよう」

翌二月一九日午前一〇時一五分、閣議が開かれた。これまで秘密裏に進めてきたのである。閣僚の間からは当然のように不満の声が出た。もうそんなことを言っていられる段階にないことはわかっていたが、どうしても素直に受け入れる気になれない。そのうち首相の幣原までもが、

「私としてはこの総司令部案は受諾できないと思う」

と言い始める始末。松本も、自分の労作がことごとく握りつぶされたことで嫌気《いやけ》がさしてきており、

「マッカーサー草案を基礎として再修正案を起草するなどという作業は御免こうむりたい」

と噛んで吐き出すように言った。受諾反対派が大勢を占めたが、それをそのままGHQに伝えるのはさすがに自殺行為である。結局決まったことは、

――四八時間以内に回答できる状態ではないから、もう少し検討する時間をもらおう。

ということだけだった。

午後、再び次郎が民政局に派遣された。ちょうど、海の中で長い間作業していた潜水夫がようやく海面に上がってきた途端、〝もう一度潜ってきてくれ〟と命じられたような気持ちであった。

「英語のできない閣僚がいるのでマッカーサー草案を日本語訳しないといけないのですが、翻訳作業が明日までかかります。閣僚の検討する時間も含め、期限の二〇日を二二日の夕方まで延期していただきたいのですが」

ホイットニーに見え透いた嘘を言って頭を下げながらも次郎は、

（我慢しろ、我慢しろ、日本のためなんだ……）

そう呪文のように繰り返していた。本来なら絶対にやりたくない役回りである。実際こうしたことが重なって、〝あいつは嘘つきだ〟とGHQ内で言われるようになっていく。日頃から〝嘘をつくやつは大嫌いだ〟と公言していた彼としてはなんとも皮肉なことであった。

（オレがホイットニーだったら「ふざけるなっ！」って言ってぶん殴るよな）

そう心の中で思った。案の定、

「そんな閣僚がいるわけないだろう！」

と、つぶてのように罵声が飛んできた。ケーディスだった。ここまでくると、どこか遠いところで行われているやり取りかと思うほど冷静になれるから不思議である。だがホイットニーは静かにケーディスを制した。

「Very fine!（いいだろう）、ミスター・シラス。閣僚たちがあの草案の原則を完全に理解したら、即座に心から受け入れてくれると確信している。賭けてもいい。ただ、もしもっと早く結論が出たら教えてほしい。それから、できあがった日本語訳のコピーを一部くれないか」

そう言うと、次郎に握手を求めてきた。正直驚いた。複雑な気持ちを抱きながら部屋をあとにしたが、ただこれは、間違いなく〝武士の情け〟というものとは違うと感じていた。

次郎が部屋から出たあと、ホイットニーは上機嫌でケーディスにこう言った。

「〝Mr.Why〟は閣議でわれわれの案を検討すると言ったね。これは松本たち保守反動派の手に余るようになって自由主義的閣僚とも相談せざるを得なくなったことを意味している。大詰めが近づいたんだ。もう一鞭《ひとむち》だよ。そうじゃないかね、チャック」

ホイットニーは勝利を確信しつつあった。そうした余裕が、次郎に対する寛大な態度になって表れたのだ。そんなことなど次郎は知る由もない。微妙な心理戦の連続に神経は磨《す》り減り、さしもの次郎も極度に消耗していた。

期限を前にして、幣原首相はマッカーサーとの面会を申し出た。この申し出にホイットニーたちは色めき立った。幣原の登場は、最終局面がきたことを意味するからである。会談の場でマッカーサーは、

「私は日本のために誠心誠意配慮しているつもりだ。そして天皇陛下にお会いして以来、なん

としてでも陛下を安泰にしたいと願っている」

と前置きした上で、極東委員会で討議されようとしている内容は幣原たちの想像をはるかに超えるほど日本に厳しいものであること、ソ連と豪州が日本に対し復讐戦をしようとしている動きをなんとか防いでいることなどを滔々《とうとう》と語って聞かせた。

「この草案への修正をどの程度許容してもらえますか？」

「天皇に関する規定や戦力不保持といった基本原則以外は修正を加えていいでしょう」

幣原はこのマッカーサーの発言を希望の光としてすがるように重く受け取った。楽観的に考えるのは当時の為政者の悪い癖である。その傾向が敗戦という最悪の事態を迎えたのだという反省がまるでない。

回答期限である二月二二日の朝、定例閣議の場で幣原は、マッカーサーとのやりとりについて〝基本原則以外は修正を加えていい〟と言ったという点を強調しながら語って聞かせた。それを受けてまずは松本が口を開いた。

「マッカーサー草案を憲法の体裁にするなどということは議会を前にして時間的に不可能であり、私にはできない。それに衆議院は可決しても貴族院は到底承認しないでしょう」

幣原が聞いたという〝修正を加えてもよい〟というマッカーサーの言葉には一定の評価をするとして、そもそもマッカーサー草案を前提とすること自体が松本には堪《た》えられなかったのだ。松本の発言をきっかけに議論が動いた。妥協はできないとする意見と妥協可能とする意見が相半ばする様相を呈した。前者の代表が松本、後者は幣原らであった。

最後に幣原が断を下した。

「GHQが示している基本原則はもう彼らの譲らないところでしょう。ただそれ以外の点についてはこれから交渉を重ねてなるべく我々の意向を取り入れてもらうということでみなさんのご了承を賜りたい」

日本が自主的な憲法改正を断念した瞬間だった。閣議は午前一一時四〇分に終わり、幣原は天皇の了承を得るため皇居に参内《さんだい》した。天皇は幣原の報告に黙ってうなずいたという。


この日の午後二時、次郎は松本や吉田とともに民政局へと向かった。松本はマッカーサーが幣原に伝えたという〝修正を加えてもよい〟という言葉を信じ、わずかずつでも修正を施し、最終的には自分たちの主張を盛り込んでしまおうと考えたのである。そのためには交渉不能な部分を確認しておく必要があった。会談にはホイットニーのほか、ケーディス、ハッシー、ラウエルといったいつもの面々が顔をそろえた。

まず松本はホイットニーに、前文は憲法の一部であるか、と尋ねた。

「明らかに憲法の一部です」

「現在の明治憲法では憲法改正の発意は天皇が行うことになっています。前文を付すのなら、天皇が国民に新しい憲法を示すという体裁をとる必要があるでしょう」

「それは違う。憲法は国民から上がってくるもので天皇から下げ渡されるものではない。天皇は、憲法案が議会に付議される前に、その欲する方法でなんらかの行為をすることができるはずです」

取りつく島もない。松本は渋面を作った。

「改正案を付議するにあたって、陛下が勅語《ちょくご》をお出しになることにあなた方は反対しないという意味ですか？」

横合いから次郎が口を挟《はさ》んだ。

「勅語がこの憲法案の諸原則に反していない限り、われわれは反対しません」

次郎の機転のおかげで、天皇の体面を守りたい日本側としては大事な言質《げんち》をとることができた。だが民政局側は、肝心の点に関しては厳しい姿勢を崩さなかった。

「マッカーサー草案のうちで、変更の許されない基本的な部分がどの条項なのか教えていただけませんか？」

松本がそう尋ねると、ホイットニーは、

「案文全体が基本的なものです」

と、まるで学校の先生ができの悪い生徒を諭《さと》すような調子で返事をした。マッカーサーとは一体であったはずのホイットニーも、ここだけは譲らなかった。マッカーサーのように〝修正を加えてもよい〟などというリップサービスはせず、ずばりマッカーサー草案をそのまま呑ませようとしたのである。最後にケーディスが、

「各条項の諸原則を確認するため、もう一度英文を通読することをお望みですか？」

と言ったが、これには次郎が、

「その必要はありません。理解しています」

ときっぱり答え、ホイットニーは、

「That's fine（けっこう）」

と言うと、ポンと指で草案をたたいて立ち上がった。時計の針は三時四〇分を指していた。

二月二六日午後一時三〇分、定例閣議が開かれ、その場でマッカーサー草案の外務省訳が配られた。粗末なザラ紙に謄写版《とうしやばん》刷りされたその翻訳には表紙に極秘の朱印が押され、〝乞御返却〟の付箋《ふせん》がついている。

「口外無用に願う」

という首相の注意の後、閣僚たちは黙ってその翻訳草案を読み始めた。彼らがマッカーサー草案を目にするのはこのときが初めてである。紙をめくる音だけが室内に響いた。

読み終わるとどよめきが起こった。

「このままではたいへんなことになる」

というのが閣僚たちの共通した感想であった。松本が口を開いた。

「かくなる上は、このマッカーサー草案を土台にして日本案を作るほかない。佐藤達夫法制局第一部長を助手にして三月一一日を期限としてGHQに提出したい」

閣議はこの意見を了承し、松本は作業を開始した。

実はこのとき、事態は日本側の知らないところで複雑な動きを見せていたのだ。この同じ二月二六日、極東委員会がワシントンで第一回会議を非公開で開き、その活動を開始したという知らせがGHQに届いたからである。余裕さえ見せていたホイットニーたちは一転して焦りはじめた。第二回以降の会議で憲法改正作業に待ったをかけられたら、これまでの努力は水の泡である。ことを急ぐ必要がでてきた。

次郎のところに、日本案はまだかという督促《とくそく》の電話が頻繁《ひんぱん》に入ってくるようになった。松本はホイットニーに、

〈我々の案文は三月四日までに作成され直ちに英訳に取り掛かる。すでに申し上げているように三月一一日がもっとも早い提出日になるだろう〉

と手紙を書いている。〝こっちも急いでいるんだからガタガタ言わずに待っていてくれ〟という趣旨である。だが民政局からは、督促ではまどろっこしいとばかりに〝命令〟が下された。

「日本案を至急提出してくれ。英訳が間に合わなければ日本文のままでいい。翻訳官をつれて至急来るように」

とのことであった。指定された日は昭和二一年三月四日。あの〝アトミック発言〟からわずか一九日後のこの日が、まさか憲法制定のクライマックスとなろうとは、日本側の誰が予想できただろう。彼らは川の中の木の葉のように逆巻く流れに身を任せながら、その先に滝が待ち受けているとはつゆ知らず、一直線に流されていたのである。

「今に見ていろ」ト云フ気持抑へ切レス

三月四日の朝を迎えた。

前日、東京では雪が降り、朝まで溶けずに残っていた。この朝、法制局の佐藤達夫第一部長は首相官邸の玄関口で松本烝治から、

「翻訳の手伝いに一緒に来てくれないか」

と声をかけられた。丸い黒縁の眼鏡をかけた佐藤は、額が広く痩《や》せていて唇薄くいかにも真面目で神経質そうな法律の専門家。次郎より二歳年下である。英語が得意ではない彼は〝あまり気の進まぬまま〟同行することとなった。

午前一〇時、第一生命ビル最上階にある民政局六〇二号室。佐藤はGHQに足を踏み入れるのは初めてである。

部屋には次郎のほか、外務省情報部渉外課・小畑薫良《おばたしげよし》、外務省嘱託・長谷川元吉が先に到着していた。コロンビア大学の大学院で英文学を学んだ小畑は、長谷川同様外務省屈指の英語の

達人である。民政局側はいつものホイットニー、ケーディス、ハッシー、ラウエルのほか、数名の将校が顔をそろえていた。

「お急ぎのようでしたので、とりあえず日本語の案文とその説明書をご用意しました。もっとも閣議に諮《はか》ったものではなく、私の私案にすぎません」

松本は慎重にそう前置きして案文をホイットニーに手渡した。このときの松本の案文は「三月二日案」と呼ばれているものである。

それを手にしたホイットニーはペラペラと少しめくってから大げさに肩をすくめ、〝読めない〟という意味のジェスチャーをした。彼らの緊張をほぐすためのジョークのつもりだったのだろうが、誰一人にこりともしないのを見て、無言のままケーディスに合図を送るとケーディスは部屋を出て行った。ホイットニーは松本と次郎のほうに向き直るとおもむろに口を開いた。

「ご苦労さまでした。我々も翻訳係を用意しているので直ちに英訳作業に入りましょう」

それが三〇時間に及ぶマラソン翻訳会議のスタートを告げる号砲だったのだ。

そう言い残すとホイットニーはさっさと部屋を出て行き、入れ替わりにケーディスが四人の翻訳係と将校服姿の軍人ふたりを連れて入ってきた。ひとりは背のひょろっと高い女性でベアテ・シロタと紹介された。

シロタは一九二三年ウィーン生まれだから、このとき二三歳という若さである。五歳のときにピアニストの父レオ・シロタ氏とともに来日したロシア系ユダヤ人である。一〇年間も日本に滞在していたから日本語は流暢《りゅうちょう》。両親は彼女が米国に留学している間もずっと日本にいた。栄養失調で餓死寸前の状態にまで陥ったが、親戚が次々にアウシュビッツに送られたことを思うと耐えることができた。

民政局では人権に関する小委員会に所属していた。女性の権利を明記することに尽力したことから、後年、〝憲法二四条（＝「婚姻は両性の合意のみに基づいて成立する」という条文）の母〟と呼ばれるようになる。

Ｇ２のウィロビー少将は、民政局がこのシロタ女史を採用したことに対して批判的だった。彼は次のように語っている。

〈民政局がいかに愚劣だったか、一例を挙げよう。民政局に、日本で生れた一人の若い米人女性職員がいた。彼女は戦前、日本警察と隣組に圧迫を受けて、それらを憎んでいた。この娘に、民政局は隣組に関する報告書を書かせたのである。彼女は、当然、隣組は解散すべきだと書いた……。まったくバカげた報告書である〉（週刊新潮編集部『マッカーサーの日本』）

また松本の目には、彼女は派手な服を着た厚化粧の女で鼻の穴からタバコの煙を吹き上げ、何かといえば〈フハン、フハン〉と鼻声で相槌《あいづち》を打つ〈あやしい女〉という印象に映って顔をしかめた。だが写真から見ればシロタ女史はけっしてそんな〈あやしい女〉などではなく極めて知的な女性である。松本にすれば、坊主憎けりゃ……というところだったのだろう。

「今からここで全文の翻訳を始めるんですか……」

松本は両目を見開き、ケーディスの顔を見つめた。

「作業は明日までに終わらせたい。時間がないからすぐ始めよう」

トランスレーター・プールという張り紙が張られた翻訳官用の部屋が用意され、松本と次郎は別の控え室に入った。こうして第一条から翻訳が始まったのだ。

そもそも「三月二日案」は漢文調でわかりづらい。二世の翻訳官でさえ理解できない表現が随所にあった。たとえば、〝我国過去五十六年間ノ歴史ヲ株守〟という一節があったが、〝株守〟などという言葉は辞書にも出ていない。翻訳は小畑と長谷川に任せていたが、佐藤はしばしば二世の翻訳官たちに日本語の意味を説明する必要に迫られた。

ケーディスは自ら鉛筆を握り、翻訳ができあがるのを横で待っている。最初の翻訳文ができあがってきた。それを見ると、第一条の天皇の地位の条項に「人民ノ主権意思ヨリ承《う》ケ之《これ》ヲ如何《い》ナル源泉ヨリモ承ケス」とマッカーサー案にあったうち「之ヲ如何《か》ナル」以下が削られている。また第二条の皇室典範《こうしつてんぱん》についても「国会ノ制定スル」という文章が削られていた。マッカーサー案の骨組みはそのままで、体裁を整えているだけだとばかり思っていたケーディスは、重要なポイントに手が加えられていることを知って真っ赤になって怒りだした。白色人種は肌の色にすぐ感情が現れる。

「ミスター・シラス！」

別室の次郎が呼ばれた。

「いったいどういうつもりだ！　ドクター・マツモトのドラフト（草案）は完全にわれわれの

草案を無視しているではないか」

そんなことを言われても次郎には返事のしようがない。ケーディスはイラついた声で、

「ドクター・マツモトを呼んできてくれっ！」

と叫んだ。

（これでは先が思いやられるな……）

次郎は松本を呼びに行き、

「やっこさん、いきなり第一条から文句つけてきましたよ」

と告げた。松本は憮然《ぶぜん》とした表情である。次郎の説得にもかかわらず、松本はなかなか部屋を出ようとはしない。

「そんなにぐずぐず言うなら、翻訳を打ち切るなり何なりと勝手にするがいい。打ち切ってもこちらはいっこうにさしつかえない、そう言ってやって下さい」

しかたなく次郎はいったん部屋を出たが、そんなことをケーディスに伝えるのは得策ではない。すぐ部屋に戻ると、

「別の質問があるようです」

とうまく言って松本を引っ張り出すことに成功した。ケーディスを前にしても松本は強気だった。

「第一条で国民の総意に基づくと書いてあるのだから、〝之を如何なる源泉よりも承けず〟などという文章をわざわざ入れる必要はないでしょう！」

と言い放った。

「あなたは、マッカーサー最高司令官の意向を無視するつもりですかっ！」

「自明のことを削除して何が悪いんだねっ！」

滑稽《こっけい》なほど声が上ずっている。白人ではないが、ケーディスに負けないくらい真っ赤になった松本は、目じりを険しく吊り上げ憤然《ふんぜん》として立ちあがった。骨ばった拳《こぶし》が怒りに震えている。部屋には次郎と松本のほかに松本の娘婿でもある三辺謙《みつべけん》秘書官がいたが、日ごろ温厚で怒る姿をほとんど見せない松本の様子に驚きを隠せなかった。そもそも松本は日ごろから血圧が高い。興奮すると身体にさしつかえることにもなりかねない。医師の資格を持つ三辺は気が気ではなかった。

松本は血圧のことなどすっかり念頭から失せている。

（三〇近くも年の離れたケーディスのような若造に四の五の言われてたまるか）

目を血走らせ歯を食いしばりながらケーディスを睨みつけた。

「では、第三条の天皇の国事行為に関するところで我々が〝advice and consent〟としているのをなぜアドバイスを意味する〝輔弼《ほひつ》〟だけにして〝同意〟のほうを省いたのですか？」

怒り方では松本に勝てないと思ったのか、冷静に戻ったケーディスは立ち上がっている松本にはおかまいなしに質問を続けた。天皇に関する問題であるだけに、いったん腰を浮かせた松本も渋々椅子《いす》に座りなおした。これまでは次郎が通訳していたのだが、松本はもどかしくなり自ら英語で反論をしはじめ、しばらく次郎は傍観者となった。怒りの余韻のせいか松本の声はわずかに震えている。

「もともと天皇は内閣の輔弼がなければどんな行為もできないことになっている。内閣が天皇に対して承認や同意を与えるというような形にはしたくないんだ」

当時の日本人の心の中に占める〝天皇〟というものの特殊な位置づけをアメリカ人に理解させることは困難であり、〝シンボル〟などという表現ですまされてしまうことに、内心忸怩《じくじ》たるものがあったに違いない。そもそも主権在民と天皇の存在を共存させるということは、誰がやったとしても困難な作業であっただろう。

「そもそも〝同意〟などという言葉では天皇への敬意が伝わらん。英語には相手を表す言葉は〝ｙｏｕ〟ひとつしかないかもしれんが、日本には〝ｙｏｕ〟に相当する言葉はたくさんあるんだ」

「それでは日本語は相手によって表現が変わるというのか？」

「もちろんだ」

「そのような言語は民主主義に反する。改めるべきだ」

松本は再び切れた。

「君たちは日本語を変えるつもりで日本に来たのか！　輔弼という言葉は日本には昔からあるんだっ！」

握り締めた拳で机をたたきながら、大声でケーディスを怒鳴りつけた。

（この松本という人物は、自分の国が戦争に負けたんだという事実をどこかに置き忘れている

ようだ)

ケーディスは目の前で真っ赤になっているちょび髭《ひげ》の男の図太《ずぶと》い神経になかばあきれていた。

輔弼をめぐる議論は延々三〇分近くも続いた。

「まあ、いったん食事にしましょうや」

議論が煮詰まってきているのを見て次郎が割って入った。時計の針は一二時を回っていた。

控え室にもどった松本のところに食事が運ばれてきた。大きなプレートにポーク・ビーンズ(豚肉入り煮豆)の缶詰が載っている。米兵の戦時用非常食だ。実にまずい。松本自身の表現によると、それは〝蠟《ろう》をかむ〟ようなものであったという。

「こんなもの食えるかっ!」

さきほどまでの怒りもあってフォークを机の上に投げ出したが、ややあって気を取り直し、その〝蠟のような〟食事を口に運びはじめた。食糧事情は極端に厳しい。国務大臣とはいえ食べ物を粗末にはできなかった。食事も終わり松本は、ケーディスも自分もお互い興奮しており、議論は後日に譲ったほうがいいと考えた。

(一条ごとに議論しておったのではしまいには殴り合いくらいやらないとも限らない。これでは身体が持たん)

松本は佐藤部長を呼び、

「私はこれから経済閣僚懇談会があるので官邸に引き上げます」

と告げた。

「はあ？」

佐藤は思わず次郎と顔を見合わせた。

「どうせいい加減なものしかできないでしょうから、なるべく最終的なものにならないよう気をつけてください。よろしくお願いします」

松本はそう言い残して部屋を出て行った。経済閣僚懇談会というのが言い訳にすぎないということくらい次郎にはすぐわかった。だが松本のまったく妥協を許さないけんか腰のやり取りを見ていると、このままではケーディスが何らの譲歩も示してこないだろうことは明らかだった。

（しばらく松本さん抜きで進めてケーディスの機嫌を直したほうが得策かもしれんな）

そう思ってあえて引き止めなかった。松本と秘書の三辺が帰ったのは午後二時半過ぎのこと。佐藤は横で青くなっている。次郎は励ましながら作業を続けた。小畑と長谷川は条文整理の筆記を担当し、佐藤が法律論を一手に引き受け、彼の通訳をシロタ女史と次郎で受け持った。

「三月二日案」を英語に直していくにつれ、それがマッカーサー草案から大幅に修正されていることがしだいに明らかとなり、ケーディスはますます不機嫌になっていった。

前文や基本的人権条項も復活させられた。先述した一院制以外に修正が認められたのは、土地の所有制度に関する事項くらい。松本の最後の抵抗はそのほとんどが徒労に終わったのだ。

（ついてくるんじゃなかった……）

佐藤は後悔していた。松本が軽い調子で自分に同行を求めてきたのが今となっては恨めしかった。次郎は、佐藤の苦しげな表情を横目で見ながら、ケーディスの舌鋒《ぜっぽう》と戦った。もう佐藤が頼れるのは次郎しかいなかった。

午後四時ごろ、三月二日案と説明書両方の英訳が終わり、ケーディスはホイットニーと内容を検討するべくいったん局長室へと引き上げた。

「マッモトに改正作業を担当させている限り民主的な憲法を作るのは不可能です」

部屋に入るなりケーディスは吐き出すようにそう言った。マッカーサーも松本のことは〝鉄の采配《さいはい》を振るう極端な反動家〟と評していた。ケーディスは、今日もほとほと苦労させられた松本を本件から外すべきだと進言した。ホイットニーは同感だとしながらも、

「彼らにマッモトの代わりの大臣を選ばせる時間はない。第二回極東会議は三月七日に開かれる予定だが、ここで憲法問題が採り上げられる可能性だってあるんだ」

「確かに……。ここでマッモトを辞めさせれば幣原内閣が崩壊する可能性だってあるか……」

「できれば三月七日の極東委員会の前にワシントンに憲法草案を届けておき、すでに日本は民主的な憲法の草案を自ら作成していると報告したいものだ」

「三月七日にワシントンということは、時差を考えれば遅くとも日本時間の六日の朝には伝書

使に東京を出発させないといけませんね」

「今日は三月四日、しかも三分の二が過ぎている。明日中に何が何でも憲法草案を完成させるんだ」


結論は出た。午後六時ごろ、ケーディスは次郎を呼び、

「今夜中に日本国憲法の確定草案（ファイナル・ドラフト）を完成することになった。日本側もそれに参加してもらいたい」

と申し入れてきた。

（ファイナル・ドラフトだと……）

まったく予想していなかった展開である。まさかこんなに早急に話を進めることになろうとは次郎さえも思ってはいなかった。

「佐藤君、これは大臣をもう一度呼び戻したほうがいいな」

青ざめている佐藤の顔を見ながら次郎はそう言った。

「ええ」

佐藤はさっそく田園調布にある松本の自宅へと電話したが、当時は電話事情が悪くてどうしてもつながらない。そこでホットラインのある官邸へ電話した。岩倉規夫《いわくらのりお》書記官を呼び出すと、至急松本を呼んできてくれるよう頼んだのだ。依頼を受けた岩倉は、松本の自宅に直接出向いたが大臣はまだ帰宅していなかった。しばらく待っているとようやく午後八時ごろ帰宅し

たが機嫌がすこぶる悪い。岩倉が事情を話しても、

「今行けば倒れてしまう。血圧も高いから、あとは然《しか》るべくやってくれ、よろしく頼むと佐藤君に伝えてくれないか」

の一点張りである。事情を知らない岩倉は、松本の機嫌の悪さにとまどうばかりであった。結局なすすべなく官邸に戻り、木内四郎副書記官長に事の次第を報告した。岩倉と木内は佐藤にこのことを伝えるためGHQ本部へと向かった。佐藤たちの気持ちを考えると、手ぶらで行くのはしのびない。小畑が酒好きであることを知っていたふたりは、差し入れとしてサントリーの角瓶《かくびん》を一本ぶらさげていった。必死に作業している時に酒を持っていくセンスも如何なものかと思うが……。

事情を聞いて次郎は激怒した。

「〝然るべく〟っていったいどういう意味なんだよ。そんな無責任な奴なんか大臣やめてしまえっ！」

佐藤は落胆の色を隠せなかったが、いまさら逃げるわけにはいかない。

これまでは「三月二日案」を英語に翻訳しながら、マッカーサー草案に入っていて松本が削ったものをもとにもどしたり言葉の修正を加えながら英訳する作業を行ってきたわけだが、これからはこの修正版の条項を再検討しながら日本語にしていく作業になっていた。

佐藤たちの緊迫した様子を目の当たりにした木内は恐れをなし、しばらくしてこそこそ帰っていった。

「木内さんどこに行ったんだ?」

次郎はしばらくして木内がいないことに気づき、そう岩倉に尋ねた。

「いや帰られました」

「何? どいつもこいつも!」

次郎は、松本に続いて木内副書記官長までも敵前逃亡したことがよほど腹に据えかねたのか、後述する「白洲手記」の中で、

〈事ノ重大ナルニ驚キ、松本国務相ノ出席ヲ電話ニテ懇請《こんせい》セルモ病気ノ故ヲ以《もっ》テ拒否、石黒書記官長(著者注:実際には法制局長官)モ出席セス。副書記官長モ来部セルモ責任ノ重大ナルニ驚キタルモノノ如ク十五分程《ほど》ニテ退去ス〉

と厳しい言葉で批判している。

ひとり残された岩倉はというと、どうしてもその場から離れることができなくなった。法律の専門家でもとくに英語ができたわけでもなかったが、事態の深刻さと佐藤たちの鬼気迫る様子が、彼の足を釘付《くぎづ》けにしてしまったのである。こうして彼もこの部屋で一夜を明かすことになった。

次郎は合理主義者のような外見を持ちながら人一倍感情の量の多い人間である。彼が真の合理主義者なら、外務省官邸でマッカーサー草案を突きつけられた時点か、遅くともジープウェイ・レターが歯牙《しが》にもかけられなかった時点であきらめて、「とりあえずあいつらの好きなものを作らせておいてあとでわれわれの手で改正すればいいさ」と放り出すこともできただろ

う。しかし彼はその道を取らなかった。戦いでいちばんつらいのは殿《しんがり》をつとめることである。彼はこの戦いの最後の一瞬にまでつきあってやると覚悟を決めていたのである。

翻訳作業は続いた。そもそも天皇がシンボルだというところからして日本語にしにくい。

「白洲さん、シンボルっていうのは何やねん？」

小畑が次郎に大阪弁で尋ねてきた。

「英国じゃイギリス国王は国民のシンボルということになってるから、それを持ってきたんだろう。でも日本語ではどう言えばいいのかな……象徴とでも言えばいいのか……。そうだ、そこにある井上の英和辞典引いてみたら？」

〝井上の英和辞典〟とは、大正四年に井上十吉によって編まれた井上英和大辞典（至誠堂書店）のことである。次郎の言葉に従って小畑は辞書を引いてみた。

「やっぱり白洲さん、シンボルは象徴やね」

新憲法の〝象徴〟という言葉はこうしたやりとりで決まったのだ。次郎は後に、

〈後日学識高き人々がそもそも象徴とは何ぞやと大論戦を展開しておられるたびごとに、私は苦笑を禁じ得なかったことを付け加えておく〉（『吉田茂は泣いている』「諸君！」一九六九年一〇月号）

と書き残している。

ケーディスはしきりに文句を言っていたが、一度だけ猫なで声で佐藤たちにお願いをしてき

たことがあった。「第三章国民の権利及び義務」の冒頭にある第一〇条についてであった。

「この条文はホイットニー局長の書かれたもので、ご自身名文だと思っておられる。別の場所でもいいから残してもらえないか」

（おいおい、上司のゴマすりかよ……）

次郎は佐藤と思わず顔を見合わせた。

それからも言葉探しの作業は続いた。部屋の空気は淀《よど》み、寝不足と極度の緊張から面々の顔色は黒ずんできた。松本はいい印象を持たなかったようだが、うら若いシロタの存在は、ただでさえぴりぴりした会議室の雰囲気を和《なご》ませてくれた。佐藤は後年彼女について、〝頭も鋭敏で私の意のあるところは、そのまま伝えてくれた〟と感謝している。

そして午前二時ごろ、作業がこれまで先送りしていた女性の権利に関わる箇所にさしかかった。シロタの担当箇所である。彼女は女性の権利についてたいへん強い思いを持っており、これまでしばしばケーディスから急進的過ぎるとブレーキを踏まれていたほどであった。

彼女は緊張しながらも成り行きを見守ることにしたが、予想どおり日本側は強く反発してきた。

「われわれも女子の権利を伸ばしていく必要は感じています。だがこの内容は一足飛び過ぎる」

「戦争に負けて日本の男性はただでさえ自信を失っている。これではそれに追い討ちを掛けるだけだ」

「今に見ていろ」ト云フ気持抑ヘ切レス

すると、いつもはシロタのことをたしなめていたケーディスが、

「ここは日本の事情をよく知っているミス・シロタが、日本女性の立場や気持ちを考えながら起案したところです。悪いことが書いてあるはずがありません。採用しませんか？」

と提案してきた。

驚いてみな一斉にシロタを見た。まさか通訳であるシロタまでが憲法の条文作成に関与しているとは思っていなかったからだ。シロタのほうもまた、思わぬ援護射撃に信じられない思いでケーディスを見つめていた。

一瞬部屋の中を沈黙が支配した。しばらくあって、それまで黙って様子を見ていた次郎が口を開いた。

「ケーディス大佐のおっしゃるとおりにしましょう。佐藤さんいいよね」

「そうですね。まあ時代の要請でしょう」

こうして男女平等の条項が憲法に盛り込まれることになった。シロタ女史の大金星である。

場が和んだのは一時《いっとき》だった。その後はまた緊張が彼らを包んだ。「第四章国会」に入るころから場所がトランスレーター・プールから大会議室に移され、民政局員約二〇人が新たに参加してきた。コーヒーやサンドイッチも運び込まれたが、次郎は頭に血が上っていて食欲がなく、煙草を立て続けに吸っているせいか喉がいがらっぽくて仕方なかった。周りのものも同様に食欲がないらしく、みなコーヒーやコーラばかり立て続けにがぶ飲みしていた。

（いったいいつ終わるのか……）

と思われたが、通訳をしていたシロタ女史が、次郎がトイレか何かに立ったあとの椅子の上に日本語の文書を置いているのを見つけた。それはマッカーサー草案を日本語に訳して先日閣議で配った外務省訳のメモであった。戻ってきた次郎にシロタは、

「これいいじゃないですか。これを参考に作業を進めましょうよ」

と提案した。

ケーディスは『占領史録』所収のインタビューで、

「会議の初めから彼はそれを持っていながら、翻訳の過程でなにか日本側に有利な訳が出てこないかどうかなどを期待したため、黙っていたのでしょう。私たちはそのために何時間も浪費したのです。（中略）白洲氏はとても抜け目のない人物で、どうしてもこれを提出せざるをえないという瞬間まで黙っていたのです」

と次郎を強く非難している。だがもし次郎の行動が意図的なものであったとしても、日本側からすればそれはしごく当然な作戦であったろう。いずれにせよ、こうして次郎のメモを参考にしながら日本語にしていくことになり、翻訳作業は格段に早くなった。

「第五章内閣」の終わりごろ夜が明けた。三月五日午前七時、朝食が運ばれてきた。パン、ハム、ベーコン、スクランブルエッグ、果物にケーキまでついている。当時においては夢のような食事だったが、佐藤は後に、

〈まったく味の記憶がない〉

と回想している。作業があらかた終わったのは午前一〇時。次郎はそれまでに途中経過を報告するため何度も官邸との間を往復していたが、この時点で確定していた英文案のほうを一〇部抱えて首相官邸へと向かった。残った佐藤はその後も検討を続け、午後四時半ごろ、一応の完成を見た。

　するとホイットニーが部屋に入ってきて、一仕事終えてほっとしているメンバーのひとりひとりと握手しながら感謝の意を表した。満面の笑みを浮かべた嬉しそうな様子に驚いた佐藤は、

〈いったいどこの国の憲法を手伝いにきたのかという錯覚をおこしそうになったくらいである〉

　と述懐している。だがそれは当然だろう。ホイットニーにとってこれは〝日本国民のための憲法〟ではなく、まさに〝自分たちのための憲法〟だったからである。

　その後、佐藤はようやく首相官邸にもどった。後にこのときのことを振り返ってこう書き残している。

〈無準備ノ儘《まま》、微力事ニ当リ、然《しか》モ極端ナル時間ノ制約アリテ詳細ニ先方ノ意向ヲ訊《ただ》シ論議ヲ尽《つく》ス余裕ナカリシコト寔《まこと》ニ遺憾《いかん》ニ堪《た》エズ、已《や》ムヲ得ザル事情ニ因《よ》ルモノトハ云《い》ヘ、此ノ重大責務ヲ満足ニ果《はた》シ得ザリシノ罪顧《かえり》ミテ悚然《しょうぜん》タルモノアリ、深ク頂《こうべ》ヲ垂レテ官邸ニ入ル〉

　孤軍奮闘これだけの働きをしてなお〝力足らずで申し訳なかった〟と詫《わ》びているのだ。佐藤の人柄がよく伝わってくる文章だ。

時間を少し戻してこの日の朝——午前一〇時に閣議が開かれ、次郎がもたらした途中経過をもとに議論が行われたが、いまさらアメリカに修正を求められるような状況にないことは明らかだった。松本はこの期に及んでもなお、

「急いでやるからこういうことになるんだ。一度首相が行って話をしてもらいたい」

と引き延ばし交渉を提案したが、幣原首相は黙ったままだった。閣僚の間からは、

「佐藤ひとりに任せておいて、いまさら首相の出馬を求めるとは無責任だ」

というひそひそ声も聞こえてきて松本は孤立した。

午後二時半ごろ、次郎が英文の〝ファイナル・ドラフト〟を一〇部抱えて官邸に戻ってきた。閣議にかける前に、事態が切迫していることを閣僚たちに再確認させる必要がある。

「やっこさんたちは今日中にこの憲法案を受諾するかどうか返事をもらいたいと言ってきています。でなければ今晩、自分たちの手でこれを発表するつもりです。一刻も猶予はできないと感じているようです」

と念を押して回った。午後四時半、再び閣議が開かれた。次郎の持ってきたコピーを一読した松本は顔色を変えた。予想もしていなかった展開である。

「このままではたいへんな事態になる。首相、すぐ引き延ばし交渉をするべきです」

再び引き延ばしを強く主張した。すると幣原首相は突然涙ぐみ、

「もう一日でも延びたらたいへんなことになります。本当にたいへんなことになりますよ」

と絞り出すような声で繰り返した。ほかの閣僚たちも思わずもらい泣きをしてしまい、あとはもう涙の連鎖で悄然《しょうぜん》とした雰囲気に包まれた。松本ももはやこれまでとあきらめ、

「それでは字句等瑣末《さまつ》な点はしばらくおいて、一応先方にしたがいましょう」

と観念した。

吉田もことここに及んでは受け入れるしかないと思っていた。GHQ主導による憲法案を日本政府案として公表するのは実に滑稽なフィクションではあるが、これで民政局の気が済み、公職追放などの動きがいくらかでも収まるのなら、むしろここで〝負けっぷりよく〟飲み込んでしまうしかないと考えていたのだ。

（次郎には悪いが、〝抵抗したんだ〟という事実は残った。今回の憲法は独立を回復した後にわれわれの手で改正すればいい）

おそらくこれは吉田だけでなく、この場にいた閣僚ほとんどの思いでもあったろう。

午後四時三五分過ぎ、先述したとおり佐藤部長がGHQ本部から帰ってきた。松本はひととおり報告を聞くと、

「君ひとりに苦労をかけてしまった。よくやってくれた」

と部長の手を強く握って深く感謝した。申し訳ない思いでいっぱいだった。

午後五時三五分、幣原首相と松本大臣は閣議の決定を報告するために皇居へ参内。この日天皇は体調が優れなかったため、御座所の奥のほうから接見。松本が経緯を説明した。

「敗北しました」

冒頭そう前置きした。この言葉が松本の気持ちのすべてであった。こみ上げてくる思いで何度も言葉に詰まり、説明を終えたあとに下げた頭もしばらく上げることができなかった。天皇は、「ことここにいたってはやむをえまい」と了承するにはしたが、「皇室典範に関する天皇の留保権を再考できないか」という点と「堂上華族は残せないか」という二点について要望を示した。だが今から民政局に掛け合う時間はない。結局そのままになった。戦前なら考えられないことである。事態はそれほどまでに切迫していたのだ。

ぼろ切れのようになって官邸に戻ってきた佐藤だったが、まだ仕事は終わってはいなかった。できあがった憲法草案は「憲法改正草案要綱」と名づけられたが、これを国民に公表するための法文整備が待っていたのである。作業は首相官邸の内閣書記官長室で行われ、朝六時ごろになってようやく終わった。結局二晩続けての徹夜となった。佐藤はその前の夜もほとんど寝ていない。疲労は極限に近づいていた。

家庭を大事にする佐藤は、夜遅く家に帰ることはあっても帰宅しないことはけっしてなかった。当時は治安状態も悪く、家には妻と娘ふたりだけ。家族はたいへんに心配したと、後に娘の佐藤玖美子《さとうくみこ》は語っている（西修『ドキュメント日本国憲法』）。

家には電話がなく、近所に引かれていた電話も使えなかった。佐藤の家は高円寺にあったが、翌朝、妻は阿佐ヶ谷まで行ってようやくつながる電話を探し出し、夫の職場である法制局に電話をかけた。職場の人間もまさか佐藤がＧＨＱで缶詰になっているとは思わない。

「帽子と傘はあるんですけどねえ……」

という返事に心配は募るばかり。佐藤の家は高台にあって高円寺の駅まで見渡せたので、妻は自宅に戻ったあとも玄関を出たり入ったりして駅の方向をなんども眺めたが、結局佐藤はその日も戻ってこなかった。

二日目の徹夜が明けた六日の朝、ようやく佐藤は帰宅することができ、駅から家に向かう坂道を文字どおり這《は》うようにして上っていった。疲労がタールのような粘度《ねんど》で身体を包み、その一部が関節という関節に茶渋《ちゃしぶ》のようにこびりついて身体を動かすたびにきしみ音をたてた。

「あなたっ！」

遠くから妻の声が聞こえてきた。不覚にも涙がこぼれそうになったが、そんな恥ずかしい顔は見せられないとぐっと腹に力を入れてどうにか堪《こら》えた。坂を下りてきてかばんを持ってくれた彼女に、

「心配かけたな」

と一言だけ言った時、いつになく息が切れている自分に気がついた。体力を奪われたことを実感した。その姿を見れば、万言を費やさずとも、夫がいかにたいへんな仕事をしてきたかは伝わってくる。妻は何も言わず寄り添うようにして玄関をくぐった。

「おかえりなさい！」

子供たちが飛びついてきた。その瞬間、緊張しきっていた神経が芯《しん》からほぐれていくのを実感した。

「お土産があるからな」

久しぶりの幸福感に浸りながらポケットをまさぐった。ＧＨＱで出されたものをそっとしのばせてきたのである。

――角砂糖二個、キャラメル二個、そしてゼリービーンズ……。

珍しいお菓子に子供たちは目を丸くした。

「これなあに？」

当時小学校二年生だった下の娘はゼリービーンズが何かわからず首をかしげている。その様子は抱きしめたくなるほど愛らしかった。その夜佐藤は、頭を枕に落とすとスイッチの切れる機械のような鮮やかさで眠りに落ちた。その後彼は法制局長官、人事院総裁を歴任したが、このときの一連の出来事は終生彼の記憶に刻み込まれた。

こうして閣議を通過した「憲法改正草案要綱」は、昭和二一年（一九四六年）三月六日、「日本政府による憲法改正案」として世間に公表された。間髪をいれずにマッカーサーは同案への支持を表明。完全な〝出来レース〟である。

この事態に怒ったのが極東委員会である。前文を見ただけで彼らは「憲法改正草案要綱」が日本人の書いたものでないことを見抜いた。当然だろう。同委員会は憲法案を審査する機会を与えるよう主張したが、マッカーサーはこれを拒否。結局、強引に押し通した。

注目すべきことは、極東委員会の米国代表であるマッコイ議長さえも憲法問題に関してはマッカーサーを支持していなかったことである。この後、マッカーサーの独断専行はさらに顕著なものとなり米政府とGHQの思惑は大きく乖離《かいり》していくことになる。

フランシス・F・コッポラ監督の大作映画『地獄の黙示録』は、〝カーツ大佐〟という軍人が原住民を支配しているうち彼らの王となり、本国の指示を無視して独立王国を築いてしまうストーリーとなっている。この〝カーツ大佐〟のモデルこそマッカーサーその人だと言われているのだ。実際彼はしきりに「マイ・ジャパン（私の日本）」という言葉を口にした。まさにマッカーサーは〝原住民の王〟を自認していたのである。

松本は要綱が公表された翌日、幣原に国務大臣辞任を申し出た。これ以上の屈辱は耐えられなかった。だがここで松本がやめたらGHQに対する抗議の辞任と受け取られかねない。幣原は必死に慰留《いりゅう》し、松本も渋々翻意《ほんい》したが、心労がたたってか持病の高血圧に加え坐骨神経痛を併発し六日間も寝込んでしまった。

「憲法改正草案要綱」はその後法文化の作業を加えられ、さらに山本有三や横田喜三郎らの意見をいれて現代かなづかいを採用することとなり、四月一七日、「憲法改正草案」として英訳とともに発表された。

あくまで大日本帝国憲法の改正という形式をとったため、まず枢密院《すうみついん》に諮詢《しじゅん》して可決され、次に帝国議会へと提出された。昭和二一年八月二四日、衆議院は四二一対八で憲法改正を採択。あくまで天皇制廃止を主張した共産党は、反対票八票のうち六票を投じた。GHQに強要された憲法であることはすでにどの議員たちも知っている。多くの議員が無念のあまり嗚咽《おえつ》を漏らした。無数の啜《すす》り泣きが議場を粛然《しゅくぜん》とさせたのはこのときが最初で最後ではあるまいか。さらに一〇月六日には貴族院でも可決された。かつて近衛とともに憲法案を作成した佐々木惣一は当時貴族院議員であったが、〝たとえ死刑になっても〟と、賛成の起立を拒んだ。

こうして昭和二一年一一月三日、日本国憲法は公布され、翌年五月三日施行された。

もう一方の敗戦国ドイツが改正憲法を施行したのは日本の二年遅れの昭和二四年五月二四日のこと。当時ドイツは米英仏ソに分割占領されていたことも改正が遅れた要因であろう。その内容は日本国憲法のそれと大きく違っていた。まず第一四六条で、

〈ドイツ国民が自由な決断で議決した憲法が施行される日に、その効力を失う〉

と、あくまで改正憲法は暫定的なものだということをはっきりうたってある。憲法という言葉を使わず〝ボン基本法〟としたのも同様の趣旨であった。

その後の松本について触れておきたい。民政局は実に陰湿であった。憲法改正作業の途中は手を出さなかったにもかかわらず、一段落したところで間髪いれず、松本に対し公職追放を通告した。その後松本は、〝敗軍の将は兵を談ぜず〟とばかりに憲法改正の件についてはピタリ口をつぐんだが、昭和二九年七月、自由党憲法調査会に呼び出され、ようやく重い口を開いた。

「実は、私は今の憲法になんと書いてあるか見たことがないのです。それほど私は憲法が嫌いになったのです」

そう前置きした彼だったが、その後口をついて出た言葉はやはり怒りと怨みのこもった言葉だった。そのひとつが〝パーソン・オブ・ジ・エンペラー〟問題である。〝アトミック〟発言で次郎が鼻白んだあの日、ホイットニーの口から、

「この憲法を採用しない限り、天皇の身体（パーソン・オブ・ジ・エンペラー）の保障はできない」

という言葉を聞いたと証言したのである。松本ははっきり記憶に残っておりメモまでとったと言っている。

言いたいことは言ったということか。三ヵ月後の一〇月八日、松本は突然この世を去るのである。その日、松本はいつものように弁護士として高等裁判所に出廷していた。異変は閉廷直後に起きた。法廷から廊下に出たとたん昏倒《こんとう》。高血圧からきた脳内出血であった。

「どうしましたっ！」

秘書の三辺謙《みつべけん》があわてて駆け寄ったが、すでに口のきけない状態で、目を大きく見開いたままはらはらと涙をこぼした。外は強い雨。動かしてはいけないということで、その場に親族が駆けつけ、午後七時三五分、そのまま裁判所の廊下で絶息するのである。享年七六。裁判所での死は、法曹界の発展に一生を捧げた彼にふさわしいものだと言えなくもないが、一連の憲法改正問題のストレスが彼の寿命を短くしたであろうことは疑うべくもなく、やはり憤死と言っていいのではあるまいか。

松本の誤算は、天皇制に手を加えたら国民に殺されると思ったことに尽きた。宮沢俊義によ

れば、晩年の松本は次のように述懐していたという。

「おれには日本国民っていうのは実際わからん。本当にものがわかったんだかどうだかわからん。自分は日本国民におこられちゃ困ると思うから、たとえば主権は国民にありなんて、天皇主権を否定するような言葉は使わないようにしたんだ。ところが日本国民は、国民主権なんて言い出したら、もう平気になっちゃって、あの選挙のときでも、だれも気にしない。日本国民は実際どうかしてる」


さて次郎についてである。一連の憲法改正作業の間、次郎はずっと自宅に帰っていなかった。一週間のカンヅメのあと鶴川にもどってきた次郎を見た河上は、彼らしくもない老け込んだ様子に目を疑った。濡れて重たい外套《がいとう》を着込んでもいるかのように身体も重そうで、糸で操られているような歩き方である。次郎は充血して黄色くにごった目で河上の顔を覗き込むと、

「監禁して強姦《ごうかん》されたらアイノコが生まれたイ！」

と吐き捨てるように言った。河上はそれ以上尋ねる気がおこらなくなった。不適切な言葉が使われているが次郎の肉声として敢えて紹介した。

達成感のない疲労ほどむなしいものはない。引きずるような足取りで寝室に向かった。家人は遠巻きに見守るだけで、食事の声をかけるのもはばかられた。次郎は泥のようになって眠った。眠って忘れられるものなら忘れたいとさえ思うその屈辱感が、夢の中でまで彼を苦しめ

た。正子には苦労したことなど一言も言わなかったが、寝言で、「シャット・アップ！（黙れ）」「ゲット・アウト！（出て行け）」と言うのを耳にすれば、その苦闘がいかに凄まじいものであったかは容易に知れた。

古関彰一は著書『新憲法の誕生』の中で、次郎の役回りについて触れ、

〈憲法制定のこの役は結果的には〝汚れ役〟になったのであるから、吉田が表に出ず、白洲にその役を演じさせたことで吉田はその政治生命をどれだけ救われたか計り知れない。白洲がいなかったとしたら、吉田はその数ヵ月後に首相となることはなかったかも知れない〉

と述べている。次郎は率先して〝汚れ役〟を買って出た。敵を作ることを恐れていては新しい国づくりなどできないと腹をくくってもいた。だからこそ吉田は彼を重用したのだろう。吉田にしても、松本ほどではなかったが天皇神権論に近い考え方を持つ保守的政治家である。それがあまり前面に出てしまうと、ＧＨＱが吉田つぶしに出てくることは明らかだった。そういう意味では、次郎が吉田の方針に多少リベラルな内容を加味し、民政局との妥協点を探る努力をしたからこそ、吉田のＧＨＱに対する発言力が維持できたのである。

先にも紹介したが、外務省文書の中に「白洲手記」と名づけられた文書がある。この文書は三月七日付の次のような記述で終わっている。

〈興奮絶頂ニ達シ正午頃ヨリ総司令部モヤット鎮《しず》マリ、助カルコト甚《はなは》ダシ。斯《かく》ノ如《ごと》クシテ、コノ敗戦最露出《さいろしゅつ》ノ憲法案ハ生《うま》ル。「今に見ていろ」ト云《い》フ気持抑ヘ切レス。ヒソカニ涙ス〉

三月七日は「憲法改正草案要綱」が公表された翌日にあたる。五年後の昭和二六年に初公開されたこの文書は、当事者による生々しい肉声を伝えているという点において、政府の正式文書の中にあって異色の存在であろう。戦後日本の不幸は、この次郎の悔しさを共感できなかったことにあった。

次郎は、憲法調査会の調査内容を批判して次のように述べている。

〈この憲法は占領軍によって強制されたものであると明示すべきであった。歴史上の事実を都合よくごまかしたところで何になる。後年そのごまかしが事実と信じられるような時がくれば、それはほんとに一大事であると同時に重大な罪悪であると考える〉（『プリンシプルのない日本』「諸君」一九六九年九月号）

また第九条に関しては、冷戦の到来とともにアメリカ自ら軍備を迫ってきたことを批判して〝笑えぬ喜劇〟だと語り、同時にまた次のように述べて、教育のもつ功罪を早い時期に指摘した。

〈終戦後、六、七年間小学校の子供にまで軍備を持つことは罪悪だと教えこんだ今日、無防備でいることは自殺行為だなんていったって誰も納得しない。これは占領中の政策にも責任が無いとはいえない。人間の癖でも六、七年かかってついた癖は、そう一年や二年でぬけるものではない。殊更《ことさら》、否応《いやおう》言わさず強制的につけた癖に於《お》いてをやである〉（『雑感―東北一廻り』「新潮」一九五二年九月号）

先述したように吉田は憲法改正論者だったが、軍備増強よりも経済復興を優先するべきだとし、米側の軍備増強圧力に抵抗するため憲法改正を見送った。それはあくまで一時の方便《ほうべん》であり、彼もこれほど長い間憲法がそのままにされるとは思っていなかったに違いない。元GHQの人々でさえ、憲法が改正可能な時期が到来しても改正されなかったことは奇異な感じがしたと述べている。

次郎は憲法について、現行憲法全体が詳細にわたりすぎているのは米国が法律を大量生産する国だったからであり、〝もっと根本を示すもので充分〟だと語っている。

ただあれほどの思いをした彼が一方で以下のように語り、押し付けられたからすべてを否定するというのではなく、「いいものはいいと素直に受け入れるべきだ」と冷静な意見を述べていることは注目に値する。

〈新憲法のプリンシプルは立派なものである。主権のない天皇が象徴とかいう形で残って、法律的には何というのか知らないが政治の機構としては何か中心がアイマイな、前代未聞の憲法が出来上ったが、これも憲法などにはズブの素人の米国の法律家が集ってデッチ上げたものだから無理もない。しかし、そのプリンシプルは実に立派である。マックアーサーが考えたのか幣原総理が発明したのかは別として、戦争放棄の条項などその圧巻である。押しつけられようが、そうでなかろうが、いいものはいいと率直に受け入れるべきではないだろうか〉（『プリンシプルのない日本』「諸君」同前）

海賊と儒学者と実業家のＤＮＡ

次郎は雑誌の対談などでしばしば〝白洲家の血なんだ〟という表現を使っている。彼は自分の中に潜む白洲家のＤＮＡを強く自覚していた。

人は次郎の人間性を語るとき、ケンブリッジへの留学経験を強調する傾向があるようだが、人格というものはけっして一代で形成されるものではない。次郎は日ごろ娘の桂子《かつらこ》に、

「武士の娘は人前で泣いたりわめいたりするものではない」

と教えていたというが、明治も末になってから生まれた彼ではあっても、武士の家に生まれたことがその精神的バックボーンになっていたであろうことは容易に想像できる。

白洲次郎がさらに輝きを増す後半生に入る前に、そんな白洲家のルーツについて探ってみることにしたい。

白洲家は、遠く清和天皇にさかのぼる清和源氏の流れを汲んでいる。サントリー白州蒸留所

のある山梨県北杜市白州町白須《ほくとはくしゅうしらす》が父祖の地とされる場所のひとつだ。このあたりは日本名水百選にも選ばれた尾白川《おじろがわ》が運んできた土砂による扇状地で、花崗岩が風化した白砂による〝洲《す》〟（州）ができたことから〝しらす〟という名がついた。鎌倉時代の歌集『玉葉集《ぎょくようしゅう》』に次のような歌がある。

〈うらとほき　しらすの末のひとつ松　またかげもなくすめる月かな　藤原為家〉

武田系図に信玄以前の傍流の武田貞信という人物がおり、彼が〝白須次郎《しらすじろう》〟と名乗ったのが白洲家の始まりと思われる。武田氏滅亡後、家臣は方々《ほうぼう》に散り、天橋立《あまのはしだて》で有名な宮津に逃れた一族は浅井長政配下として丹後加悦《かや》城（現在の京都府与謝郡加悦町《よさぐんかやちょう》）の城主におさまった（これはあくまで伝説であり、実際は近くの岩滝町周辺に土着していたようである）。だが、それもつかの間、信長の近江小谷城攻めによって一族のほとんどが討死。わずかに二歳の男子が乳母とともに難を逃れ、広野という一族の庇護によって成人した。白洲家のカタバミの家紋は広野家の家紋であり、このときの広野氏の恩を忘れぬために用いたのだ、と言われている。先述した次郎の「カタバミなんて地味な紋、ボクは好きじゃないんだよね」という発言は、そういう意味では実に罰当たりなものなのだ。

時代は下って江戸時代中期の白洲文蔵は、尾張徳川家に仕えて二百石を得、軍学、書道に通じていたが、延宝三年（一六七五年）三月、浪人して江戸へと赴いた。息子の白洲義太夫良幹《よしえだ》（後の文輔）を幕府の学問所である湯島聖堂に通わせ、学問で仕官の道を探ろうとしたところ、良幹は林　大学頭《はやしだいがくのかみ》（信篤《のぶあつ》）の門弟として早くに頭角をあらわし、仕官の機会は意外と早く訪れた。

元禄四年（一六九一年）七月二七日、三田藩《さんだ》江戸留守居役・天岡与次右衛門の推挙により、文蔵は儒官、良幹は小姓として、二〇人扶持で三田藩に招聘《しょうへい》されたのである。

当時の三田藩主・九鬼《くき》副隆《すけたか》は、将軍・徳川綱吉に可愛がられ奥小姓《おくこしょう》（将軍のそば近くに仕える役職）に任じられていた。綱吉が朱子学を奨励したことから、自藩でも一流の儒学者を召し抱えようとしたわけである。

北摂《ほくせつ》の山国三田藩（現在の兵庫県三田市《さんだ》）の九鬼家は、〝九鬼水軍〟の末裔《まつえい》として知られており、家臣のほとんどが元はと言えば海賊である。彼らとの縁組を重ねるうち白洲家にも海賊のＤＮＡが受け継がれていった。

次郎が一族の中でもっとも尊敬していたのが祖父・白洲《しらす》退蔵《たいぞう》である。次郎が生まれた時にはすでに他界していたが、この祖父の存在抜きに〝白洲次郎〟は語れない。ここで白洲退蔵の人生について簡単に触れておくことにしたい。

白洲退蔵は文政一二年（一八二九年）七月一五日、三田藩薬師寺町に生まれた。父親は三田藩儒官の文五郎（鳳陵《ほうりょう》）、母は播州小野藩家老の娘である。大坂の儒学者・篠崎小竹《しのざきしょうちく》や江戸の古賀謹一郎（謹堂《きんどう》）に学び、藩校「造士館《ぞうしかん》」教授に就任している。

退蔵が西洋に接する機会は意外と早く訪れた。嘉永六年（一八五三年）六月三日、アメリカ東インド艦隊司令長官ペリー率いる軍艦四隻が浦賀沖にその姿を現わしたのだ。〝黒船来航〟

の話を聞いて血が騒いだ退蔵は、当時ご禁制であった西洋の兵学書をひそかに入手し、西洋兵制の導入を建議している。ペリーが再来航した際には、小物見役《こものみやく》（斥候《せっこう》）を命じられ、漁民に変装して黒船に近づき情報収集を行った。

三田藩最後の藩主は名君として名高い九鬼隆義《くきたかよし》。隆義は有能な人材を抜擢《ばってき》したが、退蔵はそうして登用された人材のうちのひとりだった。その後は藩儒としての枠を超え、藩重役としての行政手腕を発揮していくこととなる。

当時の藩財政はまさに危機的状態。負債二十数万両に対し藩庫にはわずかに三〇両を余すのみだったという信じがたい話が伝わっている。こうなると、もうどの御用商人も資金を用立ててはくれない。力関係は完全に逆転していた。

そんな中、なんとかこの窮状を打開するべく退蔵は大坂へと赴いた。御用商人の面々に集まってもらう際には、彼らを豪華な料理で饗応《きょうおう》するのを常としてきたが、彼はあえてその慣例を破り、鶏鍋《とりなべ》のみという粗餐《そさん》で彼らを迎えた。そのうえで藩主・隆義の節倹《せつけん》を旨《むね》とした生活ぶりや財政再建の為に抜擢された自らの決意を切々と語りかけたところ、その誠実さが満座の商人たちの心を打ち、中には追い貸しに応じてくれる者も出てきたという。

改革は財政改革のみにとどまらない。藩領の境界を明らかにし、神社の一部を校舎として郷学《ごうがく》を設置し、寺社の保有する宮田や寺田の一部を学田とすることで財政基盤を付与した。また村ごとに社倉《しやそう》（凶作に備えた米の備蓄庫）を置き、備蓄した米の半分を毎年肥料代に充《あ》て、肥料を求める村人には米をもって対価とさせた。そうすることで、毎年半分ずつの米が新米と更新され、備蓄米の品質劣化を防ぐことにもつながったのである。

さらに藩の刑法を定め、博打《ばくち》などの軽犯罪については片鬢《びん》（側頭部の髪）や片眉を剃《そ》らせ、溜池開削《ためいけかいさく》や堤防工事といった役務に就かせた。全国的に有名な三田牛も、退蔵が飼育を奨励したことから盛んになったと言われている。

慶応三年（一八六七年）一〇月一四日、大政奉還が行われ、同年一二月九日に宣せられた王政復古の大号令によって維新政府が発足すると、佐幕か倒幕かで藩は大きく揺れた。九鬼家は外様大名ではあったが、九鬼隆義は急進的な佐幕派であった。幕府の瓦解《がかい》に悲憤慷慨《ひふんこうがい》。こうなったら徳川幕府に殉じるのみと、江戸にいて将軍の傍《かたわ》らに留まった。

だが退蔵はこれに猛反対。隆義への忠義の心は不変であったが、退蔵の行政官としての〝カン〟が、ここは九鬼家存続のために譲れないところだと告げていたのだ。大政奉還の四年前、退蔵は自ら京都に赴いて野宮権中納言定功《ののみやごんちゅうなごんさだいさ》の家臣と接触し、三田藩は朝廷に忠誠を誓うという根回しまでしている。この並外れた政治力と信念を貫く生き方は、次郎の吉田に対する献身に重なる部分が多い。

退蔵は短時日のうちに藩論を倒幕で統一することに成功。あとは藩主・隆義ひとり。幕府に見切りをつけて一刻も早く三田へ帰藩するべきであることを再三にわたって手紙に書いたが、いっこうに聞き入れられない。書状でのやり取りはもはや隔靴掻痒《かっかそうよう》だと、退蔵は慶応三年一一月二八日、三田を発って江戸へと向かった。

江戸に着くやいなや隆義と面会。情にほだされて幕府の瓦解と運命をともにすれば、家臣団や藩民がいかに困窮するかということを、涙ながらに切々と訴えた。ここでようやく隆義も目が覚めた。退蔵の諫言《かんげん》は現状を正確に把握したものであり、何よりその言葉は真に忠義の心から出ているものだということを痛感。その夜のうちに幕府に帰藩の意向を伝えて江戸を離れた。こうして三田藩は、ぎりぎりのところで賊軍のそしりを免れたのである。

明治元年（一八六八年）、退蔵は大参事《だいさんじ》（従来の家老職に相当）に就任。新政府における九鬼家の地位向上のためにいろいろな建策を行った。明治二年、隆義を通じて廃刀令の採用を政府に上申《じょうしん》したのもその一つ。このため退蔵は京都で命を狙われたりもしたという。実際に廃刀令が公布されたのはその七年後のこと。ここにも彼の先進性が表れている。

三田藩出身の川本幸民《かわもとこうみん》という蘭学者がいた。我が国洋学の最高峰、幕府「蕃書調所《ばんしょしらべしょ》」教授方を務めた幸民は、ビールの醸造、マッチの製作にわが国で初めて成功した人物であり、〝化学〟という言葉の生みの親としても知られている。

実はこの人物を通じて、三田藩は慶応義塾創立者の福沢諭吉とたいへん深い関係を結ぶことになるのだ。幸民は、福沢の師である緒方洪庵《おがたこうあん》とは兄弟弟子。師の洪庵も一目置いていたこの先達《せんだつ》に、福沢はしばしば学問上の相談を寄せた。そしてその幸民から、九鬼隆義や白洲退蔵を紹介されたというわけだった。福沢は知り合ってまもなく、退蔵の学識と政治手腕にぞっこん惚れ込んでいる。

退蔵による殖産興業《しよくさんこうぎよう》のなかでも、福沢が非常に感心したのが三田米を使った醸造事業である。退蔵は、当時から品質がいいことで有名だった三田米を用いて醸造事業を興す計画を立案。醸造家と協力して「牡丹正宗《ぼたんまさむね》」という銘柄を作った。この酒が高い評判をとったことで、三田米の価値も上がり、藩庫は大いにうるおった。福沢はこの成功事例を、自らが設立した「時事新報」という新聞を通じて世の中に紹介している。

一方の退蔵も、福沢から欧米の最新情報を吸収していった。白洲家の家風は、儒学者一家としてのそれであるとともに、福沢に吹き込まれた欧米流自由主義思想の影響を強く受けている。

明治四年七月一四日、廃藩置県により九鬼隆義は三田藩知事の任を解かれた。翌年一一月、隆義は神戸花隈《はなくま》四ノ宮通りに宜春園《ぎしゆんえん》と名付けた屋敷を購入し、一家を挙げて父祖の地三田を離れている。旧家臣団もほとんどは殿様について神戸に移住し、退蔵もまた、隆義の屋敷近くに居を構えた。

九鬼隆義は福沢のよきパトロンでもあった。慶応義塾が財政的に立ち行かなくなって解散もやむなしという状況に陥った際、金銭面でこれを支えたのが九鬼家であった。

一方退蔵は、ミッションスクールの創立に協力している。修道会の「キリスト教唱歌教授所」の教室として、当時北長狭《きたながさ》通りにあった自分の屋敷の一部を提供した。その後、米国伝道会からの五二〇〇ドルに隆義や退蔵ら有志による八〇〇ドルを加え、明治八年一〇月一二日、諏訪山下の山本通りに通称「神戸ホーム」が開校。これが、関西お嬢様学校の代表格である現在の神戸女学院になるのである。その関係で次郎の姉妹は、三子《さんこ》だけは小林《おばやし》聖心だったが、枝《えだ》子《こ》も福子も神戸女学院を卒業している。

維新後、退蔵は松山の大参事や民部省への出仕を打診されたが、福沢の助言もあってこれに応じなかった。福沢の役人嫌いは有名である。常々商業こそこれからの国を支えていく道だと強く主張していたが、退蔵もこれに共鳴していたのだ。

退蔵たちは明治五年、隆義を筆頭とする三田藩旧藩士一六名で神戸栄町五丁目に〝志摩三商会〟なる貿易会社を設立。父祖の地〝志摩〟と〝三田《さんだ》〟をかけた名前だった。

当初退蔵が社長としてきりもりしていたが、事業が軌道に乗ると経営から離れ、明治一三年、兵庫県初代県会議員となっている。

明治一五年、福沢の推薦によって退蔵は横浜正金銀行（現在の東京三菱銀行）取締役として経営陣に加わることとなった。横浜正金銀行の創立には福沢が深く関わっていたのだ。最初の頭取は中村道太、副頭取が小泉信吉《こいずみのぶきち》（後に慶応義塾塾長、息子が同じく塾長になった小泉信三）。だがこのころの同行の経営はきわめて不安定なものだった。

退蔵は横浜正金銀行取締役就任の翌年頭取に就任するが、銀行内部のごたごたに嫌気がさし、時の大蔵省銀行局長と衝突してすぐに退任。その後、官の道に転身した。

遅すぎる転身ではあったが、頭取退任の直後に岐阜県の官吏となり明治一九年には大書記官に就任している。

さすがの福沢も、これ以上退蔵を民間に引き戻そうとはしなかった。ただその後も徳を慕い、岐阜方面に行く弟子には退蔵のところへ顔を出すよう勧めたほか、福沢自身、明治一九年三月に京都から名古屋に向かった際、わざわざ岐阜に立ち寄って退蔵のところに一泊したりしている。

さて九鬼隆義は、明治一五年（一八八二年）、宮内省準奏御用掛華族局勤務のため東京へと赴いた。明治一九年からは吹上・浜両御苑に勤務している。しばらくすると退蔵も岐阜県大書記官の職を投げ打って影法師のように上京し、芝へと移り住んだ。

九鬼隆義は志摩三商会本来の事業以外にも幅広く事業に進出していた。神戸で牧場を開いたり、新潟の石油採掘事業や精油事業にも着手したが、拙速すぎる事業拡大はそのほとんどを失敗に終わらせ、結局不動産管理業だけが残った。

福沢も自分が焚《た》きつけただけに最初は応援していたが、隆義の気の多さにあきれてしまっていた。明治二二年ごろ、製塩事業にまで手を出そうとしていると聞いて退蔵に手紙を送り、その中で〝旧痾《きゆうあ》〟（古い病気）と厳しい表現を使い〈また幾千幾万の損亡《そんもう》（損失）なるべし〉と書いている。

明治二三年、初めて国会が開設されることになり、わが国最初の総選挙が行われるにあたって、立候補してほしいと旧三田藩の有志が陳情に来たりもしたが、退蔵はきっぱり断り、志摩三商会の後始末と九鬼家の財政立て直しに全力を投入した。

なんとか危機を乗り切ろうとしていた折、思わぬ災厄《さいやく》が降りかかる。

明治二三年から二四年にかけてはインフルエンザが世界的に流行した年であった。明治二三年一二月二六日、福沢もインフルエンザに罹《かか》り、みるまに福沢家の家族全員に感染。下男、下女も床に伏してしまったため食事の準備をする者がいなくなるという状況に陥る。福沢が寝込んだのは六日間だけだったが、体力の回復にはほぼ一ヵ月を要したという。

このころ九鬼隆義は神戸に戻っていたが、たまたま上京した際、しばらく福沢宅に滞在したのがいけなかった。神戸に戻るや否やすぐ床に伏せてしまい、明治二四年一月二四日、このときのインフルエンザがもとでこの世を去る（福沢の書簡では二一日となっているが、隆義の墓碑には一月二四日没とある）。

九鬼隆義逝去の知らせを受けた福沢が芝の白洲邸を訪れ、退蔵にお悔やみを伝えた。退蔵は福沢の来訪を大層喜んだが、実はその退蔵も一月三日から床に伏せたきりとなっていたのである。いったん快方に向かったものの、よほど体力が落ちていたのだろう。夏の暑さがこたえたと見え、同じ年の九月一日に再び病臥《びょうが》。数日後には危篤《きとく》に陥った。

知らせを受けた福沢は、門人の小幡篤次郎《おばたとくじろう》（交詢社を設立、小泉信吉の次の慶応義塾塾長）とともに病床へと急いだ。遅れて同じく福沢門下で三田《さんだ》出身の九鬼隆一男爵（帝国博物館館長、哲学者・九鬼周造の父）も静養先の伊香保《いかほ》温泉から駆けつけたが、明治二四年九月一四日、白洲退蔵は主君のあとを追うようにして黄泉《よみ》の国へと旅立った。死後従五位に叙せられている。

福沢は退蔵の死後も白洲家のことに気を配り、同志社を卒業した退蔵の三男・長平を、福沢と親しかった森村組で採用してもらえるよう依頼したりもしている。その後も白洲家と慶応人脈とのつながりは長く続いた。

白洲退蔵の長男が、次郎の父・文平《ふみひら》である。

退蔵は安政五年（一八五八年）二月一六日に三田藩家老職・澤野栄太郎の娘・峯と結婚したが、すぐに離別したらしい。後妻は三田藩の重臣・武藤安右衛門の娘であったが、男子を産んですぐ二五歳の若さで死去。これが文平であった。その後退蔵は一九歳年下の女性と再婚。したがって文平の弟たちは異母弟ということになる。

白洲文平は数多くの伝説を残している。次郎は、謹厳実直な父・退蔵に対する反発があったのだろうと推測しているが、実際、破天荒な人生を歩んだ人物であった。彼の場合、儒学者より海賊のDNAのほうがより強く作用していたのかもしれない。間違いなく次郎はこの父・文平の血を濃厚に受け継いでいた。

幼いころの記録はほとんど残されていないが、退蔵は、ミス・トーカツというアメリカ人女性を文平の家庭教師にしていたという。

明治一五年一一月、築地大学校（明治学院の前身）に入学。一三歳のときのことである。〝秀麗瀟洒《しゅうれいしょうしゃ》たる美丈夫《びじょうふ》〟であったと伝えられる。父親の退蔵が保証人となり、明治一五年一一月付で築地大学校校長ジョン・シー・バラ宛に提出された文平の入学願が、今も明治学院歴史資料館に保管されている。この学校には優秀な学生が集まり、数学も英語で教えていた。

明治一八年、学内に野球部が作られたが、文平はその初代主将である。野球が日本に伝わった経緯については諸説あるが、明治六年、東京・神田一ツ橋の第一番大学区第一番中学校(現在の東大)で教鞭《きょうべん》をとっていたアメリカ人教師ホーレス・ウィルソンが生徒たちに教えたのが最初だとされている。この最新流行のスポーツに、新しい物好きの白洲家の血が騒いだことは想像に難くない。日本人として最初にキャッチャー用のミットを用い、〝白洲のスマートキャッチ〟と呼ばれた美技を連発した。

文平の弟の純平と長平もその後明治学院に在籍。兄に負けない名選手として鳴らした。ちなみに純平は晩年、毎日新聞選抜野球大会委員長まで務めている。長平も退蔵の死後同志社に移って同校野球部を隆盛に導き、アメリカの野球雑誌に顔写真入りで紹介されたほどだった。後年、次郎が神戸一中で野球部に入ったのも、文平や叔父たちから野球の面白さを聞かされていたからに違いない。

明治二〇年六月二九日の卒業式は、京橋区木挽町《こびきちょう》厚生館において内外の来賓《らいひん》を多数招き盛大に行われた。このとき、文平は総代として英語で卒業演説を行い、大いに学院の面目《めんもく》を施した。福沢は退蔵から、文平が晴れの舞台に立つことを事前に聞いていたらしく、その活躍を新聞記事にしてやれず申し訳ないと手紙でわびている。この少し前、時事新報は発行部数五〇〇〇部を数えるわが国最大の新聞となっていたが、明治一八年のイギリスの朝鮮巨文島《コムン》占拠事件に関する社説が政府批判だということで発行停止になっていたのだ。あきらめきれない福沢は、発行停止が解けたら掲載したいので内々に演説の原稿だけでも送っておいてほしいとまで書いている。

文平はその後ハーバード大学に留学。ドイツのボン大学にも通った。

当時ボン大学に通っていた留学仲間が近衛篤麿（近衛文麿の父。学習院院長、貴族院議長、枢密顧問官）、新渡戸《にとべ》稲造《いなぞう》、そして樺山愛輔《かばやまあいすけ》である。新渡戸がボン大学からベルリン大学に移ったことから、近衛らとベルリンに行って写した写真が残っている。明治二一年頃のものと思われる。

留学中、文平は池田《いけだ》成彬《しげあき》と出会い友情を温めた。池田は福沢門下の逸材である。後年池田は、三井合名常務理事、日銀総裁、大蔵大臣、枢密顧問官などを歴任し、財界の重鎮となる。吉田茂も心酔し、何事につけ相談をもちかけた。

明治二四年、退蔵がインフルエンザで床に伏したという知らせを受け、文平は急遽《きゅうきょ》帰国。その死を看取った。退蔵が生前親しくしていた寺島宗則《てらしまむねのり》伯爵に葬式の日程を知らせる文平の手紙が、今も国立国会図書館に残されている。

帰国後文平は三井銀行に入行。おそらく友人の池田と同時期か相前後して入行したものと思われる。池田が早くに頭角を現した一方で、文平は銀行員の生活が肌に合わず、

「算盤《そろばん》なんかはじいていては世間が見えなくなる」

と言ってすぐに退社してしまった。次の職場として選んだのが、当時隆盛を極めていた繊維業界の大阪紡績会社（現在の東洋紡）。文平の姉・駒子（退蔵の長女）が嫁いでいた服部俊一が

同社の取締役をしていた縁であった。しかしここも長くは続かない。上役の奥さんが何かの拍子に、

「お前さんがたは……」

と口にしたのに腹を立て、

「家老の息子に向かってお前さんとは何事か！」

と、憤然と辞表を叩き付けた。

勤め人の生活に見切りをつけた彼は、一念発起して貿易会社『白洲商店』を神戸市栄町二の一〇に設立する。綿花を輸入する商社であった。大阪紡績時代に吸収したノウハウをもとに自分の力でやってみようと考えたのだ。大阪紡績は明治一五年、東京綿商社（鐘淵紡績）が明治二〇年に設立されるなど、当時は綿花貿易が急拡大していた時期でもあった。

大阪三品《さんぴん》取引所の鑑札を取り、逐次打電されてくるアメリカの綿産地の天候情報をもとに自ら作況の統計を作りながら相場を予測。収益チャンスだと見ると大胆に相場を張りながら短期間で大きな利潤を生んでいった。おかげで業績は急拡大。一躍阪神間にその名をとどろかせた。まだ次郎が生まれる前のことである。もっとも商売の仕方が型破りだったため同業者からは煙たがられ、綿業クラブにも属していなかったようだ。しかしこのことが吉と転じ、信用売りをしてもらわなかったために大きな失敗もなかった。

退蔵が死去した当時、それまでの文平たちの留学費など莫大《ばくだい》な仕送りが家計を圧迫し白洲家

は財政的に厳しい状況に陥っていたが、文平の成功で一気に盛り返した。単なるお坊っちゃまではなくその商才は見事である。宣伝代わりに『二十世紀の商人白洲文平』と大書した番傘《ばんがさ》をさして街中を闊歩《かっぽ》し、周囲からは『白洲将軍』と呼ばれた。

弟の長平は森村組を退職後エール大学に留学し、帰国後は藤本銀行神戸支店に勤めていたが、その長平もやがて経営に加わった。彼には神戸市栄町の店を任せ、自分は大阪市中之島へと進出する。

次郎以上に文平のエピソードは豪快である。

あり余る金で美術品を次々に購入。自慢の逸品《いっぴん》を一堂に集め、明治二七年（一八九四年）、当時アーネスト・フェノロサが日本美術部長をしていたボストン美術館で日本画と彫金の〝白洲文平コレクション〟展覧会を開催した。

フェノロサの名前が入ったこのときのカタログが現存している。あまりに大量ですべては展示できないと断りが入っているほどで、日本画五七点、彫金二八〇点に及び、中には尾張徳川家から伝わったとされる雪舟の屛風絵、能阿弥《のうあみ》の布袋図《ほていず》や狩野永徳の達磨図《だるまず》など、好事家《こうずか》垂涎《すいぜん》の品が含まれていた。

大森実は『戦後秘史』の中で、文平はひどい日本人嫌いであったとして、宴席の芸者に襖《ふすま》の外で三味線を弾かせたとか、終電車に酔っ払いが相乗りするのを嫌い電車一台を借り切ったとかいった逸話を紹介している。だが一方で、東郷艦隊がロシアのバルチック艦隊を破ったとの報せに、お祝いと称して電車に乗り合わせた乗客全員を神戸のビアホールに連れていって大盤振る舞いしたという話も残っているから、愛国者ではあったようだ。

いつも英国の葉巻を吸い、冬のさなかに友人が来た時などは庭に連れ出して、二俵もの炭を燃やして暖を取りながらウィスキーをすすめるなんて粋なことをしたという。

〝家を作ること〟が道楽だったというからあきれてしまう。それも半端な家ではない。豪邸を次々に作っていき、それらは〝白洲屋敷〟と呼ばれた。建てた家も、全部が全部住んだわけではない。完成してしまうと興味を失い、じきに次の建築にかかるといったふうであった。子供がプラモデルを作るような感覚だったのだろう。壁など下塗りのまま放っておかれた家もあったそうだ。金持ちの考えることは、まったく理解の外である。

文平の建てる家は日本建築と決まっていた。次郎が洋式の生活に慣れている文平のためを思い、靴を脱がないですむ洋館を建てるよう勧めると、

「外国は道がとてもきれいだから靴のまま上がったって汚くない。だけど日本みたいな汚い道を歩いてきてそのまま上がられたんじゃたまらない。だから日本建築がいいんだ」

と答えた。ところがなんと当の文平本人は、平気で靴のまま畳の上を歩いていた。周囲が〝汚いじゃないですか〟と文句を言っても、

「俺は別だ」

と言ってすましていたという。次郎はこれが本当の傍若無人《ぼうじゃくぶじん》というものだとし、

〈僕はよく傍若無人だと言われるが、僕の死んだおやじに比べれば、傍若無人なんておよそ縁

が遠いと思う〉（『日曜日の食卓にて』「文藝春秋」一九五一年九月号）
と胸を張っている。どっちもどっちだと思うが、〝ボクのチョットつむじ曲がりなところはオヤジ譲りである〟と自分で認めてもいた。

一年中普請《ふしん》をしていたわけだから、自宅に腕のいい大工を住まわせていた。ミヨシさんというその大工は、元はと言えば京都御所御用の宮大工だったのだが、御所の修理中に酒を飲んで失敗し首になったらしい。腕だけでなく、文平はこの経歴が気に入ったのであろう。

次郎はこのミヨシさんから多くのことを学んだ。晩年、次郎が机や椅子などを自分で作るのを趣味にしていたのは、このミヨシさんから〝モノを作る喜び〟を教えてもらったからに違いない。

飛ぶ鳥を落とす勢いの文平だったが、先述したように金融恐慌のあおりで破産の憂《う》き目に遭う。このため次郎が帰国することになったいきさつについてはすでに触れた。一緒に働いていた弟の長平が、破産の二年後の昭和五年（一九三〇年）一二月一三日に五八歳の若さで亡くなるのも心労が続いたからであろう。

広島にも広大な地所を持っていたが、やけくそになった文平は橋の上から権利証をばらまいたという嘘か誠かわからないような話も伝わっている。

文平はその後、阿蘇山の麓《ふもと》の大分県直入《なおいり》郡荻《おぎ》村（今の竹田市荻町）に隠居して百姓の真似事《まねごと》を始めた。どうして九州に行ったのかはよくわからない。長女の枝子の娘が九州に行って医師と結婚していたが、それとは関係がなさそうだ。

荻村に細長い四階建ての家を建てて住んだが、そこは痩せても枯れても家道楽だった文平のこと、ただの家ではない。一階が風呂場で阿蘇の温泉が引かれており、二階が居間、三階が寝室、四階は屋根裏部屋となっていた。正子によると「掘っ立て小屋」、麻生和子によると「煙突みたいな家」ということになるようだが、当時の建築雑誌に設計図面が掲載されたほどの立派な別荘だった。

次郎に言わせると〝ニコチンとアルコールの中毒患者〟だったという文平は、朝の寝覚めがはなはだよくない。家政婦代わりをお願いしていた近所の農家のおばさんに抱えられるようにして一階の湯船に入れてもらい、口に葉巻をくわえさせてもらって火をつけてもらいウィスキーのグラスを渡されてしばらくすると、温泉とアルコールとニコチンの力で、その日一日がようやく始まるという生活だった。狩猟が好きだったから、唯一の同居人である犬を連れて毎日鉄砲片手に山を歩いていたという。今時の破産者の悲惨とはかけはなれた実に優雅な生活だ。

死ぬ一五年ほど前から、酒の飲みすぎもあってか腎臓炎を患っていたが、昭和一〇年一〇月二三日、文平は荻村の家で息を引き取った。享年六六。彼の死は、いつもの通《かよ》いのおばさんが来るまで誰にも気づかれなかったという。

寝室のベッドの下には棺桶《かんおけ》が用意されていた。文平は身体が大きかったので、自分にあう大きさの棺桶を探すのに苦労するだろうからという心配りであった。

青年期は海外に雄飛し、壮年期は事業で一世を風靡《ふうび》し、一敗地にまみれはしたものの晩年は悠々自適《ゆうゆうじてき》の時間をすごして、誰にも迷惑をかけずに世を去っていった。実にうらやましい人生である。彼に無相院心海釣月居士という戒名をつけた心月院の住職もまた、白洲文平の人となりを見事に表現している。

次郎は父・文平の死を出張先のロンドンで知った。思うがままに生きた羨《うらや》ましいほどの人生であってみれば、ことさらに悲しいという感情は湧いてこず、生前文平が喜んでくれたりほめてくれたことばかりが思い出された。

その後も彼の心の片隅にはいつも父・文平がいた。次郎の「ジープウェイ・レター」はそのことを示すように、次のような言葉で締めくくられている。

〈こんな愚痴《ぐち》を書いて紙不足を助長させているのは承知しておりますが、亡きわが父にも責任の一端のある私の欠点をお許しいただけるものと思っております〉

男親というのは、母親ほどには子供に愛されない損な役回りであるが、それでいて子供は父親の背中を見て育つものである。国の行く末を懸《か》けた大一番を戦っている時、ふと、

（そう言えば、親父によくだらだらと長い説教をくらったっけ……）

と文平のことが頭を掠《かす》めたというところに、白洲次郎という男の人間臭さが感じられる。

巻き返し

前にちらっと登場したが、ここで楢橋渡《ならはしわたる》という人物について触れておきたい。実は次郎がこの楢橋のことを蛇蝎《だかつ》のごとくに嫌っていたのだ。楢橋は当時幣原内閣の内閣書記官長（現在の官房長官）の任にあり、首相側近として飛ぶ鳥を落とす勢いであった。次郎とは誕生日が一ヵ月しか違わない同い年である。

彼は立志伝中の人物である。北九州の貧農の子として生まれ、高等小学校を出るとすぐ炭鉱夫となった。一念発起して苦学した結果、二〇歳の若さで司法試験に合格。その後フランスに留学し、帰国後弁護士として声望を高め、幣原喜重郎に見出されて側近となった。短軀《たんく》で小太りであごひげを蓄《たくわ》えている。太い黒縁眼鏡の奥には、知的といえば聞こえはいいが、冷たく抜け目なさそうな目が光っていていかにも謀略家然とした風貌である。実際、詭道《きどう》に秀で、権力への欲望が露骨だったことから〝怪物〟というあだ名がついた。

巧みなフランス語をあやつり、同じくフランス語のできたケーディスとは極めて親密な関係

になった。次郎たちが憲法改正で民政局と必死の駆け引きを行っていたころ、楢橋はマッカーサー草案のことをいち早く、

「実に〝民主的な憲法案〟ですな」

と言って賞賛し、ケーディスやホイットニーも〝ナラハシはわれわれの忠実な味方だ〟と高く評価した。まさに次郎が〝巾着切り《きんちゃっき》〟（スリ）と表現して嫌ったタイプの男だったのだ。楢橋も次郎のことが嫌いだったようで、「あいつは〝バガボンド〟（放浪児）だ」と陰口を叩いた。

楢橋は公職追放に際して主導的立場に立った。ＧＨＱから〝日本政府が審査した形式を取れ〟と指示されたことから、昭和二一年（一九四六年）二月二八日、閣議決定によって内閣に公職資格審査委員会が置かれたが、彼はその委員長に就任。世に〝楢橋委員会〟と称された。この委員会には次郎も名を連ねたが、楢橋委員会がむしろ追放を推進しているような様相を呈し始めたことに危機感を抱き始めた。

楢橋は幣原内閣の副首相気取りでしかも民政局の信頼が厚いこともあり、〝自分は日本のアブラハム・リンカーンだ〟と称して増長し始めていた。言動も驕溢《きょういつ》になってきてついに吉田茂の逆鱗《げきりん》に触れ、吉田は終戦連絡事務局を改革することによって楢橋を民政局から引き離そうと決意する。

公職追放令が発せられた直後の一月末、吉田は自ら終連総裁を兼務すると同時に、腹心の次郎を終連専任次長に指名した（発令は三月一日）。これまで内閣が握っていた終連の主導権を外務省に移すことで、内閣書記官長の楢橋がＧＨＱ関係者と積極的に接触するのを回避し、かわ

って次郎を交渉の前面に出すようにし向けたのだ。

憲法問題の矢面に立ち続けた次郎の責任感とリーダーシップはすでに広く知れ渡っている。今回の人事に文句をはさむ者はいなかった。日本の戦後処理がどういった形に落ち着くかは、いよいよ次郎の双肩にかかってきたのである。


ここで次郎は、以前から温めていた作戦を実行に移すことを決意する。ウィロビー少将の参謀第二部（G2）に接近を図ったのである。GHQ内において民政局（GS）と参謀第二部が対立していることはすでに周知の事実であった。

次郎はケーディスたちに知られないよう極秘のうちに吉田をウィロビーに引き合わせた。ウィロビーは帝国ホテルの三部屋（二四四、二四六、二四八号）を宿舎兼オフィスにしている。次郎は事前にウィロビーに話を通しておき、人目の少ない午前八時ごろを狙って、吉田をひとりでウィロビーの部屋に行かせた。

和服を着た吉田はトレードマークの白足袋《しろたび》姿。口には葉巻をくわえて出かけていった。貴族的な吉田とウィロビーは初対面から意気投合。すぐに腹を割って話し始めた。

第三者に知られてはまずい話もあったのだろう、当時接客係だった竹谷年子によると、ルームサービスの朝食を持って部屋に入ると急に会話がドイツ語になったという。こうしてふたりは親密の度を加え、強固な関係を築いていった。このことはやがて民政局との戦いに際して大きな支えとなり、最終的に日本の早期独立への道を開く端緒《たんしょ》となるのである。次郎の大金星であった。

もちろん民政局をことさら敵に回すのは得策ではない。時として懐柔策に出た。次郎は民政局の局員全員をパーティーに招待したりしている。やるからには派手に、というのが白洲流。接客のため大勢の芸者が呼ばれ、アルコールが大量に用意されて大盛り上がりだった。だがケーディスは次郎への警戒心を強めている。さっそく、

「芸者といるところをマスコミに写真でも撮られたらたいへんだ。今後、ミスター・シラスからの招待には応じないこと」

と全員に徹底した。さすがにホイットニーが心配して、

「招待を拒否する理由はあるのか？」

と尋ねてきたが、ケーディスは、

「あります」

と答えて強行した。その後、次郎がパーティーの招待状を出しても誰も来ようとしない。

（おかしいな）

と不審に思い下士官に問いただしてみると、ケーディスが禁止したということがわかった。

（あの野郎、ほかのパーティーでは日本女性と平気でダンスを踊ったりしているくせに。偽善者め！）

ふたりの関係はますます悪化し、次郎は民政局に行ってもケーディスにはほとんど近寄らないようになっていった。

G2への接近に加えて次郎が意を用いたのは、アメリカ本国の情報収集である。彼はいち早くマッカーサーとトルーマン大統領の関係が悪化しつつあることに気づき、GHQだけを向いていたのでは国の舵取りを誤ると感じていた。

次郎も吉田も英国人脈は豊富だが、米国人脈は今ひとつである。そこで次郎が吉田のブレーンとして引きこんだのが、すでにたびたび登場している松本重治《まつもとしげはる》であった。

先述のように抜群の秀才で、アメリカのエール大学を卒業後、東京帝国大学・高木八尺《たかぎやさか》教授の助手となり、中央大学や日本大学で教鞭をとった。米国や中国に人脈が豊富で、第一線のジャーナリストでもあり『民報』という戦後最初に設立された新聞社を経営していた。そんな情報通の松本はブレーンとしてはうってつけの人材だった。

次郎は松本に、

「吉田のじいさんを助けてやってくれませんか」

と持ちかけた。二つ返事と思いきや、案に相違して松本は思案顔を見せた。実は吉田に関してわだかまりがあったのである。

彼が同盟通信社（いまの共同通信）の上海支局長をやっていた時代、ちょうど盧溝橋事件が起こる直前のこと、上海に査察使《ささつし》として出張中だった吉田からインタビューの約束をもらい、アスターハウス・ホテルに訪ねていったことがあった。部屋に通されると吉田は浴衣《ゆかた》姿で現れ、インタビューを受けながらなんと足のつめを切り始めたのだ。たいへんなマスコミ嫌いで、しつこいカメラマンに持っていたコップの水をぶっかけたほどの人物である。このときはインタビューを受けただけましだったのかもしれないが、あまりにも無礼である。怒った松本は、インタビューもそこそこに席を立った。

これを聞いた次郎は顔をしかめながら、

「そりゃ、じいさんが悪いや！　謝ってもらおうじゃない。一度食事をご一緒しましょう」

と約束し、気乗り薄の松本を外相官邸まで引っ張り出すことに成功した。吉田が部屋に現れると次郎は、

「例の件、松本さんに謝ってよ」

と促した。すると吉田は何ら言い訳することなく、

「今日は君におわびを言うために呼んだんだ」

と、さも申し訳なさそうに詫《わ》びた。あのプライドの高い吉田の口からこうした言葉が聞けるとは夢にも思ってはいない。すっかり恐縮してしまった松本の様子を見て、次郎は満足気な表情を浮かべた。こうして松本は吉田のブレーンのひとりに加わったのだ。

吉田は、

「近所だから毎朝メシを食いに来てくれ」

と言って呼んでは、アメリカ国内の政治情勢を貪欲に吸収した。

大政治家・吉田茂の産婆《さんば》役《やく》として気を配った次郎だが、けっして〝従順な側近〟ではなかった。

昭和二一年四月の戦後最初の総選挙で鳩山一郎の自由党が第一党となったときのこと。当初幣原は総辞職する気配をなかなか見せなかった。楢橋渡が裏で画策し、政権に居座ろうとしたのである。

（楢橋の野郎め！）

あまりの理不尽さに怒った次郎は、吉田に詰め寄った。

「この選挙は旧憲法下で行われたかもしれないが、その精神はすでに新憲法のはず。首相は選挙で第一党になった鳩山さんに決まってるでしょう。幣原さんにこんな勝手をさせちゃダメだ！」

彼は後年、次のように語っている。

〈ボクは人から、アカデミックな、プリミティブ（素朴）な正義感をふりまわされるのは困る、とよくいわれる。しかしボクにはそれが貴いものだと思ってる。他人には幼稚なものかもしれんが、これだけは死ぬまで捨てない。ボクの幼稚な正義感にさわるものは、みなフッとばしてしまう〉（『白洲次郎という男――側近政治の生態』「週刊朝日」昭和二六年一一月一八日号）

このとき、まさにこの〝プリミティブな正義感〟が働いたらしく、幣原に引導を渡すよう強く迫った。だが吉田は沈黙を守ったまま。次郎の堪忍袋《かんにんぶくろ》の緒《お》が切れた。

「こんな道理の通らない世界とは縁を切らせてもらう！」

そう言い残すと、ぷいっと鶴川村に引っ込んでしまったのである。次郎の中のプリンシプルが〝不条理だ〟と言っていたのだ。

実際、幣原の〝居座り〟に対する批判は日に日に強まり、やがて幣原内閣打倒のために自由、協同、共産三党が超党派で共同戦線を張ることになった。幣原内閣退陣決議の成立が確実な情勢となるに及んで、幣原もようやく総辞職を決意。その知らせを聞きつけ、次郎は再び外務大臣官邸へと現れた。悪びれることなく自分は正しかったのだと胸を張っている次郎の姿を見て、吉田は破顔一笑《はがんいっしょう》、

「ウェルカム・ホーム（おかえり）」

と言って迎えた。

「やはりお前がいないと寂しくていかんよ」

「これでやっと百姓に戻れると思ったんですがね」

「まあそれはまだ先の話だな」

仲のいい夫婦の痴話《ちわ》げんかのようなものだった。

鳩山の自由党が第一党となったことは、民政局のケーディスらを深く失望させた。

そもそも第一次公職追放を行ったのには、旧体制を批判する世論を盛り上げ、戦後初めて民意を問うこの選挙で反動的な既存政治家を一掃しようという狙いがあったのだ。民政局は左翼的な政治家の台頭を期待していた。その点鳩山は、日ごろから露骨に共産党批判を展開し、保守の結集を呼びかけており、民政局のもっとも嫌いなタイプの政治家だった。

鳩山を排除するには公職追放が手っ取り早い。だが次郎は当初、鳩山の追放はないだろうと見ていた。ウィロビーたちG２が〝大丈夫だ〟と断言していたし、外交局も〝早く組閣してし

まえば問題ないだろう〟という意見だったからである。吉田を通じそれを鳩山に伝えていたが、珍しく次郎の〝カン〟は大きくはずれることになる。

何より鳩山が自信家であったことが悪い方向に働いた。新聞各紙はケーディスが裏で煽《あお》っていたこともあって鳩山に批判的であったが、首相になればこっちのもので、こうした批判も雲散霧消《うんさんむしょう》するだろうと高を括《くく》っていたのである。だが当初鳩山に理解のあったホイットニーまでが反鳩山に回ったことでケーディスは一気に勢いづいた。

(鳩山め、首を洗って待っていろ!)

ここでようやく次郎もGHQ内の空気の変化に気づいた。五月一日、参謀長リチャード・J・マーシャル少将は吉田に、

「GHQの鳩山追放への意志は固い。だが首相にならなければ処置しない」

という発言をした。次郎はこのマーシャルの言葉とともに吉田からの伝言として、

「しばらく大蔵大臣にでもなっていてはいかがでしょうか」

と鳩山に助言しに行った。同席していた幹事長の河野一郎も思案顔である。だが鳩山はすでに閣僚名簿まで作っている。いまさらそんな提案が受けられるはずもなかった。

「第一党の党首が首相になるのは憲政の常道のはず。他党と連立して一介の大臣となるのはやはり筋違いだろう。あくまで初心を貫きたい」

次郎は鳩山の口から〝一介の大臣〟という言葉を聞いた瞬間、これは説得は難しいと観念した。この二日後、鳩山は公職追放となり、首相の座を目の前にして万斛《ばんこく》の涙を呑《の》むことにな

る。追放の理由は、治安維持法改定時の書記官長だったとか京都大学の滝川事件の際に文部大臣だったとかいったささいな理由であった。ほとんどでっちあげである。

鳩山は恨み骨髄に徹したのだろう。後に首相に返り咲いた際、鳩山は一度も訪米をしていない。加えて第二次鳩山内閣では過去の追放者を大量に大臣に任命して溜飲《りゅういん》を下げた。その後、ソ連との国交回復に全力を傾注し、日ソ共同宣言を締結している。

鳩山の追放は、主として鳩山の油断が背景にあったかもしれないが、実はこのとき、楢橋は陰で鳩山に不利な情報をGHQに流していたのである。幣原に鳩山と連立させてあたかも幣原が鳩山を支えるというポーズをとらせたあと、鳩山をパージして再び幣原を首相に就任させ、自分も再び書記官長に返り咲こうと考えたのだ。結局、連立という夢は破れ、鳩山のパージだけは成功したが、これでは何の意味もなかった。

この翌年四月四日、自由党から芦田均《あしだひとし》の勢力を離脱させ民主党の結成に精力を注いでいる最中に、楢橋自身が公職追放となってしまうのである。まさに青天の霹靂《へきれき》である。このことで彼はケーディスのことをひどく恨んだ。〝あれほど尽くしたのに〟という思いだったのだろう。結局ケーディスのいいように使われていただけだったのだ。追放解除になってから第二次岸内閣の運輸大臣になるなど復活を遂げたが、武州鉄道汚職事件に連座して逮捕され、失意のうちに世を去った。彼ほど波乱万丈《はらんばんじょう》な人生を送り毀誉褒貶《きよほうへん》のある政治家も珍しいだろう。

鳩山が追放されたことで、次郎の心配はすでに別のところに移っていた。

（まずいことになった……）

それは、吉田が首相を引き受けるのではないかという予感であった。次郎は吉田の首相就任には断固反対だったのだ。

「じいさんは元老《げんろう》になるべきで、首相などになって国会のつまらない答弁に引きずり回されるべきではない」

日ごろからそう言いつづけてきた。それに保守的な吉田が首相になれば、民政局が陰《かげ》に日向《ひなた》に足を引っ張ってくることは明らかである。

一方の吉田も、この時期に首相を引き受けることがいかに過酷なことかは熟知している。何より彼には政党政治の経験がない。名誉心などで軽々に引き受けられるものではなかった。

だが鳩山や元進歩党総裁の町田忠治が吉田を後継首相にと推したことから、幣原は牧野《まきの》伸顕《のぶあき》への根回しを開始した。秘密会談は武見太郎（後に日本医師会会長）の銀座の診療所で行われた。牧野の孫娘が武見に嫁《とつ》いでいたのだ。

このとき牧野は幣原の意に反し、

「吉田は外交官だ。国内政治全般を見るのは無理だ」

と言って反対したが、幣原は会談の最後に、

「今回だけは大目に見ていただきます」

と強引に席を立った。

次郎は焦っていた。吉田のそばにいると、この難局を乗り切れるのは自分しかいないという自負と男気が徐々に首をもたげてきているることがひしひしと伝わってきた。

（誰かほかの人にも説得してもらわねば）

松本重治の顔が浮かんだ。事情を話すと松本も賛同してくれ、連名で首相就任断固反対という〝連判状《れんぱんじょう》〟を書き上げ、吉田の机の上に置いた。だが反応がない。

次に考えたのが牧野への直訴である。地獄耳の次郎のこと、牧野が幣原との会談で吉田の組閣に反対したという情報もつかんでいた。もう後はない。祈るような気持ちで次のような手紙をしたためた。

〈吉田茂氏鳩山・町田氏ラニ推サレ出馬ノ模様　自由進歩両党ノミニテ保守内閣実現ハ混乱ヲ起スベシ　一時社会党ニ委ネテハ如何　幣原男ノ奉薦《ほうせん》権問題悪化セバ天皇制ヘモ及ブベシ　吉田氏出馬絶対反対〉（昭和二一年五月一一日付）

奉薦権問題云々というのは強弁《きょうべん》である。要するに、前任の首相が後任を天皇に推薦し天皇が裁可を下すという従来のやり方を踏襲すれば、ＧＨＱが天皇制の是非とからめて問題視するかもしれない。だから幣原首相は吉田を後任に推薦するべきではない、という理屈である。必死に知恵を絞った結果の反論だった。

吉田の総理就任には娘の和子も大反対。次郎が松本と共同戦線を張っていることを聞きつけ、わざわざ嫁ぎ先の麻生家（福岡県飯塚市）から松本に電話してきて、

「〝大命は受けたが組閣は断念する〟という声明を吉田のかわりに書いてやってください」

と頼みこんだ。

しかし、こうした次郎たちの運動も徒労《とろう》に終わる。吉田は〝これ以上政治の空白を作ることは許されない〟と、政権を一時預かる形で首相を引き受ける決心をしたのだ。

こうして昭和二一年五月一六日、組閣の大命が下った。

それにしても身内の和子はともかくとして、ふつう、側近が次郎のような行動をとるだろうか。

（ついに親分が総理か、俺も大臣になれるぞ）

くらいに考え、それこそ必死に後押しするのが常ではないか。この驚くほどの野心のなさが次郎の大きな魅力である。もっとも彼が説得に成功していたら戦後の大宰相・吉田茂は生まれなかったわけで、日本の運命も大きく変わっていたにちがいない。

このころはまだ吉田の政治手腕に対する世評はあまり高いものではなかった。細川護貞は日記に、

〈吉田氏に大命降る。彼の政治的手腕を以てして、此の難局に当る。恐らく半歳の寿命を出ざらん〉

と悲観的な見通しを書き記している。

その細川が組閣の前日、終連に次郎を訪ねてきた。やはり話題は組閣の話である。ここで次郎は、片山哲が幣原首相のところを訪れて社会党単独組閣を申し出にきたという裏話を披露し

た。

片山は会談の最後に、〝これは内緒に願いたい〟と前置きしたうえで、〝いまの話は社会党の公式見解なんですが、実際には単独でやる自信がありませんのでご指名は遠慮させてくださ い〟と言ったというのである。あまりにふざけた話なので、次郎は幣原に、〝ことは公の問題です。片山さんとの約束は個人的なものですから、此の話は世間に公開するべきです〟と言い募ったのだが幣原は首を縦に振らなかった。

次郎が先に牧野への手紙の中で〈一時社会党ニ委ネテハ如何〉と書いたのは、民政局の希望どおり社会党にやらせてみて自滅させれば、民政局も目が覚めるだろうという作戦だったのだろう。このことは後に現実のものとなる。

(なったものはしょうがないか……)

次郎も頭を切り替えて、吉田を担いでその政権運営をできるかぎりバックアップしようと腹をくくった。

さて閣僚選びである。外相は吉田が兼務することとして、農林大臣を誰にするかで組閣は遅れていた。なんと言っても食糧事情の改善は急務である。五月一九日、宮城前広場《きゅうじょうまえひろば》で食糧メーデーの大会が開かれ、推定一五万人の人々がデモに加わった。このとき、日本共産党員・松島松太郎が掲げたプラカードの文句が問題となった。

〈詔書　国体はゴジされたぞ、朕《ちん》はタラフク食ってるぞ、ナンジ人民飢えて死ね　ギョメイギョジ〉

松島はこのことがもとで不敬罪により起訴されることになる。

このときGHQは、横浜に停泊中だった輸送船の小麦を大量放出して騒ぎを沈静化させた。組閣が遅れたことが吉と出たのだ。政治の空白期間の為政者はマッカーサーである。世間ではマッカーサーが吉田を支援したのだと喧伝《けんでん》されたが、実のところ、マッカーサーはこのデモをわがことと思って対処しただけのことであった。一方で民政局のほうは、相変わらずネチネチと吉田をいたぶってきた。

本命と考えていた東畑精一東京帝大教授に農相を断られ、頼み込んだ那須皓《なすしろし》東京帝大教授については追放要件に該当すると民政局の横槍が入った。おまけに法相候補の岩田宙造《いわたちゅうぞう》も承認できないという。岩田は東久邇、幣原内閣の法相を歴任した人物だし、那須教授にいたってはGHQ天然資源局の顧問をしていたくらいだから該当するはずがない。嫌がらせ以外の何ものでもなかった。

(いっそのこと投げ出してしまおうか)

吉田はふとそんな気になったと回想録に記しているが、気の強い吉田がこんなことでへこたれるはずもない。気を取り直して農相・和田博雄、法相・木村篤太郎でなんとか切り抜けた。

このころ、次郎は驚愕《きょうがく》すべき情報を入手した。公職追放が吉田にまで及ぼうとしていたのだ。民間情報局のポール・ラッシュ中佐(〝清里の父〟〝日本フットボールの父〟と呼ばれる人物)が密かに〝吉田は首相としてふさわしくない人物であり追放すべし〟という趣旨のメモを作成していたのである。

民政局ならまだしも、G2傘下である民間情報局の人間がそうしたメモを作ったことに驚きを隠せなかった。このままでは鳩山の二の舞である。

次郎は必死にウィロビーとかけあった。いっぽうの吉田も、ラッシュと親しかった外務省の後輩・沢田廉三、美喜夫妻を通じて説得してもらい、必死の努力でなんとか追放を回避することに成功する。追放しようと思えば、吉田のような反戦運動で収監された経験のある人物であっても追放ネタをデッチあげることができることに慄然《りつぜん》とした。

次郎の気配りは細心である。GHQ高官と面会する際など、吉田は気軽に官邸で会おうとするのだが、次郎はできるだけ議事堂内で会うよう仕向けたりもした。国会内を肩を並べて歩かせ、代議士たちに吉田の力を誇示しようとしたのである。

だが党人政治に属するどろどろした話題にはいっさい首を突っ込ませなかった。いまは日本の針路のことに集中してもらうべきだと考え、いつも〝そんなものはつまらんですよ〟の一言で片付けた。そんなこともあって吉田はわき目も振らず、国政にがっぷり四つで取り組んでいく。

昭和二〇年は働き手が戦死したことによる人手不足によって米は大不作であり、昭和二一年という年は食糧事情の極端に悪化した年であった。吉田は和田農相とともに生産増強に全力を投入したが、それでも食糧事情はなかなか良くならない。国民は飢餓《きが》と紙一重《かみひとえ》のところにいた。おまけに衛生状態も悪く、待ってましたとばかりに伝染病が流行。終戦直後に猛威を振るったのが発疹チフスである。患者は東京だけで一万人に及び、発疹チフスを媒介するノミを撲滅するため散布されたのがＤＤＴ（白色粉末状の有機塩素系殺虫剤）だった。学校といわず職場といわずいたるところでＤＤＴをふりかけられ、軒並み真っ白な頭となって惨めさに拍車がかかった。

親友の今日出海《こんひでみ》が突然、

「吉田首相に会わせてくれ」

と思いつめた顔で面会を依頼してきたのは、まさにそんなころのことであった。

「何だ藪から棒に……」

笑って軽くいなそうとした次郎だったが、今《こん》の話を聞くにつれ真顔になっていった。

当時の今は文部省芸術課長である。彼のところには連日さまざまな陳情があった。中でもＧＨＱに押収された日本刀を返還して欲しいという問い合わせは多く、細川護立《ほそかわもりたつ》伯爵が「四、五十本の名刀が持っていかれたままだ」と訴えてきたし、沖縄の尚　誠《しょうまこと》侯爵も「昔天皇から拝領した黄金造りの家宝の刀を返してもらわないと先祖に申し訳が立たない」と悲壮な面持《おもも》ちで相談に来た。今はさっそく許可証を持ってＧＨＱが刀剣を保管している芝浦の倉庫へと赴いたが、「許可証は政府に返還するためのものだからお前には渡せん」と変な言いがかりをつけられ、海風の吹きつける中、悔しい思いをした。

一方でＧＨＱは「真相はこうだ」という戦前の日本を徹底して批判する内容のラジオ番組をＮＨＫに流させ、その上、この番組を録音したレコードを中学校や女学校に配布せよと命令してきた。今が抵抗すると、「命令だ！」と大喝《だいかつ》された。首は覚悟の上。巧妙にサボタージュを重ね、ついにうやむやにしてしまった。

マスコミへの用紙配布を依頼に行った際、「赤旗には要求通りの紙を配給してかまわんが、他の商業紙には従来以上にやってはいかん」と厳しく言われたのも我慢ならなかった。

（ＧＨＱの横暴を何とかできんのか！）

思い余った今は、日ごろの悔しさを首相の吉田にぶつけるしかないと、次郎を通じて面会を申し入れてきたというわけだった。

「それじゃあ明日の昼前、首相官邸に来てくれ」

翌日、今は言われたとおり官邸へと出向いた。肝心の次郎は外出中。心細い思いで待っているると時間も時間なので食堂へと通された。あろうことか席は吉田首相の隣である。当時は誰もが食事時でなくてもひもじい思いをしていた。今も腹ペコである。目の前に出されたのがなんとトンカツ。闇屋でも滅多《めった》にお目にかかれない代物である。ここ何年も口にしていないご馳走《ちそう》を前にして、隣に誰が座っているかも忘れて本能の赴《おもむ》くままガツガツと食べはじめた。そこへようやく次郎があらわれ、今の見事な食べっぷりを見て、

「高等官三等の奴が、そんなところに座って食っていやがるのか」

と言って笑った。相変わらず口が悪い。ちなみに終連次長の次郎は高等官一等である。だが今は次郎の悪態にもちらっと目をやっただけ。あまりのおいしさに、言い返すこともせず陶然となりながら食べていた。その痛々しい様子が同情を引いたのだろう、横にいた吉田が思わ

ず、

「そんなに珍しければ、もうひとつどうです」

と勧めてくれた。

「あ、はいっ、恐縮です」

本能が強くなりすぎて遠慮が顔を出す余地がない。吉田の差し出す皿をおしいただくようにして受け取ると、こちらもぺろっとたいらげた。

「あきれた奴だな」

次郎はまた憎まれ口をたたいたが、文部省の課長にしてこういう生活だったわけで、内心しんみりしていた。国民生活を豊かにするための施策が急務だと痛感した。

やっと人心地ついたころ、今は吉田の執務室に通され、ウィスキーと葉巻を勧められた。ようやくここに来た趣旨を思い出すと、アルコールの力を借りて強い調子で吉田に訴えた。

「GHQは横暴すぎます。中でも民政局は日本を赤化させようとしているとしか思えません。総理はこんな状況を黙って見過ごされるのですか?」

「ほっほっほ」

吉田はいつもの女性的で甲高《かんだか》い笑い声をあげながら、

「君、まあそんなにムキにならずに」

と軽くいなすと、話題を別な話に切り替えた。今もトンカツの恩がある。それ以上深く追及することはせず、その後はとりとめもない話に終始した。

しかしそれからしばらくして、ＧＨＱ内においてとくに〝赤い〟と目されていた局員を大方帰国させる人事が発表され、今を驚かせた。吉田がマッカーサーに会いに行き、

「日本を赤化させるおつもりですか」

と迫ったからだと聞いて二度驚いた。内心快哉《かいさい》を叫ぶとともに、感激しきりであった。

吉田たちが参謀第二部（Ｇ２）のウィロビー少将に接近した効果が顕著に出始めていた。

実はこの頃、ＧＨＱ内に揺り戻しがきていたのである。民主化の旗振り役として、民政局（ＧＳ）は共産主義者を多く抱え込んでいたが、やがて冷戦の緊張が高まってくると、日本を防共の盾とする議論が出てきたため、対日統治方針は民主化から経済復興へと力点が移り、徐々に民政局の影響力は低下していった。ようやく次郎の〝独立〟と〝復興〟への夢がうっすら形となって見え始めたのである。

焦り始めていたケーディスは、ある日次郎をホイットニーの部屋へと呼び出した。部屋に入るやいなや、周囲をぐるっと局員に取り囲まれた。ハッシー中佐、Ｆ・ヘイズ陸軍中佐、Ｃ・マーカム陸軍中佐らが勢ぞろいである。

（ただならぬ気配だな……）

殺気が伝わってくる。リンチでも受けそうな雰囲気だ。渋い顔のホイットニーとケーディスがその後ろに立っていた。

「どんなご用事ですか？」

次郎は平静を装いわざとゆっくり尋ねた。

「これまでにもしばしば述べたように、全世界の注意が不敬罪問題に集中している」

ケーディスは大げさな調子でこう切り出した。食糧メーデー事件のプラカード裁判のことである。そして以下の三点を突きつけてきた。
①天皇が、旧刑法の下で拘禁されている不敬罪違反者の釈放を命ずる。
②天皇が、直ちに刑法の不敬罪条項の改正を命ずる。
③天皇が、現在進行中の不敬罪事件の審理停止を命ずる。
次郎は黙って聞いていたが、やがて口を開き、

「第三項は裁判への干渉になりますな」

と指摘した。ケーディスはしまったという顔をして、すぐに撤回した。法律のプロでもない次郎に指摘されたのが悔しかったのか、ケーディスは少し赤くなりながら、

「最近、各種官庁がＧＨＱの担当部局との連絡をおろそかにしている！」

と別の話題に転じた。次郎はＧＨＱ内にそうした不満があることを、前日、終連政治部長の山田《やまだ》久就《ひさなり》から聞いてすでに知っていた。

「その点については私のほうから再度徹底しておきましょう」

とさらりと受け流すと、ケーディスはまだ収まらないらしく、

「そもそも政府はＧＨＱを甘く見ているのではないか。マッカーサー元帥は、このままならこれまでのソフトな政策を厳しいものに転換せざるをえないとおっしゃっている」

と、軍政をちらつかせながら恫喝《どうかつ》してきた。〝GHQ〟と言いながら、それが〝民政局〟を意味することは明らかだ。だがそんなことをマッカーサーが言うだろうか。次郎はおかしいと感じたが、そこは神妙に、

「吉田に伝えておきます」

とだけ答えて部屋をあとにした。その後すぐに吉田を通じてマッカーサーに確認を入れると、思ったとおりマッカーサーはまったく知らない話だった。次郎も次第に相手の手の内を見切り始めていたのである。


昭和二一年一二月一八日、次郎は経済安定本部（後の経済企画庁）次長を兼任することになった。経済復興を担う役所である。桜田門の警視庁と並び霞ヶ関で威容を誇った旧内務省ビル（現在合同庁舎二号館のある場所）に入っていた。終連といい経本といい、当時の行政のいちばんの根っこのところを任されたわけだ。

（GHQに対抗して国力を増進させるという大役は、次郎のような馬力のある人間でないと……）

吉田はそういう思いを強くしていた。ところが残念なことが起こった。次郎は長官の膳桂之助《ぜんけいのすけ》とウマがあわなかったのだ。自説を曲げず一徹なことからGHQに〝ファイター〟とあだ名されていた膳長官と、はじめて会った席でいきなり大喧嘩。それからまったく出仕しなくなった。次郎が捨《す》て台詞《ぜりふ》として残した、

「何が〝経本《けいほん》〟なもんか、〝アンポンタン〟だから〝安本《あんぽん》〟だ」

という言葉が広まり、それまで〝経本〟と呼ばれていた経済安定本部はいつしか〝アンポン〟と呼ばれるようになった。その後、半年ほどで長官は蔵相の石橋湛山《いしばしたんざん》が兼務することになり、ようやく復帰することになる。それまで次郎が出仕していなかったことを吉田は当然知っていたが、更迭しようともしなかった。このふたりの信頼関係は常識を超えている。

吉田は経済や財政には疎《うと》かったことから石橋のことを頼りにしていた。石橋は気骨ある人物である。GHQ経済科学局の幹部連中を向こうに回し、丁々発止《ちょうちょうはっし》とやりあっている姿を次郎は何度も目にしている。

「まさか相手も殺すとはいわんだろう」

というのが口癖であった。だが石橋は結局公職追放になってしまう。任期途中での異例の追放劇であった。

〈今少し、当時の日本人全体が日本人であることの矜持を持ち得ていたならば、あるいは石橋さんが追放されるような事態は避けることができたかもしれない〉(白洲次郎『「占領秘話」を知り過ぎた男の回想』「週刊新潮」一九七五年八月二一日号)

次郎は石橋のような男気のある人間が好きなだけにしきりと残念がった。石橋を失った吉田は、学者たちに協力を仰ぐことで事態を打開しようとした。なかでも重用したのが大内兵衛《おおうちひょうえ》、東畑精一、有沢広巳《ありさわひろみ》といった東京大学の教授連である。いまと違って教授が政府のブレーンになるというのは一般的ではない。中には抵抗を示す教授もいた。そこを説得するのが次郎の役目であった。

当時経済安定本部総合調整委員会副委員長だった都留《つる》重人《しげと》を引き込んで、高瀬荘太郎長官（石橋の後任）のかわりに有沢広巳東大教授を迎えようと画策した。あの手この手で秋波《しゅうは》を送るのだがいっこうに首を縦に振らない。ついに我慢の限界を超えた次郎は、

「経済事情の緊迫ぶりを学者たちは十分認識していない！　もう有沢はだめだ！　"wash my hands off"（この件から手を洗った）だ！」

と例によって英語交じりで怒りをぶちまけた。

だがしばらくして、有沢を取り込むいい方法があることに気がついた。吉田を囲んでの昼食会に参加させるという方法である。

（これなら肩の力を抜いて参加してもらえるに違いない）

その読みは当たった。昼食会は毎週一回、内幸町の三井物産館（今の日比谷シティの所在地）の二階にあった外務大臣室で吉田を囲みながら諸問題を話し合う形で開かれた。これにはさすがに有沢も参加し、次郎や牛場友彦のほか、東畑精一や茅誠司《かやせいじ》東大教授、幹事役の大来佐武郎《おおきたさぶろう》（当時経済安定本部総裁官房調査課長、後の外相）などが毎回出席。活発な議論が行われた。

吉田はすっかりご満悦で、自身積極的に議論の輪に加わり、

「こちらのほうがよほど閣議より面白い」

というのが口癖となり、実際、話し込んでしまって閣議に遅れることさえあった。

有沢が有名な傾斜生産理論を披露したのもこの昼食会の席上である。限られた資金と資源を

経済の基盤となる分野に集中させ、これを原動力として経済全体の復興をめざすという考え方であった。それはすぐに政策として採用された。石炭の増産に注力し、この石炭を鉄鋼生産に集中投下するという形で生産回復が進展し始め、経済復興の起爆剤となるのである。

そのうち吉田は、自分が兼務している終連総裁を次郎に任せたいと言い出した。終連総裁は大臣格である。だが次郎は、

「政治家じゃないんだし、そんな責任だけ背負わせられるようなのは勘弁してください」

と言下に断っている。それでも結局、次郎に対米交渉のほとんどすべてを任せていた。

次郎は仕事に対して厳しい男である。結果として外務省の人事にも影響を与えた。彼に左遷《させん》された役人は数多い。それは外務次官経験者にまで及んでいる。自分で異動を口にすることはなく、井口貞夫外務次官が持ってくる名簿で気に食わないものがあるとダメ出しをした。このため外務省内で〝ミスター・ヴィトー〟というあだ名がついた。〝ミスター拒否権〟という意味である。

次郎の場合、通常の〝人事を握る〟というのとは事情が違う。ふつう、人事を握ろうとする人間の目的は、それをてこに自らの勢力を伸張させようというものだが、彼の場合、〝仕事を成功させるためには誰が適任か〟が唯一の基準だった。

人事権を握って君臨しようなどとは毛ほども思っていない。その証拠に、次郎は仕事が成就すると、いつもその職をさっさと後進に譲っている。その潔さは誰も真似できないものであっ

た。彼の生き方が実に格好いいのはここに理由がある。

先述のように、当時、食糧事情の悪化は深刻で、そのため労働争議やデモが頻発していた。次郎はGHQと交渉して食糧支援を約束させたりもしたが、なかなか国民の怒りはおさまらない。昭和二二年初頭、吉田はラジオで国民に語りかけた。労働争議やストライキは無用に社会の不安を煽《あお》るだけだと戒めたところまではよかったのだが、

――私はかかる不逞《ふてい》の輩《やから》が国民中に多数ありとは信じませぬ。

と口をすべらせてしまったことが労働組合等を刺激し、世情騒然となった。いわゆる〝不逞の輩〟発言である。反吉田の民政局はこれを吉田を政権から引きずり下ろす好機と捉えた。ホイットニーはマッカーサーを動かし、

〈もう一度国民に民主的意思の表明を求める必要がある。いまこそ総選挙を行うべき時期だと信ずる〉

という書簡を吉田宛に出させたのだ。

やむなく吉田は議会を解散して総選挙に踏み切ったが、〝不逞の輩〟発言で支持率が急低下している最中に選挙をやって勝てるはずがない。民政局の思惑どおり吉田自由党は第二党に後退した。

かわって第一党となったのが片山哲率いる社会党である。片山がクリスチャンだったことも好感を持って迎えられた。楢橋やケーディスに組し始めたことから吉田や次郎の逆鱗《げきりん》に触れ終

連政治部長から左遷されていた曾禰益《そねえき》が、このときケーディスの指名により片山内閣の官房次長に就任しているのも目障《めざわ》りだった。

片山は単独で政権を担う自信がなかったことについてはすでに触れた。予想どおり片山は、

「自由党からも閣僚を送ってもらいたい」

と秋波を送ってきた。政権内にとどまりたいと思うのが政治家の常。相手の自信のなさを考えれば、片山から主導権を奪うことも可能だったかもしれない。だが吉田はこの申し出を断った。

「主義主張を異にする自社両党が政権のために連立するのは政党政治の本領に反し、ひいては両党のためにもなるまい」

そう言って野に下ったのである。実に天晴《あっぱ》れではないか。最近のように主義主張の違う党と連立してでも政権にしがみつこうとする政治家とは志が違っている。

一方の次郎も、片山内閣の下でまで終戦連絡事務局次長を続けている気など毛頭ない。さっさと職を辞した。すると面白いことが起こった。次郎が辞めて半年もしないうちに終連事務局が廃止となったのだ。

「ぼくみたいなやつがいて、ありとあらゆることで司令官に喧嘩を吹きかけるから、あんなうるさいものは潰してしまえ、ということで潰したんだ」

と次郎は冗談まじりに語っている。

民政局が片山内閣を歓迎したことはすでに触れた。自分たちが作った内閣だという思いが高《こう》じて自分の内閣だと思い始めたのか、組閣にまで介入してくるのである。槍玉にあがったのが農相候補の平野力三。民政局が嫌った表向きの理由は、戦時中農民団体の指導者だったということだったが、本当の理由は平野が吉田やウィロビーと近いことにあった。

平野は組閣の前日、しかも夕方になってから片山に呼ばれ、

「君の入閣は難しくなった」

と申し渡された。万事休すかと思われたが、平野はその足で終連次長室に次郎を訪ねるのである。次郎が辞める直前のことであった。丸眼鏡をかけ口ひげを蓄えた平野は、やり手であるにもかかわらず実に人のよさそうな風貌をしている。途方にくれている様子はなんとかしてやりたいという気にさせるものがあった。事情を聞いた次郎は二つ返事で、

「マッカーサー宛の推薦文を作ってあげましょう」

とこともなげに言うと、その場でタイプライターに向かい英文レターを書き上げた。

「後は片山さんの署名をもらってウィロビーのところへお行きなさい」

「ありがとう、この恩は一生忘れないよ」

わらにもすがる思いの平野の顔はもう泣き笑いのようになっている。ドアのところで次郎に九〇度のお辞儀をすると足早に部屋をあとにした。果たして効果はあった。マッカーサーから追放中止の命令が下ったのだ。大逆転である。次郎が推薦文の中で、〝平野は確かに農民指導者だったが、むしろ戦時中弾圧を受けた立場であり不当な人物ではない〟と強調したことに加

え、追放に反対しているウィロビーの口添えをもらったことが功を奏したのだ。

平野はこのときのことを振り返って、

――私が入閣できたのは、この白洲次郎氏が書いてくれた英文のマッカーサー元帥宛の手紙のおかげです。率直に言うならば、強引に入閣したという表現がむしろ当たる。

と語っている。

このことはすぐケーディスの耳に入ってきた。ケーディスは次郎のことを指して、

〈白洲は実際すばしこい男で、球をかかえてタックルをすり抜けて走るフットボールの選手に似ていた〉（週刊新潮編集部『マッカーサーの日本』）

と表現しているが、このときもまさにタックルをすり抜けられたような感触が残った。

晴れて閣僚となった平野が、次郎に心から感謝したことは言うまでもない。平野が吉田やウィロビーとの関係をますます深めているという噂を聞くにつけ、ケーディスの苛立ちは募った。社会党内の実力者・西尾末広《にしおすえひろ》官房長官は、ケーディスが最近目に見えて不機嫌なことに危機感を覚え、平野を呼んで諭した。

「白洲にはもう近づくな。ケーディスは白洲と近いというだけで貴君に反感を抱いている」

だが自分が閣僚になれたのは次郎のお陰である。あのときむしろ西尾は、ケーディスのご機嫌伺いをして、自分を閣僚リストから外そうとしていたのだ。

「白洲君と懇意にしてならない理由などないでしょう。西尾さんだって、片山内閣ができるまではあれほど親しくされていたではないですか」

と平野は強く反発。両者の対立は新聞にも取り上げられ公然のものとなっていった。

そのうち吉田が遊説先で〝平野君の考え方はわれわれに近い〟と演説し、平野は平野で〝片山内閣も先は知れている、もうすぐまた吉田さんの時代が来る〟と大っぴらに話しているという噂が耳に入るにいたって、ケーディスの堪忍袋の緒が切れた。片山に平野の罷免《ひめん》を要求したのである。ところが片山と西尾が必死に説得しても、平野は自ら辞表を書くのを拒否。片山はやむなくケーディスに、

「もう私どもの手には負えません。罷免されたければ公職追放しかないでしょう」

と匙《さじ》を投げた。

こうして平野は中央公職適否審査委員会の審査にかけられた。結果は七対二でパージ非該当。だが、これしきであきらめないのがケーディスである。彼は圧力をかけ、一週間後に再審査を行わせた。不思議なことにメンバーは同じであるにもかかわらず、わずか一週間で結果は逆転。五対四の一票差で追放と決まったのだ。脅迫に近い手を使ったのだろう。こうなると何でもありである。憤激した平野は裁判に持ち込んだ。地裁はもちろん、高裁、最高裁でも平野の主張が認められ追放に該当せずという結果が出たが、ケーディスはそれでも、

——公職追放は超法規的なもので日本の司法権は及ばない。

という無茶苦茶な主張を行って平野をねじ伏せるようにして強引に追放した。法を尊重すべき弁護士資格を持つ者の行動とはとても思えない。

このことは結果として角を矯《た》めて牛を殺す結果となった。平野派四〇名の支持を失った片山

は総辞職に追い込まれるのである。ケーディスは、お気に入りだった内閣を自分のエゴのためにつぶしてしまったわけだ。

それでもまだ彼は懲りない。今度は、政権を野党第一党である吉田の自由党に渡さず、民主党総裁の芦田均を首相に据えようと考えた。政権を野党第一党に渡すでなし、国会を解散するでなし、国民不在のままたらいまわしにしようというのである。憲政の常道を完全に無視している。

吉田は必死に抵抗し、首班指名選挙にまでもつれこんだが、結局ケーディスの思惑どおり芦田内閣が誕生。これはもう内政干渉などというレベルを超えている。怒り心頭に発した吉田と次郎は、参謀第二部（G２）とはっきり共闘を組み、民政局（GS）に対し徹底抗戦の構えに出た。

全面戦争である。この対立が引き金を引いたのが、戦後最大の汚職事件『昭電疑獄《しょうでんぎごく》』であった。

ケーディスとの最終決着

当時の昭和電工の社長は日野原節三。前の社長の森暁《もりあきら》は吉田やウィロビーに近かったことから公職追放となり、かわりに民政局の意を受けて送り込まれたのが日本水素工業前社長の日野原であった。

昭和電工は従来の総合化学メーカーから脱して化学肥料の生産に傾注。傾斜生産政策の重点企業に選ばれ、神奈川県の五七%に及ぶ電力が割り当てられるという優遇ぶり。加えて日野原社長が大規模な贈賄《ぞうわい》を行って復興金融金庫（復金）からの融資を引き出したため業績は急伸していた。

日本興業銀行から復金が独立して業務を開始以来、昭和二三年（一九四八年）八月までの一年八ヵ月間で昭和電工に融資された金額は化学工業六五社総融資額の三六%にのぼったというから尋常ではない。

これに疑惑の目を向けたのが不思議にもケーディスであった。なんと彼は、自らが送り込んだ日野原の足を引っ張ることをし始めたのだ。それは彼の義俠心のなせる業だったのだろうか。実はそうではなさそうなのだ。

ここでケーディスと鳥尾子爵夫人との間に巻き起こった一大スキャンダルについて説明しておかねばならない。

話は次郎が憲法改正問題の渦中にいた頃にさかのぼる。ここでまたあの楢橋渡《ならはしわたる》が登場してくるのだ。当時書記官長だった楢橋は、幣原首相の意を受けて、憲法改正にまつわる情報収集に動いていた。

昭和二一年二月六日、楢橋は自分が官邸として借用していたブリヂストン社長の石橋邸でディナーパーティーを開き、民政局員を中心としたGHQ幹部を多数招待した。民政局は楢橋のことを〝自分たちに理解のある日本人〟とみなしていたから喜んで応じた。あのケーディスさえもである。次郎ははらわたが煮えくり返っていたが、少しでも情報が欲しかった当時のこと、やむなく松本国務相とともに顔だけは出している。

四〇～五〇人はいただろう。長方形の大テーブルが三つ並べられ、日本酒、ビール、ウィスキーで何度も乾杯した。次郎は気づいていなかったが、実はこの日は、あのマッカーサー草案が作られた〝密室の九日間〟の二日目に当たっていた。ケーディスは用意周到に、

――〝ナラハシ・ディナー〟に招かれた者は出席してもいいが、いかなる政治談議にも首を突っ込まぬよう。

という注意書きを民政局内で事前に回覧させていた。起草メンバーたちは草案の締め切りを考えながらも結構愉快に過ごしたが、そのほとんどはパーティーのあとオフィスに戻っている。

女性陣は華族の夫人が多かった。松平子爵夫人、鍋島侯爵夫人、目賀田《めがた》男爵夫人など錚々《そうそう》たるメンバー。彼女たちは着物姿で艶《あで》やかさを競ったが、その中にあって鳥尾《とりお》敬光《のりみつ》子爵夫人・鶴《つる》代《よ》の色香がひときわ人目を引いた。このとき彼女は三五歳、女盛りであった。

鳥尾子爵夫人は旧姓下条《げじょう》。英国大使館の裏にあった大きな屋敷で生まれた。祖父の正雄は桂《けい》谷《こく》という号の有名な日本画家であるとともに貴族院議員でもあった。この日はたまたま女子学習院時代の仲間に声を掛けられて参加したのだ。もちろん裏では楢橋が糸を引いていた。

メインディッシュはハンバーグステーキ。鳥尾夫人は、

（政府でもまだ分厚いビーフステーキは手に入らないのね）

と思いながらもけっこうおいしくいただいていた。会話に戦争や政治の話題をいっさい出さないGHQ将校たちに好感を抱いたが、ケーディスが事前に根回ししていたとは知る由もなかった。やがてダンスタイムとなり、ひとりの将校が鳥尾夫人にダンスを申し入れてきた。

（まあ、シャルル・ボワイエのような方）

彼女がフランス出身のハリウッドスターかと見まがったその将校こそ、ケーディスその人であった。当時の日本女性は小柄であったが、それでも鳥尾夫人は一五六センチあり、一七五センチのケーディスとの組み合わせは実にお似合いのカップルであった。

官邸パーティーの数日後にはGHQによる返礼のパーティーが開かれた。今度は女性陣だけを第一ホテルのディナーダンスに招待した。会場はGHQ将校のほか、女性軍人などでムンムンした熱気だったが、その中にあって鳥尾夫人のすその長いイブニングドレス姿はいやが上にも目立った。先日の落ち着きと気品あふれる着物姿とは別の、ゴージャスで華麗なその姿にケーディスはすっかりのぼせあがっていた。また鳥尾夫人のほうもケーディスの端正な容貌と知的で上品な会話に魅せられていった。

その後も、ピクニックだ何だと楢橋は次々に将校を接待する話を持ち込んできたため、ふたりが親しさの度を加え、個人的に密会するようになるのに時間はかからなかった。鳥尾夫人はケーディスを〝チャック〟と呼びケーディスは鳥尾夫人の名が鶴代であることから〝ツーちゃん〟と呼んだ。日ごろどんなに威厳を保とうとしている男性も好きな女性の前ではだらしないものである。急いで付け加えるが、ケーディスは妻帯しており本国に妻を残してきている。

このころ、鳥尾子爵は自らの経営する自動車修理工場の運転資金を工面するために早朝から深夜まで飛び回っていたことから、ふたりの密会は大胆にもしばしば鳥尾邸で行われた。小石川の音羽にあり庭だけで七〇〇〇坪という広大な屋敷に洋館が建ち、隣には鳩山一郎の屋敷があった。

子爵は欲のない人物で、政府から鳥尾家を伯爵に列するという話が来た折も「子爵のままでけっこうです」と言って断ったほどであった。結婚してからもしばらくは就職もせず、有り余る財産で楽しく暮らしていたが、夫人にせっつかれ大倉喜七郎男爵（有名な喜八郎の息子）の世話で溜池の日本自動車に就職した。車いじりが好きだったからである。工場長に抜擢され、宮家の車の修理はほとんど彼が扱うようになった。

ケーディスが鳥尾邸に行くときには子爵がいるときもあったが、そんなときは子爵のほうが気を利かして席を外したというから不思議な関係である。さすがにケーディスは屋敷での密会に罪悪感があったのか、週末を軽井沢の鳥尾家の別荘で過ごすようになり、ふたりの恋はますます燃え盛っていった。

ついにケーディスは彼女との結婚を決意してマッカーサーに相談に行った。だがマッカーサーはこういって諭したのだ。

「君には細君がある。ミセス・トリオにも夫がいる。君たちの恋は純粋なものかもしれないが、お互い配偶者がいれば世間はそれをスキャンダルとしか見ない。GHQの高官がそういった噂を撒くのは占領政策の上から言っても好ましくない」

正論である。ケーディスは返す言葉がなかった。まもなくしてマッカーサーはケーディスのようなケースが増えないよう、高官に限って妻子を本国から呼び寄せるよう指示したのである。

（これでケーディスも目が覚めるだろう）

そうマッカーサーは信じたかった。こうしてケーディスの妻キャサリンが来日した。めがねを掛けて野暮ったい風貌《ふうぼう》のうえ、神経質な性格の女性だった。ケーディスが鳥尾夫人に惹《ひ》かれたのもうなずける。鳥尾夫人は大胆にも、何も知らないキャサリンのショッピングにつき合ったりしている。おそらくキャサリンの女性としての器量を量っていたのだろう。

キャサリンは箱根へと赴いた。当面箱根の富士屋ホテルに滞在することになっていたのである。するとそこに一本の匿名《とくめい》電話がかかってきた。

「あなたの夫に日本人の恋人がいるのをご存知か」

突然のことにキャサリンの受話器を持つ手が震えた。

「東京へ行ってごらんなさい。いまふたりはここで会っていますから」

キャサリンは泣きじゃくりながら車を飛ばして東京へと向かった。ケーディスの宿舎である新橋第一ホテルに着いて部屋で顔を見るなり詰問した。

「あなた、日本人の恋人がいるって本当なの」

「誰に聞いたんだ？」

「そんなことどうでもいいことでしょう。私の質問に答えて！　私がアメリカであなたのことをどんなに心配していたか……」

そう言って迫るのと、ケーディスの胸にむしゃぶりつくのがほとんど同時だった。その日からキャサリンは髪を振り乱し、憑《つ》かれたようにケーディスの行動を監視し始めた。民政局の部屋にまで泊まりこむ始末。常軌《じょうき》を逸していた。そのうち少し冷静に戻ってみると、嫉妬《しっと》に狂った自分のことを周囲が冷たく笑っていることに気づき、彼女は帰国を決意した。来日して半年も経っていなかった。帰国後すぐ離婚の準備にとりかかった。一方のケーディスは障害がなくなったことですぐ元のサヤへ戻り、むしろ以前にも増して熱く燃え上がった。

ケーディスが不倫を暴露した匿名の電話の主を調べたところ、吉田の周辺の人物であることがわかった。外交官だったという。


さてここで昭和二三年の昭電疑獄事件に話を戻そう。ある日、鳥尾夫人の主人である鳥尾子爵が、何やら真剣なまなざしでケーディスに訴えてきた。

「ケーディスさん、ご存知のとおり私は毎日資金集めで汲々《きゆうきゆう》としています。復興金融金庫にかけあってもなかなか融資に応じてはいただけません。あくまでも噂なんですが、復興金融金庫が昭和電工にばかり資金を貸し出しているためにわれわれまで融資が回ってこないようなんです。ひとつ調べてはいただけませんか」

鳥尾子爵には後ろめたいところがある。ケーディスはなんとか力になってやりたいと思った。彼はさっそく福井《ふくい》盛太《もりた》検事総長を呼び出すと、GHQの一室を与えて捜査を命じた。先述したように日野原社長は民政局が送り込んだ社長である。彼の理性にはしだいに狂いが生じ始めていた。

日野原社長は不正にメスが入り始めると、今度はもみ消しのため前にも増して大規模な贈賄を行い始めた。いまと違って時節柄米や醬油、小豆、砂糖、ウィスキーといった食料品が多かった。そしてその火の粉はケーディスにも降りかかってくるのである。

鳥尾夫人は銀座に高級洋装店を経営していた。ここに日野原社長の愛人が出入りしていたのだ。そのため、この洋装店を舞台にケーディスに三〇〇万円（現在の貨幣価値にすると一五〇〇万円ほど）が渡ったという報道がなされた。鳥尾夫人との醜聞《しゅうぶん》も加わって、新聞は競うようにケーディスの話題を書きたてるようになっていく。ウィロビーの意を受けて、警視庁の刑事は意図的にケーディスの〝ガセ情報〟を流していたのである。

次郎とウィロビーが一体でケーディス追い落としを画策しているのはすでに述べた。

このころになると次郎には確かな感触があった。向こうも手段を選ばない相手なのだからこちらも荒っぽい手を使った。次郎は久山内務省調査局長に依頼してケーディスの身辺調査を行わせ、本国に送還するための材料を集めさせたのだ。

いっぽうウィロビーは、警視庁の藤田次郎刑事部長に命じてケーディスと鳥尾夫人の両方に尾行をつけさせた。〝占領軍将校のガールフレンドに対する防犯上の私行調査〟というもっともらしい調査名がでっちあげられた。ところが尾行といっても警視庁の車は木炭車なみである。ケーディスが車に乗り込むと、すぐに引き離されてしまってまったく尾行にならない。

そこで考えたのが張り込みである。ケーディスが鳥尾夫人のところにふんだんに石炭や砂糖などを運んできていることは周知の事実。そのため近隣にも反感を持つ者が多く、張り込み場所には困らなかった。カメラを提げた刑事が鳥尾邸の近所をうろつく姿が頻繁に見られるようになり、ついに警視庁はふたりが酔って帰宅し、ケーディスが夫人を抱いて家に入る写真を撮ることに成功する。

怒ったケーディスは警視総監の斉藤昇を呼びつけて締め上げた。挙げ句の果ては剝職《はくしょく》し、斉藤を京都府警管内の僻村《へきそん》へと左遷させた。斉藤はそこで間もなく急死したという。せっかくの芦田内閣が倒れてしまうなどということを考える余裕はケーディスにはなくなっていた。自分の上に降りかかった火の粉を振り払うのに必死になっていたのだ。

芦田内閣最大の政治スキャンダルは、日野原社長の逮捕を皮切りに、福田赳夫《ふくだたけお》（大蔵省主計局長）、大野伴睦《おおのばんぼく》（民自党顧問）、栗栖赳夫《くるすたけお》（安本長官）、西尾末広（前国務相）と次々に大物逮捕者を出す結果となり、芦田内閣は総辞職に追い込まれた。わずか七ヵ月の短命政権であった。芦田自身、昭電ではなく別の会社からの収賄容疑で逮捕されるというおまけまでついた。

ケーディスは自分が解明しようと乗り出した事件でかえって大やけどをし、ＧＨＱ内での影響力を急速に失っていくことになる。影響力が低下してもケーディスの戦闘意欲は失われてはいなかった。

（吉田や白洲やウィロビーに屈することはできん）

ほとんど意地であった。なんと芦田の総辞職後も、彼は吉田内閣成立を阻止しようと画策するのである。さすがに今回は、どう考えても野党の民主自由党（昭和二三年に自由党と民主党の一部が一緒になって民主自由党となっていた。二年後には再び自由党に名称が戻る）に政権が行くのは不可避の状況である。そこで彼は、同じ民自党でも総裁の吉田でなく幹事長の山崎猛を担ぎ出そうと考えたのだ。内部分裂を誘おうという陰湿な作戦である。

ケーディスは民自党副幹事長の山口喜久一郎を呼びつけてこう言った。

「君を明日から英雄にしてあげよう」

何のことかわからない山口が真意を尋ねると、

「報道陣を集めるから、山崎首班内閣を作ると宣言しろ」

そう言って山崎擁立を指示したのだ。これを聞いて驚いた山崎が直接ケーディスに確認すると、一言、

「そういうことだ」

と答えた。

政治家になって首相を夢見ない者はいない。山崎も、

「総司令部に加え、民主党・社会党の後援がもらえるのならやります」

とまんざらでもない様子である。民政局の覚えめでたい芦田均民主党総裁や社会党の片山に異論のあるはずがない。勝利を確信した山崎は出馬を決意し、山口らを参謀として民自党内の多数派工作を開始する。

狡猾《こうかつ》なケーディスのこと、思いつきでこうした作戦に出たわけではない。民自党には党人派の政治家が多く、官僚出身の吉田が必ずしも人気があるわけではないことを知っていたのだ。この責任の一端は次郎にもあった。吉田が政策論を議論しているときは積極的に応援したが、話が民自党内の話題となるやいなや、

「そんなことほっとけって、胃に障《さわ》るから」

と言うのを常としていた。これではただでさえ党内運営に関心を持とうとしない吉田の性癖

をますます助長してしまう。党内には不満が溜まっていた。

思ったとおり民自党執行部は揺れた。

「吉田総裁では政権は来ない」

という噂がまことしやかに飛び交うようになり、総裁をすげ替えるしかないという空気が党内に広がった。

そのころ吉田は胆嚢炎《たんのうえん》をわずらって大磯で病臥《びょうが》していたが、ケーディスの悪意に満ちた謀略が吉田の闘争心に火をつけた。

「相手はGHQではなく民政局だけだ。こうなったら徹底的に戦ってやる」

「じいさん、その意気だ!」

次郎も血が騒いだ。さっそくウィロビーに接触して、民政局に対立する勢力を大同団結させる根回しを開始。そしてついにマッカーサーから、〝GHQの総意としては吉田首相で問題ない〟という確約を得ることに成功するのである。このときの次郎の活躍は公式の政府資料には出てこない。

一〇月七日、満《まん》を持《じ》して吉田が上京すると、民自党緊急役員会で、

「世間に伝わるようなことはないと信じたい。政治は人の好き嫌いによって左右されるべきではない」

と述べ、山崎の動きにしっかりと釘を刺した。翌日の議員総会で吉田は議員たちに拍手で迎えられた。陰で次郎がGHQ内の根回しの結果を伝えていたからである。

（わがこと終われり……）

山崎はいさぎよく議員辞職届を出し、一連の騒動は収拾を見た。こうして吉田は、昭和二三年一〇月一五日、一八五票を獲得して第二次吉田内閣を発足させる。

実はこのとき、民政局からアプローチを受けていたのは山崎だけではなかった。当時の国民協同党の若き党首・三木武夫（後の首相）に対しても、ケーディスは秋波を送っていたのである。〝小党の党首にすぎないから〟ということで三木は断ったが、ケーディスは吉田以外なら誰でもよかったに違いない。

なんとか政争に勝利した吉田であったが、このころ、心中を大きく占めていることが一つあった。極東軍事裁判の行方である。戦勝国が敗戦国を裁くという滑稽《こっけい》な茶番劇が行われていること自体腹立たしかったが、とりわけ親友の広田弘毅に対する判決の行方が気になっていた。

広田は裁判の間中、いっさい弁解をしなかった。吉田は広田の気持ちが痛いほどわかったが、弁解しないことはけっして判決を有利にしないことも また事実だった。

その知らせは突然であった。夫に後顧《こうこ》の憂いがないようにと、広田夫人が鵠沼《くげぬま》の自宅で自らの命を絶ったというのである。吉田は広田の一家とは家族ぐるみのつき合いである。その悲報は吉田の心を一瞬にして切り裂き、彼は不覚にも泣き崩れた。彼がこうした激しい感情表現をするのは稀なことである。しかし広田でなく夫人の死という不意打ちが、吉田の心の間隙《かんげき》に深く突き刺さったのである。

首相の身で一個人の命乞いをすることが適切な行為でないことなど百も承知だが、吉田は、このまま黙って友を見殺しにできるほど情の薄い人間ではなかった。穏便《おんびん》な措置を求め何度もマッカーサーに会見を申し込んだがことごとく拒絶された。こればかりはマッカーサーも吉田に胸襟《きょうきん》を開かなかった。

しかたなく吉田は、いつもなら歯牙《しが》にもかけないホイットニーに、恥を忍んで会いに行った。するとホイットニーは、実に冷ややかな調子で、「首相にあるまじき軽挙だ」と強く非難した。被占領国の首相など赤子の如くかくも無力である――その厳然たる事実の前に、吉田はじっと唇を嚙み締めていた。

結局この年の一一月一二日に判決が出され、広田は絞首刑に決まった。死刑が決まった面々の中で広田だけが唯一の文官である。一一人の裁判官のうち五人は広田の死刑に反対した。中でもオランダのベルト・レーリンク博士は、

「広田が戦争に反対したこと、そして、彼が平和の維持とその後平和の回復に最善を尽くしたということは、疑う余地がない」

と明確に無罪を主張した。広田の死刑判決は不当だと減刑運動も起こった。だが吉田に敵意を持つ民政局が、同情を示して判決に手を加えるはずもない。それどころか、彼らは再び吉田の足を引っ張るための次の作戦を準備していたのである。

短命の政権が二つ続いたことで、国民の期待は吉田に集まっていた。その人気を背景に解散

総選挙に訴え、ここで一気に議席を伸ばそうと吉田陣営が考えるのは自然なことであった。ところがここで野党側から、〝新憲法の下では、総理による一方的な解散権の行使に疑義がある〟という珍説が出されたのだ。

「そもそも総理に解散権があり、議会に不信任案提出の権利があることでチェック・アンド・バランスが成立するというのが新憲法の規定する議会制民主主義の原則じゃないですか。野党の言っていることなんかほっといていいですよ」

次郎は野党の言う荒唐無稽《こうとうむけい》な説を鼻で笑っていた。ところが新憲法を作った民政局自身が、この常識はずれの珍解釈に乗ろうとしているという情報が入ってきたのである。おまけにあの曾禰益がケーディスの側で知恵をつけているというのだ。

「あいつら頭がどうかしちまったんじゃねえか！」

ケーディスはもう日本に民主主義を根付かせようとかどうとかいうのではなく、自分の言うことに従う政権を作ることに汲々としていたのだ。あたかも自分のおもちゃであるかのように、ひとつの国をもてあそんでいた。権力が人間を変えてしまう見本のようなものである。もうあの純粋なニューディーラーの面影はどこかに消えうせていた。

それでも吉田があくまで解散を強行しようとすると、民政局が妥協案を出してきた。

「社会党にまず不信任動議を出させ、それを可決してから解散する形にしなさい」

それを聞いた次郎は思わず、

「何だそりゃあ！」

と素《す》っ頓狂《とんきょう》な声を出してしまった。

「やつら憲法七条に規定されている天皇の国事行為としての衆議院解散をさせないつもりだな。自分たちで作った憲法のくせに、天皇による解散が先例となるのを嫌がってるんだ。冗談じゃない。じいさん、こんな横暴許しちゃダメだよ」

だが吉田は静かに次郎を制した。

「こうなったら面子《メンツ》なんかどうでもいい。選挙で勝って黙らせるまでだ。ここまでやってもわしを政権から追いやることができなければ、やっこさんのほうの顔がつぶれる」

広田の死刑判決が出てからというもの、吉田は人が変わったように凄みが出てきた。選挙に勝つ自信のある吉田は、こうしてケーディスの提案を受け入れたのだ。世にいう〝なれあい解散〟である。憲政の常道を曲げてまで行われるケーディスの執拗《しつよう》な介入に、次郎はあきれ果ててものが言えなかった。

ケーディスはスト規制やベースアップ抑制などの不人気政策の法制化を吉田に迫り、そのうえ野党に不信任案を出させるのを延ばさせた。その間に吉田の人気を落とそうという作戦であった。そして昭和二三年一二月二三日、衆議院で吉田内閣不信任案が可決され、吉田は国会を解散した。同じ日、広田の処刑が巣鴨《すがも》プリズン内で執行された。

年が明け昭和二四年一月二三日、運命の総選挙の日を迎えた。結果は吉田民自党が二六四議席を獲得して圧勝。戦後初の単独過半数の獲得となった。かつての第一党社会党は一四三議席から一挙に転落して四八議席と激減。党委員長の片山までが落選の憂き目を見た。ケーディスの思惑は見事に外れたのだ。

次郎は吉田と祝杯を挙げた。今回の選挙は、吉田にとって広田の弔い合戦である。彼の目には光るものがあった。感無量であった。

その後ケーディスに会った際、吉田はこう言ってやった。

「Did you enjoy staying in Japan?（日本での滞在をご堪能《たんのう》されましたかな？）」

〝まだお前は日本にいるつもりか？〟という強烈な皮肉であった。ちなみに吉田は、サンフランシスコ講和条約の発効直後に、このときできなかった七条解散を発動して溜飲《りゆういん》を下げている。


この選挙では、後に保守陣営を背負って立つ人々が当選した。池田勇人《いけだはやと》、佐藤栄作、橋本龍伍、岡崎勝男たちである。吉田は自分が目をつけた官僚たちを立候補させていたのだ。世に言う『吉田学校』の始まりである。

さてここで問題が起こった。吉田が、この選挙で当選したばかりの一年生議員である池田勇人に大蔵大臣を任せるという大胆な人事を発表したからである。とりわけ当選回数を重ねた党人派の人々から囂々《ごうごう》たる不満が噴出した。

吉田の池田起用には背景があった。傾斜生産方式が功を奏し、我が国の鉱業生産は戦前水準の五〇％程度にまで回復していたのだが、この回復は、赤字財政、復興金融金庫による融資、アメリカの対日援助といった特殊要因に支えられたもの。経済的自立とは程遠かった。

このことに気づいたＧＨＱは荒療治に乗り出すこととなる。それが昭和二三年に出された

「経済安定九原則」であった。デトロイト銀行頭取だったジョゼフ・モレル・ドッジがGHQ財政顧問としてその指揮に当たったため、この一連の政策は〝ドッジライン〟と呼ばれることになる。従来の生産拡大重視の政策を超均衡財政に転換することによってインフレを一挙に収束させることを狙いとしたものであった。ところがインフレは収まったものの経済活動全体が萎縮《いしゅく》してしまう。同時期に施行されたシャウプ税制は企業負担を軽減する内容であったが、焼け石に水であった。

（まだ経済的自立を目指すには早いってことくらいどうしてわからねえんだ）

ドッジラインが発表された際、次郎はこれまでの努力がすべて水の泡になるのではないかと危惧した。

（よほどしっかりした大蔵大臣を見つけてこなければ……）

ドッジに対抗するためには相応の理論武装をする必要がある。押しも強くないといけない。そうした人材を求め次郎は東奔西走《とうほんせいそう》した。そして見つけた人物が前大蔵省事務次官の池田だったというわけだ。

ここのところの事情を池田の秘書を長く務めた伊藤昌哉《いとうまさや》は次のように語っている。

〈総司令部が吉田内閣を経済で、九原則という奴でいじめるわけだよね。そのことを一番よく察知したのが白洲次郎だよね。大変だ、これは大蔵大臣にしっかりした奴をつくって、総司令部に対抗しなかったら、何もできなくなるぞ、ということを考えたんだろうね。軍事政権に対して対応できる、それには経済をよく知っておって、日本のことをよく知っておって、合理的にアメリカの考え、発想法にもとづいて、向うに反対できる男を見つけなければいかんということで、死にもの狂いになって見つけたんだろうな〉（『去華就實　聞き書き　大平正芳』）

池田を吉田に紹介したのは財界四天王のひとり桜田武だというのが定説だが、池田の片腕だった伊藤の言葉は歴史の裏の真実を語っている。

池田は期待どおり、獅子奮迅《ししふんじん》の活躍を見せた。結果として池田の起用は大英断だったのだ。池田蔵相とドッジとの間で何度も意見の交換が行われ、深い信頼関係を築けたことは後のサンフランシスコ講和条約の布石にもなっていった。

さてケーディスについてである。

思惑が外れて吉田が再び政権に返り咲き、財政顧問ドッジの来日もあって民政局の影響力は日増しに低下していた。民政局は昭和二三年七月以降一貫して規模を縮小していた。地方行政課は第八司令部に移管され、司法立法課は法務局に移管され、彼の居場所はもうなかったのである。

（アメリカに帰ろうか……）

ふと弱気になり、思い切ってホイットニーに辞任を申し出た。だがホイットニーは彼を強く引き止め、そのかわりに一時帰国を認めてくれた。

ひとり帰国することにした。鳥尾子爵夫人は離婚してついて行ってもいいと言ってくれたのだが、その動きを敏感に察知したマッカーサーが、

――日本の華族の夫人をつれて帰国したなどということは困る。

と話していることが、友人を通じて彼の耳に入ってきたからである。

ただ帰国を決めてからぐずぐずして一ヵ月ほども伸ばしてしまった。毎日毎日、鳥尾子爵夫人との密会を続けたが、どうしても後ろ髪を引かれる。彼にはこうした優柔不断なところがあった。

そのうち彼女は、母親が親しかった三井家の豪邸の離れを借りた。今度こそ最後の別れを惜しむためであった。三井家の人間も食事に呼ぶとき以外は離れに近寄らなかった。ふたりは酒を飲み、何物をも焼き尽くすような情熱をぶつけ合い、野獣のように狂おしく身体を求めあって愛欲の限りを尽くした。

日本を発つ飛行機を待たせ続け、三日がたち、これ以上延期したら軍法会議にかけられるというぎりぎりの日の朝、激しく昂《たか》ぶった余韻に後ろ髪を引かれながらも、ケーディスはようやく出発することを決意した。

ジープのハンドルを自ら握り、いつもの癖でエンジンをかけるとまずバックミラーの位置を直した。直接顔を見たらまた決意がゆらいでしまうと思ったのか、ケーディスはバックミラーに映った鳥尾子爵夫人の姿に手を振ると、そのまま去っていった。彼女もまた空港までは行かず三井家の玄関で別れを言った。昭和二三年一二月八日、こうしてケーディスはひとりワシントンに渡ったのである。

「われわれはまだ若い。お互いに前を見つめていこう。おそらく僕は近い将来に日本に来ることはないと思う。僕は僕の信じる仕事をしたのだが、多くの日本人に嫌われているらしい。僕もツーちゃんと美しい軽井沢の景色以外には、ここに何の未練もない。新しい人生を歩んでいこうね」

それが彼女に残した最後の言葉だった。そう、彼はまさしく〝多くの日本人に嫌われて〟いた。ケーディス帰国の報を聞いていちばん喜んだのは間違いなく吉田と次郎だった。ふたりは手を取り合うようにして喜び合った。

「思いっきり塩をまいてやりたい気分だな」

「長かったよ、本当に……」

深い海の底からきらめく海面にもがきながら上がってきて、〝ぷふあっ！〟と海上の空気を胸いっぱいに吸い込んだような、そんな爽快感に酔いしれていた。長く苦しい戦いを振り返り、よくぞここまで頑張ったと自分をほめてやりたい気持ちに浸っていた。


ワシントンに渡ったあとのケーディスは、まだ戦うことをやめなかった。国務省にジョージ・ケナンを訪ねている。ケナンは政策企画室長として民政局に対日戦略の転換を求めていた急先鋒であった。

「日本を甘く見てはいけない。現にわれわれは狡猾《こうかつ》な彼らに何度も煮え湯を飲まされた。彼らの牙をちゃんと抜いておかないと必ず将来に禍根《かこん》を残すことになる」

ケーディスは熱弁をふるったが、ケナンはまったく取り合わない。

「ケーディス大佐、それを言うなら〝ソ連を甘く見てはいけない〟と言うべきでしょう。日本をわれわれの駒として使い、共産主義の防壁にするのが最善の策だってことくらいおわかりでしょう?」

ケーディスに対する態度は明らかに彼を軽侮《けいぶ》するようなところがあった。当時トルーマン大統領の全面的な信頼を得てソ連に対する〝封じ込め政策〟を推進していた彼は、国務省内でも飛ぶ鳥を落とす勢い。恐いものは何もなかった。

ケナンはケーディスとこれ以上話すのは時間の無駄と思ったのか、

「あなた方は、日本を共産主義国家にしてソ連に進呈しようとしていたのだという噂もありますよね」

ととどめの一発を放った。ケーディスは知らなかったが、ウィロビーは本国の要人たちにケーディスが日本で行った政策の非を列挙したレポートを送っていたのだ。ケーディスの息の根を止めるまで、G2のほうもまた手を休めてはいなかった。

ケーディスのワシントンでの活動は、いわばGS(民政局)とG2の最終戦争となるはずだったのだが、ほとんど喧嘩にさえならずに終わった。ほかの人間を説得して回る力も失せた。日本では民政局次長というのが泣く子も黙る肩書きであっても、所詮《しょせん》大佐である。アメリカ本国では少将以上の将官はごろごろしている。自分の無力さを思い知った。

(すべて終わった……)

民政局次長辞任を決意した。その日のうちにホイットニーに電話で辞意を伝えた。ホイットニーも今回は引き止めなかった。

「これまで本当によくやってくれた。せめて辞任の日は君が好きな日を選んでいいから」

そう言われたケーディスが選んだ日——それは昭和二四年五月三日であった。彼は迷わず、日本国憲法施行二周年にあたるこの日を選んだのだ。憲法改正こそは、彼が日本という国に対してその力を存分に行使できた記念碑的プロジェクトだった。人生においてもっとも胸の張れる思い出——そう、彼の中では……。

ケーディスは、彼自身が予感していたとおり、それっきり日本には戻ってこなかった。後にケーディス辞任の経緯を聞いた前第八軍司令官R・アイケルバーガー中将は次のような厳しいコメントをしている。

〈彼は日本人に手本を示した。空虚な理想主義者は驕《おご》りと腐敗におぼれて自滅するという手本だ〉

ケーディスが帰国した直後の昭和二四年正月、マッカーサーは年頭の辞で、

——いまや日本復興計画の重点は政治から経済に移行した。

と語り、民主化の終了を高らかに宣言した。

ケーディスと鳥尾子爵夫人とのラブロマンスについて後日談がある。

子爵夫人はケーディスが離日した直後、夫・鳥尾子爵を亡くした。借金で会社が回らなくなり心労が重なったことが原因だった。思えば哀れな男である。

彼女はその後多江と改名し、森清という政治家の愛人となった。森は国務大臣も務めた大物代議士である。多情な彼女は、森が妻の毬《まり》といっこうに別れようとしないことで狂おしいほどに嫉妬《しっと》し、精神安定剤のアトラキシンを何錠も飲んでウィスキーをあおって暴れ、その挙げ句自殺未遂を起こした。だが結局その森清も、腎臓疾患からくる高血圧のために他界してしまうのである。

その後彼女は三年ほどをパリで悶々として過ごし、昭和四〇年（一九六五年）、パリから帰国する途中で、ふとニューヨークに寄り道しようという考えが浮かんだ。ケーディスと別れてから一七年の年月が経っていた。

再婚した相手とまた離婚した、という風の便りを耳にしていた。

（いまなら独り身かもしれない）

〝馬鹿馬鹿しい〟と思いながらも、ふとそんな思いが頭をよぎった。鳥尾夫人はニューヨークに着くとさっそくウォール街にある彼の弁護士事務所に電話してみた。ケーディスは弁護士としても成功をおさめていた。マッカーサー家の遺産の管財人も任されている。

電話の向こうで呼び出し音が鳴っている。心臓がのどのところまで出掛かって息苦しい。ややあって、

「ツーちゃん？」

と、懐かしい声が聞こえてきた。一七年という長い年月が一度にフラッシュバックし、軍服姿も凛々《りり》しい若き日のケーディスの姿が眼前に蘇《よみがえ》ってきた。

翌日五時半にヒルトンホテルのロビーで会う約束をし、彼女はわざわざ待ち合わせ場所のヒルトンホテル地下の美容院で髪をセットした。そして約束の時間ぴったりにロビーに着くよう地下から上がってくるエスカレーターに乗った。心臓の鼓動が高鳴る。ロビーに上がって周囲を見回すとちょうど反対側に、チャコールグレーの洒落《しやれ》たコートに黒の帽子をかぶりブリーフケースを手に持った紳士が目に飛び込んできた。距離は離れていたが、目と目が合った瞬間すぐに彼だとわかった。あまりの感激に歩み寄る足元がついふらついてしまう。わずかな距離がとても遠くに感じられた。昔と違うことは、彼が眼鏡をかけていたことと、激しく抱き合うことなく礼儀正しく握手したということであった。

そしてふたりは人目を避けるようにしてロビーを出た。

「ニューヨークの夜景を見せてあげよう」

ケーディスは彼女を、タイムライフビルの上の『タワースーツ・レストラン』に連れて行った。メンバー制で、ふかふかの絨毯《じゆうたん》を敷き詰めた豪華なフランス料理店だ。照明も薄暗い。ロマンチックな雰囲気の中、ふたりはテーブルをはさんで向かいあった。ケーディスは、鹿狩りが解禁になった直後だということで鹿肉とマロンの料理を選んでくれた。それは素敵に美味《おい》しかったが、彼女は涙がしきりに頰をつたって折角のご馳走も喉を通らない。夜景を楽しむどころではなかった。

「ミスター・ヤマザキが来たときも、ここに案内したんだよ。彼は実に立派な人だった。僕は大好きだ」

ケーディスの言う〝ミスター・ヤマザキ〟とは、吉田と首班競争をするようけしかけられて政治生命を絶たれた山崎猛のことである。人の人生を狂わせておいていい気なものだ。

「あなたにまた会えるとは思わなかった。ハッシー中佐も死んだしマッカーサーも亡くなった。そう言えば二、三日前に当時のＧＨＱの人たちの集まりがあるという通知が来ていたな。不思議な巡りあわせだね」

ケーディスだけがぽつり、ぽつりと話しかけ、後は黙って見詰めあっているだけ。ふたりの間に言葉はいらなかった。

「本当に……〝ウォーター・アンダー・ザ・ブリッジ〟だ」

ケーディスお得意のフレーズが出た。本当に時は、〝橋の下を流れる川〟のようにすべてを流し去っていた。

「二度目の奥さんとの離婚はけりがついたの？」

鳥尾夫人がようやく核心の部分に触れた。

「やっと去年ね。娘がひとりいるんだ」

「それでいまは？」

心なし声が震えている。彼には気づかれないようにそっとつばを飲み込んだ。

「また結婚したんだ。弁護士は信用が大事だから家庭を持っていないといけないし。ひとりでは不自由だからね」

「そう……」

その言葉は、ため息と一緒に吐き出されたようであった。しばらく目の前のブランデーグラスの琥珀色《こはくいろ》を見つめていたが、気を取り直して、

「奥様って何歳？　三度目なんて若い人なんでしょう」

〝若い人なら諦められる〟――そんな微妙な女心だった。

「五二歳なんだよ」

今度という今度こそ、彼女は激しく叩きのめされた。離婚の障りになるといけないと手紙を出すのを控えていた自分を恨んだ。会ってみてケーディスを愛していた自分を再確認し、

（どうして積極的に行動に出なかったのか……）

と自分の頭を叩き割りたい気持ちになった。

レストランを出たあと、友達のアパートに泊まっていた彼女をケーディスは玄関まで送ってくれ、最後にこう言った。

「最後に日本で別れたとき、バックミラーに映っていたツーちゃんの手を振っていた姿は永久に忘れない。十何年たつ今までけっして忘れなかった。これからも、この思い出を大切にしていくよ」

そう言い終わると彼女を強く抱きしめた。彼女はケーディスの胸の中で激しく嗚咽《おえつ》した。今度こそ正真正銘最後の別れだった。

昭和四四年三月二一日、ケーディスの元上司コートニー・ホイットニーが七一歳でその生涯

を終えた。棺をかつぐ親戚・友人の中にはケーディスの姿もあった。

そしてケーディス自身は九〇歳の長寿を全《まっと》うし、平成八年（一九九六年）六月一八日、心不全によりマサチューセッツ州ヒースにある自宅近くの病院で息を引き取った。葬儀はユダヤ教にのっとって行われ、いまは静かにアーリントン墓地で永遠の眠りについている。

日本でのことについて、ケーディスは三〇年近くも沈黙を守った。

ところが晩年になって、急にマスコミの取材に応じるようになる。堰《せき》を切ったように話し始めたのはいいのだが、その中には次郎の悪口も含まれていた。〝抜け目ない〟〝信用の置けない〟といった表現の中に、ふたりの戦いがいかに激しいものであったかが窺《うかが》える。

昭和五〇年、次郎は週刊誌のインタビューに答えてこう語っている。

〈占領中の日本で、GHQに抵抗らしい抵抗をした日本人がいたとすれば、ただ二人――一人は吉田茂であり、もう一人はこのぼくだ。吉田さんは、そのことが国民の人気を得るところとなりずっと表街道を歩いたが、もう一人のぼくは別に国民から認められることもなく、こうして安穏な生活を送っている。けれども一人くらいはこういう人間がいてもいいと思い、別にそのことで不平不満を感じたこともないし、いまさら感ずる年でもないと思っている〉（『「占領秘話」を知り過ぎた男の回想』「週刊新潮」一九七五年八月二一日号）

生涯自分を誇ることを好まなかった次郎が珍しく胸を張ってこう語った背景には、民政局との国家主権をかけた血みどろの争いを戦い抜いた自負があった。だが当時はもちろん今もなお、こうした事実を知っている国民が何人いるだろう。白洲次郎の孤独は深い。

通商産業省創設

次郎は後に、国民に呼びかける形で次のように書き残している。

〈吾々《われわれ》の時代にこの馬鹿な戦争をして、元も子もなくした責任をもっと痛烈に感じようではないか。日本の経済は根本的の立ち直しを要求しているのだと思う。恐らく吾々の余生の間には、大した好い日も見ずに終るだろう。それ程事態は深刻で、前途は荊《いばら》の道である。然《しか》し吾々が招いたこの失敗を、何分の一でも取りかえして吾々の子供、吾々の孫に引継ぐべき責任と義務を私は感じる〉(『頰冠りをやめろ――占領ボケから立直れ』「文藝春秋」一九五三年六月号)

自身あれほど開戦に反対していたにもかかわらず、次郎は〝吾々〟と書くことで、己《おの》が問題として戦後処理に取り組んでいた。

戦後日本は奇跡の復興を遂げる。各国はその秘密の鍵を解こうと、さまざまな方面から〝日本株式会社〟の分析を行った。そうしたとき、必ずと言っていいほど出てくるのが〝通商産業省〟の存在である。強力な輸出振興策を打ち出し、世界中にあまねく日本製品を行き渡らせた行政手腕から、海外ではしばしば〝ノートリアスＭＩＴＩ〟(悪名高い通産省)と呼ばれて恐れられた。

〝通産省は戦前の商工省の後身だ〟と考えられている向きがあるが、それは大きな誤解である。この通商産業省という役所は、実に、ひとりの男の執念が作り上げた〝日本復興〟の切り札なのである。それが白洲次郎だったということは意外と知られていない。ＧＨＱとあれほどの死闘を繰り広げた次郎からすれば不満かもしれないが、日本の歴史を振り返ってみたときに、白洲次郎という人物の最大の功績は、まさにこの通商産業省を創設したことに尽きると言っていいだろう。

昭和二三年(一九四八年)一二月一日、次郎は第二次吉田内閣のもとで経済復興の鍵を握るポストに就く。商工省の外局である貿易庁長官に抜擢されたのだ。マッカーサーが次郎の長官就任を歓迎していると聞いてさすがの彼も驚いた。

それにはある事情があった。この時期、海外への輸出には政府の許可が必要であり、この許可をめぐって貿易庁には贈収賄の噂が絶えなかったのだ。〝官吏の五セル〟という言葉があった。〝食わセル〟〝飲ませル〟〝抱かセル〟〝握らセル〟〝威張《いば》らセル〟というのである。先述した昭和電工の贈収賄事件は規模が大きくて目立っただけで、同様の風潮に役所全体が侵《おか》されていたのだ。なかでも貿易庁はひどかった。〝ボーエキチョー〟という言葉は贈収賄の代名詞としてワシントンにまで聞こえていたほどだという。マッカーサーには、

（あいつなら、さぞや厳しく取り締まってくれることだろう）

という妙な信頼感があったのだ。

そもそも次郎が登庁した初日からしてすごかった。

いきなり秘書官の机の上に新巻鮭《あらまきざけ》が三本載っていたのだ。就任祝いであった。送り迎えの車もすべて業者から差し回されている。あきれ果てた次郎は徹底的な綱紀粛正《こうきしゆくせい》を行った。マッカーサーの見込んだとおり、正義感の強い次郎ははまり役であった。

だが吉田が彼を貿易庁長官に据えたのは何も綱紀粛正のためではない。次郎は以前から、輸出産業を育成し外貨獲得のドライブをかけるため商工省を改組してもっと強力な組織に変革する必要を主張していたのだ。

「じゃあ、お前やってみろ」

吉田の決断は早かった。〝役所〟という伏魔殿《ふくまでん》を相手にするのはたいへんなことである。〝千万人といえどもわれゆかん〟という不抜《ふばつ》の信念と人並みはずれた実行力が求められる。そうした難事業を遂行《すいこう》できる人物は次郎をおいてほかにないと見込んだのである。そこでは実際に貿易に携わっていた経験も生きるはずであった。商工省は実力ある巨大組織である。それでも次郎は、彼ら全員を敵に回しても戦うだけの心の準備はできていた。さっそく、

「役人の仕事なんか六ヵ月やっていれば覚えられる」

と挑発的な言辞を口にしてみたが、商工省の役人たちは川辺の葦《よし》の群叢《ぐんそう》のように次郎を遠巻きにしてただざわざわと騒いでいるだけ。もっとも、いまは静かだが次郎が組織にメスを入れ

ようとした途端、一枚岩となって頑強に抵抗してくるであろうことは容易に知れた。

組織変更のための法律改正など実務面を考えると、さすがにひとりでは戦えない。そこで目をつけたのが商工省物資調整課長の永山時雄であった。このときまだ三六歳の少壮官僚である。

たまたま永山は商工省事務次官の松田太郎から、次郎が商工省改組を画策しているという噂を秘密裏に調査するよう依頼されていた。まだ若かったが省内随一の切れ者としてすでに高い人望を得ていたのである。渋谷にある麻生太賀吉の屋敷で次郎と会うこととなった。敵情視察といったところだろう。

会ってみて驚いた。熱いのである。次郎は珍しく永山相手に熱弁をふるった。

「今の日本にとってもっとも重要なことは、輸出産業を振興させて外貨を獲得し、その外貨でさらに資源を購入して経済成長にはずみをつけることだ。ところがこれまでの商工省の施策は国内産業の育成が中心だった。これからは、貿易行政があって産業行政があるというふうに百八十度考え方を変えていかなければ日本という国は立ち行かない。だから……」

そこでちょっと息を継ぐと、

「占領下で動きの取れない外務省も、軍需省の尻尾をひきずる商工省も、ともに潰して新しく貿易省を作る！」

そう一気に言ってのけた。永山は全身に鳥肌がたった。純粋に国の将来を思う情熱、先例や常識をかなぐり捨てた構想の合理性、先進性、それは新鮮な驚きであった。役人の世界ではこうした人物にはまずお目にかかれない。商工省内で〝切れ者〟と称されている自分が、とても小さいものに思えてならなかった。

次郎の天才を指摘する人は多い。文芸評論家の最高峰とされる小林秀雄でさえ、

「あいつは天才だ。俺たちは秀才だけど」

とその天稟《てんぴん》に脱帽している。それは彼と付き合ったことのある人々の実感であった。これまで省内で悪い噂しか聞いておらず警戒していた永山だったが、この日を境に一気に次郎の信奉者となってしまう。ミイラとりがミイラになってしまったのだ。

次郎は永山を貿易庁の筆頭課長である貿易課長に抜擢すると、一気にかたをつけようと攻勢に出た。その速やかさは、相手に反撃の構えさえとらせないほどであった。次郎の〝貿易省〟構想に対し、商工省はせめて名称を〝産業貿易省〟にしてくれと言ってきた。〝(国内)産業〟重視という看板を下ろしたくないという最後の抵抗である。だが次郎はそれを許さなかった。

「貿易より産業が先にきているような名前はダメだ!」

という彼の一言で、結局、新省庁の名称は通商産業省に落ち着いた。昭和二四年二月八日、通商産業省(仮称)設置法案が閣議決定された。この法案は六日前に貿易課長に就任したばかりだった永山の力作である。わずか一週間で雌雄は決した。

勝利を確信した次郎は朝日新聞の小坂徳三郎を呼んだ。小坂は彼がかわいがっていた記者で

ある。家業の信越化学を継がねばならず、近く記者を辞めようと思っていた。

「おい小坂、いいネタをやろう」

花道を飾らせてやろうというのである。こうして次郎は、新しい官庁の設立構想について初めてマスコミの前で語った。インタビュー記事は昭和二四年二月九日の朝刊一面を飾り、小坂はこのスクープを花道に記者生活にピリオドを打った。次郎に感謝したのは言うまでもない。信越化学社長として財界で重きをなした小坂は、後に政界に入り運輸大臣などを歴任する。

小坂に限らず、白洲番の記者は各社とも精鋭をそろえた。毎日新聞が安倍晋太郎（後の自民党幹事長、安倍晋三衆院議員の父）、日経は田中六助（後の通産大臣）というから驚きだ。

次郎の発想は既成概念にとらわれないから自由奔放である。商工省が従来もっとも重視してきた電力や資源関係の行政を一括して資源庁に集約し、その資源庁を通産省の外局にするという大胆な組織改編を行った。これは実に商工省と通産省の地位の逆転を意味していた。

もっとも法律や役所内組織の細かい立てつけについては不案内である。それらは永山にすっかりお任せであった。永山が案を見せると、

「うん、いいんじゃないか」

と言うだけ。こうした度量は吉田に近いものがある。

「考えてみれば、僕が作文して白洲さんが『よし』と言って通産省ができちゃったんだから、乱暴な話ですがね」

と永山も笑う。次郎がいかに永山を信用していたかは、長官印のみならず給料をもらう際の

私的な印鑑まで預けていたというエピソードでも知ることができるだろう。そんなこともあってか永山は、同僚から〝猛獣使い〟というあだ名を奉られた。猛獣が誰を指すかは言うまでもあるまい。

次郎はこの際、役所の持っている旧態依然《きゅうたいいぜん》たるところをすべてぶち壊してやろうと思っていた。次郎のこうした性癖について、河上徹太郎はうまいことを言っている。

〈彼は一種の文明批評家、しかも実践的な文明批評家である。日本の政界、財界の〝古い政治〟をブチこわしてみたいといつも思っているのだろう〉

まず最初にターゲットとしたのは、役人の世界でもっとも重視される〝年次〟である。

（一つ永山を使って年功序列の社会に風穴を開けてやろう）

なんと、局長にもなっていない永山を通産省設立後最初の次官にしようとしたのである。

「白洲さん、いったい何を考えているんですか！　いくらなんでもこれはやりすぎです！」

〝沙弥《しゃみ》から長老にはなれぬ〟とばかりに、日ごろおとなしい永山が真っ赤になって抵抗したためご破算となった。だが次郎もただでは引かない。永山を官房長に据えることで妥協したのである。当時の官庁に官房長などというポストはない。内閣官房長官から連想して新設した職階であった。これがいまに続く官房長ポストの始まりなのである。永山時雄このとき三七歳。謙虚で物静かな人物であったが、次郎のお気に入りであるために自然と祭り上げられ、誰言うとはなしに〝通産の天皇〟と呼ばれるようになっていく。

初代次官には次郎がなるのではという噂も流れたが、そんなものには端《はな》から興味はない。彼は最後の商工次官・松田太郎と会談を持ち、通産省の次官を商工省から出すことを認めたかわり、先述した永山の官房長就任と通商局の課長以上のポストを外務省に譲ることの二点を認めさせた。

次郎は、最後の仕上げと思ったのか、通産省内のすべての局に〝通商〟という名前をつけさせて貿易重視の意識改革を徹底した。従来の商工省のやり方を跡形もなく破壊しつくしたのである。次郎がいかに徹底的に誅鋤《ちゅうじょ》したかということは、後に商工族のドンである岸信介が首相になったときでさえ、経済運営を以前の国内産業育成路線に戻せなかったことで如実に証明されている。

そして昭和二四年五月二五日、次郎の夢を乗せた新生〝通商産業省〟が誕生した。貿易庁解散にあたって引き継ぎに来た事務官に対し、次郎は、

「引き継ぎをするものなど何もない。お前らは通産省を貿易庁の後身だとでも思ってるのか。過去は振り返らんでいい。これからまったく新しい行政を始めるんだ」

そう言っていっさいの引き継ぎを拒んだ。

幸いなことに初代次官の山本高行（都留重人、稲葉秀三とともに安本三羽烏のひとり）も外務省から派遣された小瀧彬（後の防衛庁長官）もともに優秀で、新生通商産業省は順調な滑り出しを見せたが、その後しばらくは、次郎が外から通産省の独り立ちに力を貸していくことになった。

「オレが具体的にやることは教えるから、とにかく仕事のできる奴がほしい」

次郎は外務省にそう依頼し、外務省にいた牛場友彦の弟・信彦（福田内閣での国務大臣）を通産省に引っ張った。

「オレはお前の兄貴と仲がいいんだから、お前より偉いんだ」

というのが次郎の口癖。顔を合わせるたびにそう言われるのには閉口したが、次郎はそんな信彦のことを高く買っていたのである。以前の貿易庁は通産省の通商局に吸収されていたが、その通商局長に信彦を就任させている。自分が仕組んだ人事であるにもかかわらず、

「おいノブ、お前がオレの後任とは大した出世だな」

と言って笑った。こうして信頼できる人材を要職に配置しながら通産省の立ち上げを確固たるものとしていった。

永山を引き抜いてからわずか三ヵ月での新省庁設立によって、次郎の豪腕は世に知れ渡った。

次郎が貿易庁長官に就任したとき、官房長官であった佐藤栄作は、

「白洲さんがいくら外人をよく知っていても、貿易庁は日本の官庁だから、役人が彼を支持しなければ何にもならない」

と言って就任に反対した。元鉄道省の役人であり官僚組織のすごさを骨身にしみて知っていた佐藤には商工省改組など絵に描いた餅に思えたのだろうが、次郎の政治手腕はそんな生易《なまやさ》しいものではなかったのだ。

強い者を叩くのはマスコミの常。次郎に対する攻撃もまた激しさを増していった。〝白洲天皇〟はまだしも、〝ラスプーチン〟呼ばわりされたときはさすがに真剣に怒った。〝側近政治〟という批判が強くなり始めたのもこのころからだった。もっとも次郎自身は〝吉田側近〟と言われるのを嫌がった。後年、

「側近？　馬鹿なことを言うな。そんなのと一列に扱われてたまるもんかい。オレと吉田とは一対一の関係だ。オレは誰にも引け目はない」

と語っているが、彼がどれだけ否定しようが、客観的に見て側近政治だったことは紛れもない事実である。側近政治がいいか悪いか？　というと悪いに決まっている。責任の所在が不明確だからだ。ただ、人はみな時代の制約の中で生きている。吉田茂が置かれた時代背景を考えてみるに、彼は戦前の体制を見直さざるを得ない立場におかれていたわけで、非体制側のブレーンが不可欠だった。白洲次郎とそれを使った吉田茂の評価は、その時代背景の中でなされるべきであろう。

今日出海《こんひでみ》がいみじくも言っているように、

「次郎はあまりに野心がないから誤解を受けるんだ」

ということもあったろう。藤山愛一郎（元外相、経済企画庁長官）が、

「白洲君は国務大臣に任命するべきだ。閣外に置くから側近政治の弊《へい》が出る」

と語っているのもまた正論である。

だが次郎は大臣にはならなかった。松本重治は『昭和史への一証言』の中で、次郎の大臣就任を見送らせたエピソードについて触れている。あるとき、吉田が次郎の大臣就任を打診してきたことがあった。すると松本は、

「白洲は舌たらずなところがあるから国会の答弁はちょっと無理じゃないですか。やめたほうがいいですよ」

と即答したという。吉田も納得し、その後は次郎の大臣就任を口にしなくなった。松本は次郎のことを高く買っていたが、同時に長いつき合いだけに欠点をも熟知していたのだ。実際次郎自身、

「そんなに文句ばかり言うなら選挙に出たらどうだ」

と周囲から言われるたび、

「オレしゃべれないからな」

と言いわけするのを常としていた。次郎が大臣になったら、それこそ吉田の〝バカヤロー〟発言や池田の〝貧乏人は麦を食え〟、〝中小企業の倒産から自殺する者があってもやむをえない〟以上の暴言が飛び出し、すぐ辞任に追い込まれたことだろう。

ちなみに次郎に駐米大使就任の話が持ち上がったことがあった。こちらのほうは次郎も乗り気だったのだが、ウィリアム・シーボルト駐日大使の反対で実現しなかった。実はGHQ外交局長兼駐日政治顧問だったシーボルトが駐日大使になる際、次郎が〝つまらん男だ〟と反対したことがあった。これを人づてに聞いたシーボルトが根に持っていて反対意見を述べたという

のである。次郎のかわりに後述する新木栄吉東京電力会長（元日銀総裁、戦中戦後の二度総裁となったことで有名）が選ばれた。

大臣や大使にはならずとも、吉田の片腕として次郎はその手腕を発揮し続けた。

このころの次郎の政治力には凄みさえある。そのことを示す池田勇人とのエピソードがある。当初、次郎の池田に対する評価は先述のように非常に高かったのだが、池田が大臣になり勢力を伸張させてくると天狗になっているのが鼻につき始めた。

そんな池田に、次郎はちょっとしたいたずらをしたことがある。対英貿易上、英ポンドに対する為替《かわせ》対策が必要となったときのこと。貿易に関する問題だけに次郎は通産省主導で対策を立てさせてやりたかったのだが、為替の所轄《しょかつ》は本来大蔵省である。そこでまずは大蔵省の顔を立て、日ごろ関係のよくなかった木内信胤《きうちのぶたね》外為管理委員長（大蔵省終連部長、吉田のブレーンのひとり）に対策立案を依頼した。そして木内案ができあがると、やおら池田蔵相を呼びだしたのだ。

「ここらでポンド対策を検討する必要があることくらいわかるだろう？　大蔵大臣は何をしてるんだ」

「別に放っておいたわけじゃない。腹案もあるのだが、通産省や貿易業界が正面から反対しているので……」

「反対？　反対がこわくて仕事ができんでは、お役はつとまらんぜ。これはオレが作らせた案だ。急いでやれよ」

「わかった。さっそくとりかかろう」

池田はすぐに、次郎の渡した案を大蔵省原案として閣議に提出した。ところがこの案に対し、意外にも当の通産省が大反対。実は次郎が裏に回って通産省に反対させていたのである。

「やられたっ！」

池田は切歯扼腕《せっしやくわん》したが時すでに遅し、結局通産省案を逆に池田が呑《の》まされる羽目《はめ》になった。貿易関係では、相手が大蔵省であっても発言力は通産省が上であることを満天下に示すと同時に、仲の悪い木内を踊らせ、生意気な池田にお灸《きゆう》を据《す》えたというわけである。この頃次郎はというと悠然《ゆうぜん》と信州でスキーを楽しんでいた。信州から戻った次郎は、涼しい顔でこう言ったという。

「まあ池田には悪いことをしたから、今度の選挙前に幹事長にしてやって花をもたせてやるとするか」

にらまれると自分の首さえ危ないことに気がついた池田は、それからは下手《したて》に出るようになった。次郎にかかれば後の首相・池田勇人も赤子同然だったのである。

只見川電源開発

通商産業省を誕生させた次郎は休む間もなく、今度は電気事業の再編成に取り組むこととなる。

戦争中、電気は国家が統制していた。日本発送電株式会社（日発）という国策会社が全国の発電と送電を一元的に行い、それを九配電が最終需要者に供給するという態勢がとられていたが、昭和二三年（一九四八年）二月、ＧＨＱから過度経済力集中排除法の指定を受けたことで早急の対策が必要になっていたのである。

新設された通産省の出番である。事が大きいだけに永山は次郎に相談を持ちかけた。ふたりは日本発送電と九配電を分割民営化するしか道はないということで一致。稲垣平太郎通産大臣も次郎と永山の構想を進めることで同意した。

さっそく電気事業編成審議会の編成を開始したが、肝心の委員長を誰にするかではたと困った。思い余って吉田は、当時公職追放中だった池田《いけだ》成彬《しげあき》に相談をもちかけた。ここで池田が推薦してきたのが松永《まつなが》安左衛門《やすざえもん》であった。戦前、東邦電力を創立し、同社を五大電力会社のひとつに成長させた大実業家である。当時七四歳。すでに実業界から引退しており、風流三昧《ざんまい》の隠居生活を送っていた。

池田は、最後に一言付け加えることを忘れなかった。

「やつは何事もやりすぎる。再編の修羅場《しゅらば》が終わったら早々にやめさせるがよろしかろう」

池田と松永はともに福沢諭吉門下。お互いを知り尽くした仲だけに言葉に重みがあった。

（あの煮ても焼いても食えないじいさんか……）

吉田から松永の名前を聞かされた次郎は、履き古した靴の裏のようなその顔を思い浮かべながら複雑な表情を見せた。松永は顔に特徴があった。口はいつもへの字で、普段から怒っているような顔をしている。実際すぐ怒鳴るので有名だった。耳が人並み外れて大きい。白い眉毛が庇《ひさし》のように長く垂れ、その下の眼光が異様に鋭い。痩躯《そうく》だが背の高さは次郎と変わらなかった。人間の顔というのは人生が刻んだ年輪のようなものだが、松永の場合、それは常在戦場の思いで戦い続けた男の顔であった。

松永は若いころ、福沢諭吉の養子である福沢桃介と一緒に神戸で石炭販売業の福松商店という会社を立ち上げた。談合で序列が決まっていたこの世界に殴り込みをかけ、同業者たちからは鼻つまみ者になった。花柳界でも豪快に遊ぶ松永はすべてが破格の存在だったが、そんな松永を見て好感を持っていた例外的な人間が誰あろう次郎の父・文平《ふみひら》だった。自分に似たものを感じたのだろう。文平は六歳若いこの青年実業家の肩を持ち、しばしば面倒を見てやっていた。

次郎はけっして松永にいい感情をもっていたわけではない。だが電力の安定供給はまったなしの状態。何が何でも松永をサポートして再編を成功させねばならなかった。

審議会の委員には小池隆一（慶応大学法学部教授）、工藤昭四郎（復興金融金庫理事長）、三鬼《みき》隆《たかし》（日本製鉄社長）、水野《みずの》成夫《しげお》（国策パルプ副社長）といった錚々《そうそう》たる面々が指名された。その選定も次郎と永山が主導的役割を果たしている。電力業界出身は松永だけであった。

（門外漢《もんがいかん》に何がわかる！）

松永にも矜持《きょうじ》があった。だがそれが悪い方向に働いてしまう。

「素人の委員は黙っていてくれ。わしは玄人《くろうと》だ。ここはすべて玄人のわしに任せてくれ。わしの案ができるまでは君たちも不要だ」

一流の財界人を子供扱いする発言が重なり、否が応でも審議会は反松永ムードになっていった。次郎と永山は松永と気の合いそうな人物を審議会に入れたつもりだったのだが、すっかり当てが外れていた。中でも三鬼隆は、これまで芦田前首相の諮問《しもん》を受けていたこともあって、一家言《いっかげん》持っている。九電力会社に分割するという方針は変わらなかったが、日本発送電を温存しようとする三鬼ら四委員と日本発送電を解体しようとする松永とが真っ向から対立した。

松永は自分の意見を通すため、

「こういう大事なことに多数決は有り得ない」

という勝手な理屈を持ち出して最後まで頑張った。結局、審議会は三鬼案と松永案の二本立て答申を出すという異例の事態となるのである。奇跡的にも松永案を答申に加えることができたのは、次郎が裏から必死の根回しをした結果だった。

ここから松永は七〇半ばの老人とは思えない獅子《しし》奮迅《ふんじん》の働きを見せる。

時の通産大臣・池田勇人を説得してすっかり松永の信奉者にしてしまったばかりか、GHQのケネディ顧問をも味方に引き込んだのである。オハイオの電力会社会長でもあったケネディは、

「ミスター松永、あなたの熱意には負けたよ。あなたの案は現実に即している。私も力になりましょう」

と言ってくれたのだ。

(やるじゃねえか)

ケネディ顧問を味方に引き込めた陰にはこれまた次郎の協力があったわけだが、その奮闘する姿に、松永のことを見直すようになってきていた。

にわかに友好的になったGHQの後押しを受けて、吉田首相は国会審議を経ずして松永案を基本にした電気事業再編成令と公益事業令を昭和二五年一一月に布告。これらを統轄《とうかつ》する公益事業委員会の発足を決定した。意外な逆転劇に政財界は大騒ぎとなり、通産省の永山官房長は国会に喚問されて激しいつるし上げにあった。

ここで吉田は池田の言葉を思い出していた。再編の方向性は固まった。そろそろ松永には舞台から降りてもらうべき時である。ここからは人事も絡《から》む。松永が好きなように進めればまた反発を呼ぶだろう。ここまでくればもう松永には身を引いてもらわねばならない。だが一方で彼の面子《メンツ》を考えてやる必要がある。次郎が知恵を出した。

「当然、松永のじいさんは続けて自分が委員長になると思っているでしょう。そこで誰か大物を委員長に持ってきて、あなたはヒラの委員ですがどうですか？　と言うわけですよ。じいさんが甘諾《かんだく》するはずがない。怒ってしりをまくってしまうこと疑いなしでしょう」

「それはいい案だ。ではお前に任せよう」

吉田は次郎に一任。委員長は、憲法改正時の国務大臣・松本烝治にお願いした。用意周到な次郎は、松永が委員を辞退した際の補充要員として石井光次郎（第一次岸内閣の副総理）への根回しも完了していた。おさおさ怠《おこた》りない。

松永に引導を渡す役には、最後の日本発送電総裁に就任したばかりの小坂順造を選んだ。先述した小坂徳三郎の父親である。小坂の総裁就任には次郎の力も与《あずか》っていたことから、頼まれれば否とは言えなかった。

小坂は松永の六歳年下である。彼は松永を多摩川の自宅に招き、丁寧な口調で話し始めた。

「今回の公益事業委員会の委員長には松本さんが就任される予定です。あなたをヒラの委員としてしか処遇できないのは心苦しいが、それでも協力していただけますか？」

言い終わって、小坂は少し首をすくめた。間違いなく雷が落ちると覚悟したのである。とこ

ろが案に相違して松永の口から出た言葉は、

「承知した。それでいいから協力させていただこう」

というもの。驚いた小坂は思わず松永の顔を穴の開くほど見つめてしまった。

(何かたくらんでいるのか……)

キツネにつままれた思いである。胸算《きようさん》はみごとにはずれた。

「まだ松本さんとは面識がないから、この際ご紹介していただこうかな」

すでに夜の一〇時を回っているというのに老人はさっさと出かける支度を始め、小坂はそこから田園調布の松本邸へと松永を連れて行く羽目になった。

(白洲君になんと言って報告しよう)

道すがら思うことはそのことばかりである。

報告を受けた次郎も、いまさら松永を強引に引きずり下ろすわけにもいかない。こうして公益事業委員会は予想外の形で発足することとなった。初日の会合で委員の間から松永をヒラの委員にしておくのはおかしいという意見が出され、委員長代理のポストが用意された。松永は老獪《ろうかい》である。委員長の松本が素人であることから丁寧に電力事業について教授をし、松本もすっかり松永を頼りにするようになっていった。何のことはない。次郎の作戦は完全に失敗し、松永はまんまと公益事業委員会の実権を掌握したのである。九五歳まで生き、九〇になっても海で泳いでいたという彼からすれば、この頃はまだまだ壮年という気持ちであったのだろう。

小坂は公益事業委員会の後押しによって、基本的に日本発送電の人間を民営九社のトップに就任させようと考えていた。ところが松永は、小坂のこうした動きを牽制しはじめたのだ。小坂は慌てた。

ここで松永の打った手は、次郎を東北電力会長に、麻生太賀吉を九州電力の会長に据えるという奇策であった。吉田にとって側近ふたりが会長に就任することに異論はない。松永は吉田を味方にし、何よりも次郎を黙らせることで、小坂に対し圧倒的に有利な立場に立てると考えたのだ。恐るべき策士である。九社の役員は松永派一三五名に対して小坂派が四九名。再編をめぐる人事の争いは松永の圧勝に終わった。

小坂には気の毒なことをしたが、途中から次郎は高みの見物となった。予想どおり松永がしゃしゃりでてきて大混乱となったが、トップ人事で小坂が勝とうが松永が勝とうが、そんなことは小さい問題に過ぎない。自分が最初に構想した電力会社九分割が成功し、GHQに文句を言われることなく電力供給事業に邁進《まいしん》できる体制が整うことが重要なのだ。自分がその現場に立ち会うとまでは思っていなかったが、それもまた悪くないと感じていた。

昭和二六年三月三一日、東北電力会長就任が発表されたこの日、次郎は国会で槍玉にあがった。九分割の陰の首謀者が次郎であることは知る人ぞ知る事実。政治家からすれば、自分たち以上の影響力を行使する次郎の存在が面白かろうはずはない。

この日開かれた衆議院本会議において分割反対派の椎熊三郎《しいくまさぶろう》（後の衆議院副議長）は、公益事業委員会に関する緊急質問として次のような発言をしている。

「吉田内閣は戦後の苦しい日本の政界にあって相当のこともなされておるようだから、悪い方面ばかり言うことは、はなはだ遺憾《いかん》ではあるが、この内閣の計画したことで許すべからざる二つの罪悪があると思う。その一つは電気の九分割案で、もう一つはタバコの民営の問題である。この二つとも、これを初めて考え出したのは誰か。今天下の問題となっておる、しかも東北配電の重役に本日発表せられたる白洲何がしというものの発案なんだ。（中略）側近と称せらるる者自らが、不当と解せられる九分割の重役に平然として就任するがごときは、日ごろ尊敬する同僚、あなたのためにも私は惜しむのであります」

昭和二四年に大蔵省から分離して日本専売公社を発足させたのも、実は次郎のアイデアであったことがわかる。政府委員の岡崎勝男はこれに対し、個別人事に政府は干渉しないと回答している。

次郎は世の中の雑音に耳を貸す余裕はなかった。とにかく早く安定的な電力供給を確保しなければ、日本の復興は絵に描いた餅になってしまう。こうして昭和二六年五月一日、新しく九つの電力会社が発足した。

東北電力の社長はこの世界での経験豊富な内ヶ崎《うちがさき》贇五郎《うんごろう》と決まった。仙台一中はじまって以来の秀才と言われ、記憶力抜群で数字に明るかった。だが白洲次郎が会長になると聞いてさすがに不安だったらしく、そのときの気持ちを次のように語っている。

〈白洲という人はどんな人か少しも知らなかったが、世間ではむずかしい人だという。まあどんな人か知らないが、なんとかやってみよう、とにかくやりかけたことはやらねばと決心した〉（東北電力株式会社『内ヶ崎贇五郎流芳録』）

永山時雄はこの内ヶ崎の追悼録に、〈白洲東北電力会長を補佐してよく活躍され〉〈内ヶ崎さんの女房役としての人柄が大きく貢献したものと思っております〉と書いている。追悼録なのだからもう少し内ヶ崎を立ててやってもよさそうなものであるが、実際のところ、人格者である内ヶ崎は、自らは縁の下の力持ちとしての役割に徹していた。次郎ばかりが目立つことを不満とせず政治力の必要な分野は次郎に任せ、自らは経験に基づいた緻密《ちみつ》な計画のもと着実に経営の実効を挙げていった。

次郎も内ヶ崎の気持ちはよくわかっており、社長を立てるよう努めた。こうして〝日本の再建は東北から、東北の開発は電力から〟というスローガンの下、東北電力は着実な歩みを進めていくのである。

そこに大きな問題が立ちはだかった。わが国最大の電源として期待されていた只見川《ただみがわ》水系の開発問題である。

只見川は尾瀬《おぜ》沼を源とする急峻《きゅうしゅん》な河川。多くの支川を合流し、新潟県に入って阿賀野川となり日本海に注いでいる。源流域は年間雨量も多く、かつ日本有数の豪雪地帯であることから、豊富な水量と大きな落差という水力発電にはまさに絶好の条件を備えていた。〈当時、東北における開発可能な水力の出力は約二〇〇万kWであったが、このうち4分の3が只見川に集中していた〉（『東北電力株式会社50年のあゆみ』）という事情もあり、次郎はこの只見川水系のダム建築を当然のように東北電力の手で進めようとしていた。

ところがこの世紀の大事業に待ったをかけてきたのが、ほかならぬ東京電力だった。

彼らはこの流域に古い水利権を持っており、それを盾に自分たちこそ開発する権利があると主張。一歩も引かない構えであった。〝白洲の陰謀〟〝東電の無能〟とお互いにののしりあい、そのうち只見川は誰言うともなしに〝イガミ川〟と呼ばれるようになっていった。

そもそも只見川の電源開発は、経済安定本部が昭和二四年三月に国土総合開発審議会を設置して、アメリカのTVA（テネシー川流域開発公社）による資源総合開発をモデルとした開発の実施を計画していたものであった。他人にとやかく言わせないという自負が次郎にはあった。

〈地理的にも東北電力が手がけるのが合理的だ。オレは合理主義に徹するのだ。オレの心事を曲がった物差しで推量するヤツが多いが勝手にしろだ〉

次郎は東京電力の新木栄吉会長との直談判に及んだが、新木は折れなかった（昭和二七年五月になって新木は、先述のように次郎のかわりに駐米大使になって転出していく）。

〈東京電力の経営者に衷心《ちゅうしん》より希望することは、子供がすねているみたいなことを止めて電源開発に邁進しましょうということだ。成程《なるほど》○○電力は全力を挙げて電源開発問題と取り組んでいるということを、一般大衆が納得した時に始めて一人前の口がきけるので、紙の色の変った様な古証文を振り廻した処《ところ》で、関心を持つのは弁護士だけで国民はそんな笛ではおどらない。国民の納得しないことで国民の支持なくて、どうしようたってそれは駄目だ。そんな時代はと

っくに過ぎた〉(『おおそれながら』「文藝春秋」一九五二年一〇月号)

ところがここにきて公益委が東北電力案に反対を表明。怒り心頭に発した次郎は、反対勢力を自ら各個撃破する挙に出た。委員長の松本には、小坂順造と一緒に吉田を通じて圧力をかけた。問題は松永だった。これまで多少のことは目をつむって支えてきてやったが、壁となって立ちはだかるというのであれば次郎にも考えがあった。

ふたりが激突する様子をたまたま目撃した人物がいる。松永の慶応義塾の後輩であった阿部文六である。彼が所用で松永の事務所を訪ねたとき、部屋の中から怒鳴り声が聞こえてきた。

(ん……いったい誰の声だ?)

それが松永の声ならいつものことだと納得もいった。だが驚いたことに、それは違う人間の声だった。その怒鳴り声の主こそ白洲次郎その人だったのだ。

「そりゃ、じいさん! あんたの理屈だ!」

と大声で嚙み付いていた。しかも松永が座っている机の上に横座りになっている。次郎このとき四九歳。日ごろ畏怖《いふ》している松永に対し、三〇歳近くも年下の次郎が食って掛かっている様子に、阿部は度肝《どぎも》を抜かれた。

談判は一時間に及んだが、松永はいっこうに折れない。やはり一枚も二枚も役者が上だった。鼻っ柱の強い次郎のことを、まるで若いときの自分を見ているようだと内心可愛くさえ思っていた。喧嘩は呑まれてしまったら負けである。さすがの次郎も説得をあきらめた。

東京電力も激しい攻勢をかけてきた。東北電力を提訴し、本名《ほんな》、上田の工事に仮差押えをかけてくるという実力行使に出たのだ。もはや東北電力は絶体絶命――誰もがそう思った。

対抗策を練るため、次郎は内ヶ崎社長と大竹作摩《おおたけさくま》福島県知事を含めた三者会談を開いたが、名案などあろうはずもない。議論は煮詰まってしまい空気は重く淀んでいた。腕組みをしたままのふたりを見ていて、ついに次郎が痺《しび》れを切らした。

「よし、こうなったら最後の手段だ!」

「この期に及んで何か方策でも?」

内ヶ崎社長と大竹知事の表情がぱっと明るくなった。

「こうなったら正面突破だ! 筋の通らん話に屈してたまるか!」

「具体的には?」

「水利権の無効を認めさせ、工事実施認可を出させる!」

内ヶ崎と大竹は思わず顔を見合わせた。

「それができないからこうして三人集まっているんじゃないですか……」

喜んだ分落差が大きい。ふたりはがっくり肩を落とし、すっかりあきらめ顔であったが、次郎は彼らをおいてすぐに行動を起こした。

まず所轄省庁である建設省の説得にあたった。建設大臣の野田卯一《のだういち》(元大蔵次官、野田聖子衆議院議員の祖父)は日頃から次郎のことを慕っており、「白洲さんは私の親友だ」と口にしてはばからない仲だった。次郎の必死の説得が功を奏し、昭和二七年七月二五日の閣議においいて、野田建設大臣は東電の主張する只見川の水利権を東北電力に切り替えさせるという超法規的措置を実行に移してくれたのである。

どういったトリックを使ったものか皆目見当がつかないが、こうなったらこっちのものである。吉田首相の後押しもあって、九月一五日、ついに東北電力に対する工事実施認可が出された。

（なんと……）

その腕力に内ヶ崎社長は目を見張った。自分はもちろん、大竹福島県知事でもなんともできない絶体絶命の状況を打開したのは、ひとえに白洲次郎の手腕によるものだった。電力会社には政治力のあるOBは何人もいる。だが次郎のそれは桁違《けたちが》いだった。〝白洲三百人力〟（次郎ひとりで自由党代議士三〇〇人に匹敵するという意味）と称されるその実力をいまこそ思い知らされた。

（味方でよかった）

根がまじめな内ヶ崎は心底そう思った。

念には念を入れ、次郎は自分の息のかかった高碕達之助《たかさきたつのすけ》を電源開発社総裁にして支援を約束させた。〝四面楚歌《しめんそか》〟の状態からここまでにもってきた次郎の力量を「経済往来」はこう書いている。

〈東京電力のもつ水利権を事実上奪った白洲の政治力も、腰は抜けているが野心だけは人一倍の閣僚どもを側近の威光を笠に丸めこんだもので、ある意味では天晴《あっぱ》れな力量ともいえるだろう。また白洲は電力再編成の際、慧眼《けいがん》というか深謀遠慮《しんぼうえんりょ》というか、旧日発当時から建設局関係で只見川開発計画を担当していた技術陣の優秀メンバーをごっそり東北電力に引き抜いてしまった。また只見川開発計画の図面その他の諸書類は日発解体と同時にこの人たちとともにそっくり東北電力に持去られてしまった。この人たちがいま只見川下流開発工事の推進力となっているわけだ〉(『政争と利権にゆがめられた只見川』「経済往来」一九五二年一〇月号)

次郎のすごさは強引なまでの突破力にあると語られることが多いが、それは印象論に過ぎない。緻密な計算に裏打ちされた戦略立案能力こそ彼の本領であり、してやられた側の人間が後に振り返ってその力量の違いに慄然《りつぜん》とするところなのである。このときの東電の安蔵弥輔《あんぞうやすけ》社長がまさにそうであった。技術者も調査資料もすべて引き抜かれたのではなすすべがない。

一合戦《ひとかっせん》終えた次郎は、現地調査の帰途、東山温泉に泊まった。その夜の宴会で、芸者たちが会津磐梯山《あいづばんだいさん》の節《ふし》に乗せ、面白い替え歌を歌い始めたのだ。

——只見川こそ日本の宝

電気起こしてエーマタ国起こす

ハア電気だ、電気だ、電気だね

電気なければエーマタ真の闇

「そうだ、そのとおりだ!」

次郎は思わずひざを叩き大きな声を出した。興奮していた。自分の思いを土地の人々は知ってくれていたのである。胸がいっぱいになった。いつもは気短な酒の飲み方しかしない彼も、この夜ばかりは夜中の二時近くまで繰り返しこの歌を歌わせて喜びに浸った。

次郎はすっかりこの東山温泉が気に入ってしまい、議員などが視察に来る際にはここで宴席を持ち、金を落とすよう配慮してやった。こうして東山温泉は東北電力のおかげで花が咲くように温泉街全体が活況を呈するようになる。東電の安蔵社長は面白くない。

「あれは只見川ではなく〝ただ飲み〟川だ」

そう吐き捨てるように言ったが、負け犬の遠吠えにしか聞こえなかった。

新しい電力会社は発足したが経営は不安定である。根本的な問題として営業収入が足りなかった。解決するには電力料金の値上げしかない。だがその実施にはたいへんな反発が予想された。

ここで松永が男気を見せた。

彼は反対派の矢面に立って電気料金改定に乗り出すのである。予想どおり世論は沸騰した。電力料金値上げ反対の投書が殺到し、中には「松永を殺す！」という脅迫状も混ざっていたという。非難、中傷が新聞に載らない日はない。労働側からも経営側からも「松永を切れ」という声が高まり、総評を中心とする労働組合六三団体は、「松永公益委員長代理辞任勧告」を満場一致で採択した。国会でも反対派の追及は厳しかったが、

「牛乳が飲みたければ、牛に餌をやらないといけません。ひとつよろしく」

と人を食ったような答弁をし、いっさい妥協しようとはしなかった。

松永は自分の心境を次のような歌に詠んでいる。

――生きているうちに鬼と云われても死んで仏となりて返さん

世間の〝電力の鬼〟という批判の声に対する、それが答えだった。松永の孤軍奮闘に胸打たれたのが次郎である。〝筋が通って〟さえいれば、こうした男気がそれはもう震えるほど好きな男である。

（よし、じいさん応援してやろうじゃないか！）

大声で怒鳴り合ったことなど気持ちいいほどきれいに水に流して、松永の応援をし始めた。まず手始めに、電力料金の値上げ申請が決まるまで自分の月給を半分にすると宣言した。ともに戦うという心意気を示したのだ。

「電気は公益事業だと言うが、確かに家庭用電力に関してはそうかもしれない。だが大口需要者に関しては営利事業であるべきだ」

それが次郎のかねてからの持論であった。松永や次郎の運動の甲斐あって、昭和二七年、二八・八％の電気料金値上げが認められる。これによって電力会社の財務内容は大幅に改善し、海外からの資金導入も可能となるのである。

どこの建設現場でも、社員たちは昼夜の別なく献身的に働いてくれた。次郎はそんな現場を、そして社員たちを、心から愛した。次郎にとって、ダムを〝作る〟という仕事は、幼いころに大工のミヨシさんが教えてくれた〝モノを作る喜び〟に通じるものがあったのだ。発電所という雄大な〝モノ作り〟に取り組めることは心躍らせる経験だった。

「白洲さんが事務屋をやるわけがないし、どうなることかと思ったよ」

当初永山は心配していたが、次郎は立派に〝会長〟職をこなしていた。ただそれは、ヘルメットにサングラスと長靴姿で、ダム工事現場をみずからランドローバーに乗って見回るという異色の会長であった。

ランドローバーは英国製。高速巡航から極悪路の走破まで幅広い走行性能を持つイギリスの軍用車である。その性能を熟知していた次郎は、ダム建設のため、わざわざ英国から八台輸入させたのだ。

現場の人たちはこのランドローバーに乗って、毎日会津若松から只見川筋を縦横に走った。号令があるとどこにいても一、二時間後には集合することができるようになり、仕事の能率は飛躍的に上がった。

細かい指示も出した。

「作業服は上下真っ赤なつなぎにしろ」

現場の人々の安全は彼がもっとも関心を払った点である。雪が降ったときでも鉄塔に上っている作業員がよく見えるようにとの配慮であった。

昭和二九年六月に行われた只見川ダムの竣工式《しゅんこうしき》には、来賓《らいひん》として秩父宮妃殿下を迎えた。妃殿下（松平節子）が正子とは学習院時代の親友だったことはすでに述べた。只見川は会津松平家の旧領であるだけにたいへんな歓迎ぶりで、郡山《こおりやま》駅に出迎えに来た人々の中には土下座して出迎えるお年寄りもいた。

「私の居場所がないわね」

　正子も同行していたが、こちらは宿敵薩摩の人間なので小さくなっていた。工事現場へは次郎自らがハンドルを握って案内した。こうしたところがいかにも彼らしい。

　発電所を完成させるたび、彼はその感動を碑文にして残している。

〈この発電所の完成は　地元の人々の理解ある協力と　東北電力従業員の不抜《ふばつ》の努力なくしては不可能であった　その感激と感謝の記録にこれを書く　白洲次郎〉（只見川ダム柳津《やないづ》発電所）

〝地元の人々の理解ある協力〟とあるのは社交辞令ではない。ダム工事のため、彼らの自宅や墓地は水没していたのだ。また建設中に社員の死亡事故も起こった。こうした犠牲の下で工事が進められたことの重みを彼はしっかりと受け止めていた。

　東北電力という会社の中に、徐々に次郎の考えが浸透していった。初めて株主総会が開かれたときのこと。一時間前に会場を下見した次郎は、壇上に役員が並ぶようになっているのを見とがめた。

「株主総会は年に一度、株主たちの意見を聞くために開くものだ。役員が偉そうに壇に上がってどうすんだ」

　すべての壇を取り払い、株主席と同じ高さに直させた。〝威張る〟ことは次郎のもっとも嫌う行為の一つである。職場でも、女子社員にお茶を入れさせることを禁止させ、自分で入れさせた。

「白洲さんに、初めてデモクラシーというものを教えてもらった」

社内ではそんな声も聞かれたという。

昭和三四年四月、次郎は東北電力会長を退任した。電源開発の目処《めど》が立ち、電力の安定供給も軌道に乗り始めた。只見川で生まれた電力が町々の工場へ流れ、生産ラインのモーターをフル回転する音が聞こえるようであった。

(やるべきことはやった……)

思い残すことは何もなかった。その後只見川水系には、田子倉ダム、只見ダム、滝ダム、黒谷ダムを含む二〇のダムと三四の発電所が完成。最大出力二四〇万kWを越える日本屈指の大電源地帯となっていく。

彼は只見川柳津ダムの建設現場を訪れた際、いい格好の石を見つけ、

「死んだらこれに〝俺の墓〟と彫るんだ」

と言ってその石を持ち帰った。只見川ダム事業に注ぎこんだ彼の思いの深さがそこには込められている。

講和と独立

吉田や次郎の努力の甲斐あって、日本の生産力はみるみる戦前の水準を回復し、今やそれを凌駕《りょうが》しようとしていた。食べることの心配がようやくなくなり正気に返ってみると、主権の無い国家の惨《みじ》めさが身にしみてきた。国民は長びく占領状態にはもうあきあきしていたのだ。〝早く講和を〟という声が国内に満ちていた。

だが講和の方法が問題だった。日本の国際社会への復帰には近隣諸国を中心に反対もあり、すべての国と講和条約を結ぶ（ソ連を含む〝全面講和〟）のは不可能に近かった。ただ一方で、講和に賛成してくれる国とのみ条約を結ぶ（アメリカを軸とする〝単独講和〟）というのは一部の陣営に組することにつながりかねず、戦争を放棄するという理想との間で矛盾が生じる可能性があった。

吉田は強烈な反共主義者であり、ソ連との友好などはなから考えていない。全方位外交的見地に立つ〝非武装中立、全面講和〟という主張を空理空論だとしてヒステリックなまでに排除した。ところが講和交渉の当事者である外務省内でさえ一枚岩ではなかったのだ。条約局長の西村熊雄《にしむらくまお》(後のフランス大使)が単独講和を主張すると、課長クラスは一斉に反発。すると西村は全面講和にも一定の理解を示す発言をするなど、実際に国の舵取りを任されている吉田からすれば、

「いつまでも議論していろ！」

と言いたくなるような様相を呈していた。

(あいつらは講和を急ぐことの重要性がまったくわかっとらん！)

時の東大総長・南原繁《なんばらしげる》を指して〝曲学阿世《きょくがくあせい》の徒〟という暴言を吐いたのも、外務省内部の全面講和論者に対する苛立ちが引き金となったものだった。次第に吉田は秘密主義に走りはじめる。秘密主義はマスコミに対してのみならず、外務省に対しても向けられた。

どの社会でもOBほど自分が属していた組織に厳しい者はいない。どうしても〝自分ならこうするのに〟と考えてしまう。そういう意味ではOBの吉田は外務省にとってもっともやりにくい相手であった。そしてついに一部の側近だけで講和という大事業を遂行しようと決意する。吉田はまず池田勇人蔵相を呼んだ。

「池田君、われわれの思いを直接ワシントンに伝えようと思うんだ」

池田の顔に緊張が走った。

「軍部はやはり日本の占領を長引かしたいと思っておるはずだ。中には〝永久占領〟などとふざけたことを言っておる輩《やから》もおるようだ。やはり国務省と直接交渉しないと、ことは前に進ま

ん」

「GHQにはどう報告するのですか」

「君にアメリカの経済財政事情を見学させ、今後の参考にさせたいとでも言っておけばいい」

「はあ?」

池田は思わず苦笑した。

吉田はついに大胆な賭けに出たのだ。最悪の場合、制裁が待っているかもしれない。細心にして大胆——それが吉田の真骨頂《しんこっちょう》であった。

「白洲を一緒に行かせる」

そう吉田は付け加えた。

「あいつはいざというとき役に立つ男だ」

こうして次郎は特使の発令を受けた。政治家でも役人でもない人間が〝特使〟になるというのは異例のこと。マスコミからも自由党内からも批判が出た。次郎が日ごろ、

「自由党には大臣以下、ロクな奴はいない」

といった発言をしていたことも火に油を注いだ。記者会見の席で増田甲子七《ますだかねしち》官房長官は、

「特使とは何か?」

と新聞記者に追及され、

「強いて言えば、首相の〝パーソナル・リプレゼンタティブ〟の日本語訳です」

と苦しい答弁を行っている。だが吉田はいっこう意に介さなかった。吉田は次郎が外国人と

交渉する際のセンスに全幅の信頼を置いていたのだ。実際次のように語っている。
〈白洲次郎君など、外国人と話していても、それに対する勘が我々とまるっきり違うですね。白洲君の話を聞きながら、なるほど、そういうものかと思って感心しますがね。この勘は向こうで育たなければ、なかなか出来ない勘ですね〉（「親子対談」『吉田健一対談集成』所収）

こうして昭和二五年（一九五〇年）四月二五日、池田とともに次郎は渡米した。これは後に〝池田ミッション〟と呼ばれ、その内容は長くベールに包まれていたが、講和を現実のものとして引き寄せた重要な会談であった。

このとき池田の秘書官として同行したのが後の首相・宮澤喜一である。次郎が宮澤を知ったのはこのときが最初だった。次郎は宮澤のことをいたく気に入り、晩年に至るまで親しくつき合っている。将来は総理にしたいとさえ思っていたが、残念ながら宮澤が総理になったのは次郎が他界したあとのことであった。

渡航を前にしてＧＨＱに届出を出した池田は、
「拇印《ぼいん》を押せ」
と言われて耳を疑った。
（一国の大蔵大臣に、サインだけでなく拇印を押せとは……）
ふつふつと湯が滾《たぎ》るような悔しさが身を震わせた。
（絶対に独立を勝ち取ってやる）

そう心に誓った。

出発直後、飛行機の調子が悪くいったん羽田に引き返すといったアクシデントもあってひやっとさせられたが、次郎は久々の海外であり、なおかつ初めて飛行機に乗れるとあって心なし浮き立つものがあった。機内食の後、くわえ楊枝《ようじ》のままでいる池田を、次郎は、

「行儀悪いぞ」

と叱ったが顔は笑っている。機嫌のいい証拠だった。

宮澤に、

「池田はワシントンじゃ右も左もわからんだろうから、よく面倒見てやるんだぞ」

と念を押した。池田は英語が大の苦手。そこは英語の堪能な宮澤がしっかりサポートしてやることになった。もっとも一度だけ、宮澤の外出中に、池田がおそるおそる自分でルームサービスを頼んだことがあった。トマトジュースをオーダーしてしばらく待つと部屋をノックする音が聞こえた。池田がドアを開けたところ、ボーイが持ってきたのはなんとトマトケチャップであった。池田はそれ以後、英語でしゃべるのを封印することにしたという。

当時ワシントンの日本大使館は閉鎖されたまま。ワシントンにいる日本人は朝日新聞の中村正吾とNHKラジオ『アメリカ便り』担当の坂井米夫だけ。そんな時代だった。

外貨の持ち出しも制限されている。池田たちは米国側の厚意で教育使節団の指定を受け、最低限のドルを確保することができた。贅沢《ぜいたく》はできない。財務省の向かいにある『ホテル・ワシ

ントン』という中級ホテルに泊まった。池田と宮澤はツインベッドの相部屋。宿泊費は一日わずか七ドルであった。

ワシントンに到着するとすぐ次郎は池田たちと別行動をとった。池田のほうはさっそく国務省と接触している。本当はディーン・アチソン国務長官かジョン・フォスター・ダレス国務省顧問に会いたかったのだが、どちらともうまく会うことができなかったため、しかたなく陸軍省顧問であったドッジと会うことにした。

そして彼を相手に、日本としては早期講和を望んでいること、ソ連がアメリカよりも先に講和を申し出てくる可能性なきにしもあらずだということ、早期に日本が独立できなければ政情不安が起こる可能性があることを切々と説いた。

吉田は早期独立のためならば〝米軍基地存続を認めてもいい〟という、アメリカを講和に踏み切らせるための切り札を、池田に持たせていた。ソ連の脅威への対処を迫られていた米国にとって、これは願ってもない申し出であった。

会談後、池田と宮澤はホテル・ワシントンに戻ってきた。日本酒の四合びんと福神漬《ふくじんづけ》を日本から持参していた宮澤は、洗面器にお湯を張って燗《かん》をし、福神漬をつまみにコップ酒をあおった。池田は広島の造り酒屋の出だということもあって酒はめっぽう強い。だがそのせいではなく、緊張のためにいくら飲んでも酔わなかった。

一方の次郎はというと、彼が一泊七ドルの部屋に泊まろうはずもない。英国時代の友人の屋

敷を泊まり歩き、日中も池田・ドッジ会談には同席せずに単独行動をとっていた。宮澤は、

――このとき次郎が何をしていたかまったく知らなかったし、全然仕事しているという感じはなかった。

と証言している。だが次郎は、宮澤たちの知らないところで重要な会談をしていたのだ。

（吉田の懐刀《ふところがたな》である白洲次郎こそ吉田の本音を知る鍵ではないか）

そう睨《にら》んでいた国務省は、むこうのほうからアプローチしてきた。相手は、対日講和担当のバターワース国務次官補。次郎を自宅の昼食に招き、極めてシリアスな意見交換をしている。

「最近のニューヨーク・タイムズによると、日本の野党が中ソ抜き米軍基地つきの平和条約には反対するといっているそうだが」

「あの連中は長い占領でボケてしまい、自分に都合のいい幻想とイデオロギーの犠牲になっているだけだ。共産党の宣伝もあるし、アメリカがなかなか自分の方針を言わないことも、非武装中立論などという空理空論がのさばる原因になっている。早く講和の見通しをはっきりさせないと状況はますます悪くなるだけだ」

「一九四七年、わが国は〝正直な周旋人《しゅうせんにん》〟（an honest broker）になって日本との講和をまとめようとしたが、ソ連と中国が動かなかったせいで行き詰まった。その後の三年間で、ソ連が肉食動物なみの略奪者だということがわかった。どうやって日本をソ連から守るかが問題だと考えている。ところが一方でオーストラリアやフィリピンのように、日本が軍国主義になることを恐れている国もある。わが国としては、今回は慎重に準備してから動き出したいのだ。そこ

で、あなたの考えを聞かせてくれないか」

「では、これは極秘ということで聞いてほしい」

そう前置きした上で、次郎は次のように話し始めた。

「日本は地理的にソ連に近いし、中立などという立場をとったらすぐ共産日本になってしまうだろう。だから中立は問題外だ。もちろん、日本経済の弱体ぶりと新憲法による制約と過去の苦い経験から再軍備もできない。日本は国家として戦争を放棄したのだから、日米協定で米軍基地を日本に残して戦争に備えるというのも憲法上むずかしいはずだ。この袋小路《ふくろこうじ》を突破するいちばんいい方法は、アメリカが日本の占領を終了すると宣言して、軍事面以外の内政と外交権を日本政府に完全に返還する一方で、いざという場合の軍事行動の自由を保持するという方法だ」

米軍基地を残してでも独立の早期実現を目指した吉田に対し、次郎は筋論として、基地もなく沖縄なども返還された形での独立を目指すことはできないかと考えたのだ。

講和条約を結ぶことなく、アメリカ一国の国際宣言によって軍事を除く国家主権を日本に与えるというこの案は、実は米軍が検討していた有力な選択肢のひとつだった。米軍や国務省はこれを〝待機司令部案〟(Stand-by SCAP)と呼んでいた。次郎がこの案を自分で考えたのかGHQから聞き込んだのかは判然としない。

「米軍基地を日本に残すのは憲法上むずかしい」という次郎の言葉は、米国がキャッチしていた〝日本人は米軍基地に反発している〟という情報を裏打ちするものであった。バターワースは次郎との会見後、「ほかの情報源からきた報告が正しかったことが確認できた」とアチソン国務長官に報告している。

次郎の話を聞いた米国側は悩んだ。

米国政府の本音を言えば、やはり彼らは米軍駐留を継続させたかったのだ。そのためには国際的大義が必要になる。〝待機司令部案〟をとるとすると、アメリカ一国の国際宣言で本当にほかの国が納得するのかという大きな問題があった。その点、吉田のように〝日本側から米国の基地存続を申し出〟てくれれば、こんな美しい解決方法はほかにない。

結局、アメリカは吉田の提案に乗り、日本からの依頼に基づいて日米安保条約を結ぶ一方、ソ連など一部の国を除くかたちで講和条約を結ぶことになった。

だがもし米国が次郎の案を採用していたとしたら、わが国は米軍基地抜きの独立を実現できたに違いない。それが日本にとって吉と出たか凶と出たかはわからないものの、日本国民が今と違って独立自尊の精神に富んでいたのではないかと想像するのである。

後の安保をめぐる議論に関して次郎は次のように述べている。

〈私が政府であるならば、私は国民にいうだろう。安保を廃止して自分のふところ勘定で防備をすれば、いくらかかる。この費用は当然国民の税金から出てくるのだから、国民の所得税は〇〇パーセント増加、物品税は〇〇パーセントの増加、云々と。なぜもっと具体的に数字で、というより、自分で防備をやったらいくら税金がふえると国民に説明しないのか。税金がふえて、我々の生活が今よりぐっと苦しくなっても、なお外国の軍隊を国内に駐留させるよりもい

いというのが国民の総意なら、安保など解消すべし〉（『プリンシプルのない日本』「諸君」一九六九年九月号）

昭和二五年六月二一日、ダレス国務省顧問が初来日し、吉田首相との会談の冒頭いきなり、

「日本が講和を結んで独立国家になるというのなら、われわれとしても日本の再軍備を認めてあげましょう。いやむしろぜひ再軍備してもらいたいと願っている」

と単刀直入に再軍備要求をつきつけてきた。独立国として軍隊まで持っていいという寛大な申し出を、まさか吉田が断ってくるとは思っていなかったので根回しもせずにいきなり持ち出したのだろうが、吉田は、

「いえ、われわれは憲法で軍隊は持てないことになっていますので」

と即座に拒否した。

「それは閣下の本心かね？」

「もちろん」

この吉田の反応はダレスにとって予想外のものだった。会談が終わってから側近に、

「〝不思議の国のアリス〟になったような気がする」

と漏らしている。だが、この吉田・ダレス会談の直後に朝鮮戦争が勃発したことで情勢は急展開していく。

日本国内は戦需景気に沸いたが、講和独立の観点からは戦略を一から見直さざるを得ない状

況に追い込まれた。案の定、米国防総省はこの戦争によって日本の軍事的重要性を再確認し、日本を長期占領したいと強硬に主張し始めた。そんな折、マッカーサーは吉田に書簡を送りつけ、

〈七万五〇〇〇名からなる警察予備隊を創設するとともに、海上保安庁の六〇〇〇名増員を行うよう〉

と具体的な指示を出してきた。戦争の放棄をうたった〝マッカーサー三原則〟はいったいなんだったのかとも思うが、マッカーサーが急に意見を変えるのは今に始まったことではない。こうして昭和二五年八月一〇日、警察予備隊が創設されるのである。

（占領が長期化するよりはましだ……）

吉田は割り切った。この政治家の凄みは、その場しのぎの人気取りをせず、〝国家百年の計〟を考え続ける先見性にある。警察予備隊の創設は、日本の長期占領という最悪の事態を回避するための譲歩策だったのだ。鈴木元首相の託した〝負けっぷりをよくする〟という言葉をこうして体現していたのである。

吉田は次郎を米国に派遣してダレスと会談させた。ダレスは思ったとおり警察予備隊を増強するよう圧力をかけてきたのだが、次郎は〝ふざけるな！〟と言わんばかりにつっぱねた。

「それなら国民を再教育しなさいよ！　ＧＨＱ民政局、すなわちあなたがたアメリカ人が、〝戦争は悪だ〟、〝今度の憲法では戦力を放棄したんだから軍隊はもってはならないんだ〟と日

本国民を教育したんじゃないですか。いまさら手のひらを返して軍備増強しろとはよくもまあ言えますね」

「そこを何とかするのが君たちの役目だろう。いつまでもわれわれが占領したままでいいというのかね？　独立を取り戻したいんだろう。私は君と議論しようと言っているんじゃないんだ。こうやれと命じているんだ」

ダレスは真っ赤になって怒り出し、最後には本音も飛び出してきた。

「何とかしろなんて無責任なこと言われても責任はもてませんよ。今度政府が国民の信用を失ったら日本は赤化しますよ。それでもいいんですか！」

敗戦国の分際《ぶんざい》でつべこべ言うなと、恫喝《どうかつ》に近いことさえ言ってきたダレスに対し小気味いい啖呵《たんか》である。冷戦が先鋭化していた当時、日本がソ連の軍門に下ることをアメリカがなにより恐れていることを次郎は熟知していた。ダレスは後に国務長官を務める大物である。一方の次郎は大臣でさえない。その大物を相手に〝日本が赤化してもいいのか？〟という殺し文句で喧嘩を売ったのだから大した度胸である。

さすがにダレスも怒って横を向いてしまい会談は打ち切りとなった。怒りながらもダレスは、

（日本には一筋縄《ひとすじなわ》でいかないやつがいる）

という印象を強く持った。

しばらくしてトルーマン大統領は再びダレスを特使として日本へ派遣するが、その少し前、

先に来日していたダレスの秘書官ロバート・A・フィアリーと次郎は対談を行っている。フィアリーはグルー駐日大使の秘書をしていたので次郎とは旧知の仲。次郎は彼を相手に大演説をぶった。

「沖縄と小笠原両島をアメリカが領有するなどというのはとんだ過《あやま》ちだ！　講和条約を結んだってそんなことをしたら何にもならない。そんなことをしたら、将来にわたって日本はアメリカに対して恨みを持ち続けるだろう。それでもいいのか！」

米国の高官に対し領土問題を正面から話題にしたという意味で、この次郎の発言は歴史的にたいへん意味のある発言である。

次郎の言うことに一点の曇りもない。フィアリーは立場上なんとも言えなかったが、

「貴公の意見は本国に持ち帰って報告しよう」

と約束した。次郎は最後に念を押すようにしてこう言った。

「繰り返すようだが、もしこれらの領土が返ってこなかったら、私自身や高等教育を受けた人間だけではない、日本人は一丸となって米国を敵対視することになる。これだけは覚えておいてくれ」

フィアリーは黙ってうなずいた。昭和二六年一月二三日のことであった。

マッカーサーが早い時期から前線基地としての沖縄の重要性に目を付け、この島を恒久的に支配したいと考えていたことは先刻承知である。だがこればかりは譲れなかった。戦争に負けた以上、戦力を放棄することはやむをえない。しかし日本の領土を守ることだけは、相手が誰

であろうが断固主張するべきだ——彼のプリンシプルはそう語っていた。

フィアリーとの会談の二日後、ダレスは来日し、二月七日の吉田首相との会談において講和条約・日米安全保障条約・行政協定の締結が約束された。

完全な独立国家になるのなら講和条約一本でいいはずなのだが、米軍駐留を前提にするために、安保条約と行政協定を別途結ぶという異例の形となった。安全保障条約の構想は次郎が吉田に進言したものだという説があるが、〝待機司令部案〟を持論にしていた彼が基地駐留を認める安保条約を勧めたとは考えにくい。

ちなみに吉田は、岸政権下で日米安保条約の改定が行われる際、

「わしが安保条約を締結したのは進駐軍を日本から帰らせるためだ。いまさら安保条約の改正など必要ないだろう」

と言って反対したことはあまり知られていない。吉田や次郎は占領状態の回復を最優先に考えたのであって、アメリカに安全保障してもらいたいがためにこの条約を結んだわけではなかったのだ。


一方のマッカーサーであるが、朝鮮戦争国連軍最高司令官に任命されていた彼は仁川《インチヨン》上陸作戦を勝利に導き、退路を断たれた北朝鮮軍は雪崩《なだれ》を打って潰走《かいそう》した。ワシントンの統合参謀本部が成功率は五〇〇〇分の一だろうと言っていた奇襲作戦である。やはり彼は軍事の天才であった。ところが一〇月末、鴨緑江《おうりよくこう》を越えて中国共産党政府の義勇軍が北朝鮮に殺到すると、

米軍と南朝鮮軍は甚大な損害を蒙《こうむ》り再び劣勢に陥った。トルーマン大統領は泥沼にはまっていく危険を感じ始めていたが、マッカーサーは原爆使用をも視野に入れた全面戦争を主張する。マッカーサーは先述した仁川上陸作戦の成功などもあって米国内での人気はうなぎのぼり、大統領選に担ぎ出そうという動きさえ出ていた。

強気になった彼は独断専行の悪い癖が出始める。大統領と事前協議することなく共産軍に対して威嚇《いかく》的声明を発したのは明らかな越権行為であった。このために計画していた休戦のよびかけができなくなってしまったトルーマン大統領は激怒。「憲法に規定された大統領の権限への挑戦」であり、「国連の政策を侮蔑《ぶべつ》するもの」であると厳しく弾劾《だんがい》し、両者の緊張が高まる中、昭和二六年四月一一日、トルーマン大統領はついにマッカーサー最高司令官を解任するのである。

解任の知らせが届いたのは昼食の最中のこと。副官のハフ大佐が部屋に入ってくるとメモを夫人へと手渡した。一瞥《いちべつ》してすべてを理解した夫人はマッカーサーの背後に回って肩に手を置くと、そっとその紙片を夫に見せた。彼の顔は一瞬こわばったが、夫人のほうを振り返り、

「ジーン、やっと帰国できるね」

と言って微笑んだという。

日本にとってもマッカーサー解任は青天の霹靂《へきれき》である。ある新聞の外信部では、〝マッカーサー・ファイアード!〟(マッカーサー解任!)という知らせを聞いた若い記者が、

「マッカーサーが撃たれた!」

と叫んだため、あやうく〝元帥狙撃される〟という号外が出されそうになったという笑い話が残っている。それほどまでにこのニュースは唐突《とうとつ》だった。

吉田がマッカーサー解任の知らせを知ったのは園遊会《えんゆうかい》に出席していた三時ごろのこと。その知らせを耳打ちされるなり、彼は招待客を残したまま無言で二階の書斎へと上がっていった。その同席していた後の大統領ニクソンは、吉田が顔面蒼白《がんめんそうはく》となり、しばらくは口も聞けない状態になったと書き残している。

東京在任中にマッカーサーが会った日本人は個人とグループあわせて一〇〇〇名を超えるが、二回以上会った日本人はわずかに一五名ほどでしかない。そうした中にあって吉田との面談は実に七五回を数えた。また一三〇通もの書簡を往復させている。言いたいことは言いあったふたりだったが、雨降って地固まるの譬《たと》えどおり、その信頼関係はゆるぎないものとなっていた。マッカーサーは沖縄の基地存続には固執していたものの占領状態の早期終了には同意していた。次の司令官によって方針が変更になるとも限らない。吉田が危惧《きぐ》したのはその点であった。

マッカーサーはソ連に対する盾でもあった。極東軍事裁判においてソ連は昭和天皇の証人喚問を求めたが、マッカーサーは言下に拒否している。ソ連はまた、マッカーサーの指揮下に置かれない独自の占領軍を北海道に派遣したいと考え実力行使に及ぼうとしたが、これに対しマッカーサーは、

「一兵たりとも進駐させたら、ソ連代表部全員を即刻逮捕し投獄する」

と言い放った。吉田はマッカーサーのことを〝日本の恩人〟と呼んでいる。それはおそらく本心であったろう。マッカーサーが昭和三九年（一九六四年）四月五日に他界（享年八四）したとき、吉田は八五歳という高齢にもかかわらず葬儀に参列するため渡米したことでもそれはわかる。近衛の一件もあって、とても〝恩人〟と呼ぶ気にはなれない次郎とは少し思いが違っていたのだ。

マッカーサーはそれからわずか五日後の昭和二六年（一九五一年）四月一六日、羽田空港から飛び立つこととなった。帰国を前にして何十万通というファンレターが寄せられた。一五日、天皇はすでに私人となっていたマッカーサーをアメリカ大使館に訪問して別れの挨拶を述べている。天皇が公職をもたない私人を訪問したのは、これが初めてであった。

一六日の午前六時半、アメリカ大使館を出発したマッカーサーの車は一路羽田へと向かった。早朝であったにもかかわらず、沿道で見送る国民の数は二十数万人を数えた。被占領者が占領者に対しこれほど感謝の意を表した例は、おそらく過去の世界史上皆無なのではあるまいか。マッカーサーを永久国賓《こくひん》とする話やマッカーサー記念館を建設しようという話も出た。ところがマッカーサーの帰国後、国民の関心は急速に薄れ、すべては沙汰止《さたや》みになってしまうのである。日本人というのは実に熱しやすくさめやすい国民である。

空港には首相以下閣僚全員が見送りに来ていた。昭和天皇の名代《みょうだい》である三谷隆信侍従長や一万田尚登《いちまだひさと》日銀総裁、南原東大総長の姿もあった。マッカーサーは吉田の肩に手をかけ、握手した手を長い間離さなかった。両雄にしかわからない感情の交流がそこにはあったに違いない。良くも悪くも戦後日本を決定付けたマッカーサーの離日は、多くの人々にある種の感慨を抱かせた。

次郎は飛行場には行かなかった。声を掛けてくれた人もいたが、こうした場に姿を見せるのはあまり好きではなかった。それに先述したようにマッカーサーのことは断じて許せなかったのだ。そこが天皇制を護持してくれただけで心を許してしまった吉田とは大きく違っていた。次郎は晩年にいたるまで日比谷のお堀端を車で通るときには、第一生命ビルを見ないよう横を向いたという。

この場の閣僚たちとて多かれ少なかれ複雑な思いを持っていた。みな何かしらGHQに苦しめられてきたわけで、素直に別れを惜しむ気持ちにはなかなかなれない。微妙な沈黙があたりを支配していた。

マッカーサーがタラップに足をかけた瞬間、米軍軍楽隊の演奏する蛍の光が流れ始めた。するとある閣僚（宮澤喜一は増田甲子七官房長官ではないかと言っている）が両手を高々と挙げて、

「マッカーサー元帥万歳！」

と大声で叫んだ。するとみんなつられて両手を挙げて唱和してしまった。思わず手を挙げてしまった自分たちに苦笑しながらもさまざまな思いが人々の胸に去来していた。

マッカーサーの後ろには、同じ飛行機で帰国することになっていたホイットニーの姿があった。解任劇の衝撃は彼においてより大きかったに違いない。結局マッカーサーに殉じ退役を決

意する。彼の中では当然の帰結だったに違いない。最後にホイットニーは吉田に向かい、

「またいつかお目にかかりたいものです。〝God bless you〟（あなたに幸いあらんことを）」

と言ったが、すかさず吉田は、

「いえ、それはご勘弁いただきたいですな」

とやんわり言い返したという。その後周囲に、

「よほどあのとき〝God blame you〟（あなたに禍《わざわ》いあれ）と言ってやろうかと思ったよ」

と漏らしている。次郎なら本当に言っていたに違いない。


飛行機のドアの前でマッカーサーとジーン夫人が並んで手を振ると、一九発の礼砲がとどろいた。こうして昭和二六年四月一六日午前七時二一分、五年八ヵ月にわたり最高権力者として君臨したマッカーサーは、来日したときと同じバターン号に乗って飛び去った。護衛のB29三機、ジェット戦闘機一八機も同時に飛び立つという物々しさの中、その機影は見る間に黒い点となっていった。

この日の午後、衆参両院は〝全国民の意思を代表〟して、マッカーサーに感謝する旨の決議を採択したが、同時に行われる予定だったホイットニーへの感謝決議のほうは、吉田が握りつぶした。

解任されてもなお、マッカーサーはアメリカの英雄だった。元帥帰国の知らせに米国中が大騒ぎである。真夜中に到着したというのに、ワシントン飛行場では一万をこえる群集が彼を出迎えた。その後ニューヨークに向かったが、ここでの歓迎パレードの人出は実に五〇〇万人に

達し、その数は大西洋無着陸横断飛行のリンドバーグが出迎えられたときより一〇〇万人も多かった。

同年四月一九日の米議会演説を最後にマッカーサーは五二年間の軍人生活と別れを告げた。そのときに残した、

〈Old soldiers never die, they just fade away.〉（老兵は死なず、ただ消え去るのみ）

という言葉はいまだに語り継がれる名文句である。彼は最後までマッカーサーというヒーロー役を見事に演じきった。

面白い話がある。ホイットニーをライバル視し続けたG2のウィロビーもまた、このとき同時に退役していたのである。マッカーサーが引退してウォルドフ・アストリア・ホテル三七階豪華スイートの住人となると、どちらが彼の執事になるかをめぐって再びふたりの間に争いが起きた。結果はまたしてもホイットニーの勝利。敗れたウィロビーは悄然《しょうぜん》と旅に出る。目指した先はスペイン。尊敬するフランコ総統に会い六ヵ月間も滞在した。〝さまよえるドイツ人〟といった感がある。

マッカーサー解任劇は、占領の終わりが近づいたことを内外に印象づけた。そしてついにその日はやってくる。昭和二六年、サンフランシスコ講和条約の手はずが整ったのだ。吉田が首席全権委員となり、そのほかの全権委員は自由党から星島二郎《ほしじまにろう》と池田勇人、民主党から苫米地《とまべち》義三《よしぞう》、緑風会から徳川宗敬《とくがわむねよし》、日銀総裁・一万田尚登の五名、別に全権代理が五名という大全権

団を編成した。

この大仕事を前にして、吉田は再び次郎に白羽の矢を立てた。肩書きは講和会議首席全権顧問。四九歳のときのことである。吉田は随行団に娘婿の麻生太賀吉、和子、松本重治といった腹心を加え、万全の態勢で主戦場のアメリカを目指した。

八月三一日の夕方近く、吉田首相以下二十数名を乗せたパンアメリカン機は羽田を発ち、ホノルル経由でサンフランシスコへと向かった。吉田は北回りを希望していたのだが、「ソ連軍用機の航続距離からして安全を保障しかねる」ということでホノルル経由となったのである。それほどまでに米ソの対立は深刻の度を加えていた。出発後しばらくは米軍戦闘機が護衛をし、機内ではワシントンから派遣されたFBI職員がひとり、G2の人間が一名、それぞれ吉田を護衛するために同乗するという物々しさ。そんな緊張をほぐすためか、機内には日本酒のほか麻雀パイの用意までされていた。

晴れがましいことの嫌いな次郎は家族の見送りをいっさい断った。飛行機の中ではTシャツにジーンズというラフな服装。ちなみに次郎は日本で始めてジーンズをはいた男と言われている。Tシャツにジーンズは米国文化の象徴だったはずだが、くつろいでいるときには英国流から少々宗旨《しゅうし》替えしていたようだ。だがさすがに飛行機がサンフランシスコに近づくと、さっと一分《いちぶ》の隙《すき》もないスーツ姿に着替えた。それを見た和子は、

「次郎ちゃんたら気障《きざ》ね」

と言って笑った。当時アメリカにいて日本代表団が空港に到着する様子をテレビで見ていた

犬丸一郎（後の帝国ホテル社長）は、ほとんどの人が物資難もあってか今ひとつの格好だった中にあって次郎のダンディさは際立っていたと回想している。

一行はサンフランシスコ到着後、『マーク・ホプキンス・ホテル』に入った。サンフランシスコに当時あった三つの五つ星ホテルのうちの一つである。ここの八階と九階二フロアー全部を借りきった。会場の『オペラハウス』へは車で一〇分ほどの距離である。当時たまたまこのホテルに見習いとして留学していたのが先述した犬丸一郎であった。当時帝国ホテル社長をしていた父・犬丸徹三はウィロビー少将とたいへん親しかったため、特別に旅券を発行してもらったのである。ボーイの中に日本人がいるのを不思議に思った次郎が、

「お前、ここで何をしているんだ？」

と声をかけてきた。ホテルの制服を着ている人間を捕まえて「何をしているんだ？」もないものだが、犬丸は自己紹介して事情を話した。

「犬丸？　そうか、お前帝国ホテルの犬丸の息子か」

犬丸一郎と白洲次郎のそれが出会いであった。ふたりの年齢差は二四と親子ほども離れていたが、ふたりの友情は終生変わらなかった。

フロアーの真ん中には吉田のために大きなスイートルームが用意されていたが、新聞記者の攻勢が激しく、サンフランシスコ湾の入り口の閑静な住宅街にあるスコットという親日家の屋敷へと移ることにした。

昭和二六年九月四日午後七時、講和会議はトルーマン大統領の開会の辞で始まったが、占領政策の最大の功労者であり、当然ここにいるべきマッカーサーの姿は会場になかった。事前に議長役のアチソンが丁重な手紙を出して出席を乞うていたのだが、にべもなく断られた。それほどまでにトルーマンとの溝は深くなっていたのである。

会場のオペラハウスは、かつて国連憲章が採択された由緒ある建物。なにしろ関係者だけでもたいへんな人数である。次郎はあらかじめ決められていた番号のシートに着席した。一般の人たちも傍聴《ぼうちょう》することができることから、世紀のイベントを一目見ようと朝から切符待ちの列ができ、会場の様子はアメリカ初の全米テレビ中継で放送された。当時すでにアメリカでは一六世帯に一台の割合でテレビが普及していたのである。

次郎はいつにもましてぴりぴりしていた。会議の舞台裏では最後の根回しが行われており予断を許さなかったからだ。インドとビルマは会議に欠席したが、フィリピンとインドネシアは、吉田首相が「調印後すみやかに賠償問題について交渉を開始する」と確約したため調印に応じることになった。問題はソ連である。当初参加しないだろうと思われていたにもかかわらず意外にも参加してきたことがかえって不気味だった。もし議事進行を妨害されたらどういう方向に進むか見当もつかない。結局ソ連、チェコスロバキアおよびポーランドの三国は調印式をボイコットすることとなったが、ダレスたち米側スタッフの尽力もあって、予想を下回る五日間という短い会期で調印式を迎えることができた。

「ジャパン！」

とアナウンスが入り、吉田首相以下六人の全権委員が登壇した。吉田は調印の際にサイン用として新品のペンを渡されたが、わざわざ胸ポケットから自分のペンを出してサインした。その光景を見た次郎の両目に涙があふれてきた。

（そうだ、じいさん。よくやった！）

独立を回復した日本は、再び自分たちの力で国際社会を生き抜いていかねばならない。吉田が自分のペンを使ったということが、いみじくもその意気込みを表しているように思えて胸を打ったのである。昭和二六年九月八日午前一一時四四分。ついに日本は独立国家に復帰した。

演壇の後ろには参加国の国旗がはためいていたが、調印式の日になって初めてその中に日の丸が加えられた。その場にいた日本人の中で、白地に赤いその旗を、涙なくして見上げられた者が何人いただろう。祈りが天に通じた日であった。このときの吉田の様子を宮澤喜一は次のように書いている。

〈調印をして席へ帰って来られたときに、私はちょうど二、三列すぐうしろにいたのですが、ちょっと見たことのない顔つきを吉田さんはしておられた。口をへの字に曲げて、笑っているのでもないし、怒っているのでもない。泣いていたと私は思うのですが感慨無量だったでしょう〉（宮澤喜一『世紀の調印式を見る』）

調印の一時間半後、吉田は議長のアチソンに午餐会《ごさんかい》へと招かれた。その場で吉田は、胸元からやおら一本の葉巻を取り出すとさもうまそうに吸い始めた。その様子をアチソンやダレスたちは微笑を浮かべながら見守った。吉田が首席全権の大役を果たすまではと好きな葉巻を断っていたことを、みな聞いて知っていたからである。なごやかな雰囲気だったが、次郎は敢えて、「やめていた葉巻を急に吸い始めるのは身体によくないから今日は一本だけにしておいてよ」と注文をつけた。まだ日程は残っている。女房役の次郎らしい助言だった。

調印式の後、講和条約の受諾演説をする予定になっていた。この二日前、次郎は吉田からの電話を受けている。

「演説の草稿に目を通してくれたか」

「あなたの晴れ舞台ではないですか。お好きにやられたらいいんじゃないですか」

「そう言わずに見てくれよ」

次郎は、吉田が出発直前まで外務省の役人とこの受諾演説の内容を懸命に詰めていたのを知っていた。ただでさえ次郎は日頃外務省にきつくあたっていたこともあり、これくらいは彼らの自由にさせてやろうと思っていたのだが、吉田のたっての依頼でもあり、渋々ながら目を通すことを引き受けた。しばらくあって外務省の役人が問題の草稿を手に次郎の部屋を訪れたが、彼はその草稿を一目見るなり渋面を作った。英文だったからである。

(日本人は日本語で堂々とやればいいじゃないか!)

英語に堪能であることと日本人としての誇りの問題は、次郎の中できれいに整理されていた。それに吉田をよく知る次郎は、彼の英語がお世辞にも上手とはいえないことを熟知していた。内容も問題だった。読み進むにつれ顔が紅潮してきた。占領に対する感謝の言葉が並んでいる。まるでGHQに媚《こ》びているかのごとくである。さっきまで〝お好きなように〟などと言っていたことは次郎の頭からすっかり消えてなくなっていた。

「何だこれは！　書き直しだ」

「大幅にですか？」

「当たり前だ！」

「ちょ、ちょっと待ってください！　事前にGHQ外交部のシーボルト氏やダレス顧問にチェックしてもらったものですから、勝手な書き直しなんかできませんよ」

「何だと！　講和会議でおれたちはようやく戦勝国と同等の立場になれるんだろう。その晴れの日の演説原稿を、相手方と相談した上に相手国の言葉で書くバカがどこの世界にいるんだ！」

外務省の役人の身体に染み付いた〝植民地根性〟にあきれ返った。

「いいからすぐに小畑を呼べっ！」

次郎に呼ばれ、憲法改正でも活躍した小畑薫良が現れた。

「小畑君、これは書き直しだな」

そう言いながら先ほどの草稿を貸してみろと横にいる担当者に手を出したとき、彼は真っ赤な顔で渡すまいと胸に抱え込んだ。

この担当者の行動にはわけがあった。今回の講和は吉田や次郎たち側近が密室でことを進めた結果であって外務省は直前までいっさいあずかり知らないことだった。外務省の焦りと苛立ちはピークに達していたのだ。唯一自分たちが書き上げGHQ外交局に根回しもしていた受諾演説の原稿までが否定されようとしているわけで、それは外務省にとって耐え難い屈辱だった。次郎に草稿を渡すまいとしたのは、ささやかな抵抗だったのだ。

原稿を胸に抱え込んだ担当者に対し、次郎は火炎を背に立つ不動明王のような形相になると、

“Give it to me!”（渡せっ！）

と英語で怒鳴った。巨鐘《きよしよう》のごとき声である。頭に血が上ると英語になるのは次郎の癖。殴りかからんばかりの剣幕に担当者もやむなく従った。次郎は草稿をひったくると小畑に、

「今から一緒に書き直していくから人を集めてくれ」

と、厳しい口調で言った。全権団は一万田日銀総裁を議場に残したまま一時退場し、原稿作成の打ち合わせを行うとさっそく作業に取り掛かった。

次郎は〝今から書き直しますので演説は日本語でお願いします〟と紙に書いて吉田の部屋のドアの下から差し入れると、サンフランシスコのチャイナタウンで急ぎ和紙を買い求めた。和紙に毛筆で書こうというのである。誰かひとりくらい「ペンでいいんじゃないですか」という者がいてもよさそうだが、次郎の鬼気迫る様子に誰も口出しができなかった。

吉田から日本語でいいと了解が出たのでさっそく作業に入った。単に日本語にすると言うのではない。後半を中心に大部分を書き直させた。マーク・ホプキンス・ホテルの吉田が泊まるはずだったスイートルームの絨毯《じゆうたん》の上に、書き終えた巻紙を順に並べていった。

このとき次郎は挑発的な文章を入れさせている。懸案である奄美大島、琉球諸島、小笠原諸島等の返還について言及させたのだ。ＧＨＱを恐れる外務省はなんとか次郎を思いとどまらせようと必死だった。

「ＧＨＱを刺激するから触れるなだと。バカヤロー、冗談を言うなっ！」

そう彼らを一喝した。

（小笠原や沖縄の人々の気持ちにもなってみろ！）

そう思いながらフィアリーとの会談を思い出していた。

こうして日本語原稿ができあがった。だがいざ当日になってみると、インドネシア代表のように日本代表に質問を出し、受諾演説で回答してほしいと言い出す国もあるくらいで頻繁に書き直しが必要になってきた。吉田は吉田で最後までいろいろと意見を言ってくる。代表団は総出で演説原稿の推敲を進めていった。

しばらくして議長のアチソンが係官をよこしてきた。〝各国代表の演説の進捗《しんちょく》が予想以上のピッチで進んでいるから早めに準備しておくように〟との連絡だった。「今原稿を推敲しているところです」とは口が裂けても言えない。勧進帳よろしく白紙で読んでいくわけにもいかず、焦りは募《つの》った。いろいろと知恵を絞ったあげく、福永健司たちが米国全権団のシーボルトに談判しに行くことになった。

「会議も午後に入って、みなさん相当お疲れの様子です。日本の立場についてはゆっくりとお聴き願いたいのですが……」

と申し入れたところ、シーボルトは気を利《き》かせて日本の順番の前に数時間の休憩を入れてくれた。

（よしっ！）

さっそくホテルに戻ってこの知らせを伝えると、必死に筆を握っていた面々から、ドッと歓声が挙がった。ようやく原稿ができあがったのは、吉田の演説の直前のことであった。つなぎ合わせると長さは三〇メートルにもなり、巻くと直径一〇センチにもなった。字体もさまざまなら字の大きさもさまざまである。

下読みする時間はない。ぶっつけ本番の登壇となったが、吉田はさすがだった。大盗賊の親分もかくやという悠揚《ゆうよう》迫らぬ態度で読み上げていったのである。吉田の手元にある巻紙原稿を見た各国のマスコミは〝吉田のトイレットペーパー〟と打電した。演説は二〇分の長きに及んだ。後に吉田は「よほど途中で原稿を飛ばしてしまおうかと思った」と、いかにもまじめに読み切ったように述懐しているが、本当のところは少し飛ばして読んだらしい。演説は会場で同時通訳され、日本にもラジオ中継されていた。

戦後日本の新生を告げる一大イベントも無事終わった。

次郎はマーク・ホプキンス・ホテルの自分の部屋でソファーに身を沈めていた。身体は綿のように疲れていたが、頭の芯のところがまだぴーんと糸を張ったように興奮している。いつになく早いピッチでウィスキーのグラスをあおりながら、次郎は泣いていた。豪快にぼろぼろと泣いていた。

終連参与を拝命した日から、思えばいろんな出来事があった。近衛の死、屈辱的な憲法改正、ケーディスとの死闘――振り返ればわずか六年間ではあったが、実に過酷な六年間であった。いつか再び独立国家としての誇りを取り戻すのだと、彼と吉田は一歩も引かず、ずっと一緒に戦ってきたのだ。それがこの日報われた。飲まずにはいられなかった。泣かずにはいられなかった。こうしてサンフランシスコの夜は静かに更けていった。

夜一一時ごろ、裏方の外務省担当官たちはようやくすべての事務を終えて議場を出ようとしていた。そこにシーボルトがやって来て、驚いたことに、

「翌八日の午後五時、プレシディオ陸軍基地第六兵団将校集会所で日米安保条約の締結をしたい」

と言いだしたのだ。

(こんな時間に、そんな大事なことを……)

非常識だと戸惑いはしたが、事が事だけに至急吉田に連絡を入れた。

「へんにソ連に動かれる時間を与えるよりは急いで締結したほうがいいだろう」

吉田はすぐに了解し、翌日の夕方、指定の場所へと出向いていった。実は米側は、講和会議のあいだ中、安保条約については触れないよう日本側に対して緘口令《かんこうれい》をしいていたのだ。ソ連と中国を刺激するというのがその理由だった。そうした事情を考慮すると条約締結は早いに越

したことはない。こうして午後六時ごろ日米安全保障条約の署名が行われた。星島、池田、一万田の全権三人と全権代理が二名同行したが、吉田は、

「安保条約は不人気だ。将来ある政治家が署名するのはためにならん。わしひとりで署名しよう」

と言ってひとりで署名し、米側はアチソンやダレスなど四名が署名した。署名の行われた場所が下士官クラス用将校集会所だったとあとで聞いた次郎は歯軋《はぎし》りして悔しがった。

「独立国家になったなどと浮かれるなよ」

という米軍のメッセージだったのだろう。ともあれ、講和条約と日米安保条約締結という重いミッションは無事終わった。

吉田は記念にケアン・テリアのつがいを買って帰った。吉田は「犬が嫌いなヤツは野蛮人だ」「犬にほえられるヤツは悪いヤツだ」という名言(?)を残しているほどの犬好きである。最初の二匹は〝サン〟と〝フラン〟、その間に生まれた子犬には〝シスコ〟という名をつけて可愛がった。

次郎はというと、経由地のハワイで子どもたちへのお土産としてアイスクリームを買っている。当時の武相荘には、米国人からもらった当時まだ珍しかった巨大な冷凍庫があったから、アイスクリームでも買って帰ろうかと思ったのだ。当時すでにドライアイスはあったが、ずっしり重たい荷物となった。

「馬鹿ねえ。そんなややこしいもの買って。日本に着くまでに溶けちゃうわよ」

和子はそう言って笑った。

「馬鹿野郎！　こういう気を遣うものを買って帰ってやるから値打ちがあるんじゃないか」

むきになって反論するところが余計に可笑《おか》しい。久々に次郎の中の少年の心が顔を覗《のぞ》かせて悪戯《いたずら》っぽくあっかんべぇをしていた。

そして日の丸は再び揚がった

　サンフランシスコ講和条約は昭和二七年（一九五二年）四月二八日月曜日午後一〇時半に発効した。翌二九日は五一回目の天皇誕生日であったが、その日の朝、第一生命ビル屋上に、星条旗や国連旗とともに日章旗が翩翻《へんぽん》とひるがえった。この場所に日の丸が揚がったのは、実に七年前の夏の終わり以来のことであった。そして三ヵ月後の七月七日午後四時、吹奏楽団が演奏する中、第一生命ビルの返還式典が執り行われた。ＧＨＱはその役割を終え、占領は名実ともに終わったのだ。

　日米行政協定（安保条約に基づく米軍駐留に関する協定）の交渉が始まった。日本側代表の岡崎勝男国務大臣に対し次郎は、

「もう講和条約を結んだんだから、戦争の勝者だ敗者だなんてことを四の五の言わせないで、この協定の交渉は米国と対等の立場で進めていきたいということを先方にしっかり伝えてくださいよ」

と強く言い聞かせて送り出した。帰国後次郎が、

「ちゃんと言った？」

と尋ねると、岡崎は、

「向こうから言ってきた」

と答えた。それを聞いた次郎は急にべらんめえ調になり、

「なんでこっちから言わねえんだ。こっちから言うことが大事なんだよ」

と荒っぽい言葉をぶつけて怒った。岡崎は大臣だし終連では次郎の上司だったこともあり、おまけに五歳も年上なのだが、こうなるとどっちが偉いのかわからない。

岡崎は吉田のあとを次いで外相になると目されていた人物だが、次郎の逆鱗《げきりん》に触れたら〝予約取り消し〟の可能性もある。そんな思いが募ってか、その後しばらくして鶴川に次郎を訪ねてきた。

次郎は玄関口で岡崎を出迎えたが、すぐに厳しい視線が岡崎の右手にある紙袋へと注がれた。それに気づいた岡崎は、

「ちょっとしたウィスキーが手に入ったもんで、手土産に持ってきたよ」

と愛想笑いを浮かべながら言った。次郎は機嫌が悪い。

「何それ？　何のためにこんなもの持ってくるの？」

「いえ別に、その……」

「つまらんよ、そんなの。それより地元に帰って選挙地盤の開拓でもしたら」

そう言われて岡崎は、ウィスキーを抱えたままほうほうの体《てい》でもと来た道を引き返していった。次郎は意識せずとも、相手は意識せずにはいられないほど彼の存在感は大きなものになっていたのだ。次郎もそれくらいのことで岡崎の外相就任に待ったをかけるほど大人気《おとなげ》なくはない。昭和二七年四月三〇日、岡崎は無事外相に就任した。ひとまずほっと胸をなでおろしたが、その後もしばしば次郎の〝指導〟が入ったのは言うまでもない。

次郎としては、外相になるならないで汲々《きゅうきゅう》とするのではなく、独立後の日本をもっと考えて欲しかったのだ。

(再び独立国家に復帰したことの意義を、日本国民はもっと認識するべきだ)

それが次郎の信念だった。〝ほんとの御一新はこれから始まる〟という空気を国民の間に広め国全体の活力へとつなげるべきだ、とも考えていた。そしてそのためにはいくつか通すべき筋があるはずであり、それはひとつには〝天皇の退位〟であり、もうひとつが〝吉田の引退〟だというのが彼の持論だった。だがどうしても吉田と意見がかみ合わない。ことに天皇の退位に関しては、吉田は論外だとして歯牙《しが》にもかけなかった。

「戦争に負けたのは陛下の責任じゃなく東条たち軍部のせいだからな」

と主張する吉田に対し、

「それでは国内は説得できても国際社会の信頼は回復できないよ。〝朕《ちん》戦いを宣す〟と言ったことに責任を持って一定の区切りをつけなきゃ。それには講和を結んだ今が絶好の機会だよ」

そう次郎は反論したが、〝不敬罪〟を残そうと本気でマッカーサーにかけあい、公式文書に〝臣　茂〟と書いて問題となった吉田のこと。検討に値せずと耳を塞《ふさ》いだ。

一方の吉田の引退問題に関しては、サンフランシスコからの帰りの飛行機の中でさっそくこの話を持ち出している。

「とにかく負けは負けなんだよ。負けの講和をしたっていうことは、それでやめるのが当たり前のはずでしょ。それに今があなたの人気がいちばん高いときなんだからやめ時だよ」

「そうだな。今引退すれば、神様のようにもてはやされるだろうな」

このとき吉田の反応は、〈大した意外な表情もしなかった。御機嫌も悪くならなかった。淡々として聞きいれられたようにさえ受取られた〉(『吉田茂は泣いている』「諸君」一九六九年一〇月号)というものだっただけに次郎は安心していたのだが、日本に帰ってくるや否や、吉田の引退に大反対が起こった。池田勇人を筆頭とする吉田学校の面々によるものであった。代議士になったばかりの彼らにすれば、ここで親分にやめられては心細い。必死の説得に、吉田の心は徐々に続投へと傾いていった。

このときは、娘の和子までもがどういうわけか次郎に同調しなかった。

「私は、父が納得するまでついていこうと思ってるのよ」

という和子の言葉を、

「それは感情論だ！」

と、次郎は厳しい一言で斬って捨てた。

〈講和・独立とともに政治情勢は一変する。公職追放は解除され、大物政治家が次々に政界復帰するだろう。その筆頭が鳩山一郎だ。これからは追放解除組との熾烈《しれつ》な勢力争いがはじまる〉

吉田がその中で血みどろになるであろうことは容易に想像がついた。

「あとのことは国民が国会を通じて決める。じいさんの使命は終わった。使命が終わればやめるがよろしい。あとの心配なんか余計なことだ」

そう繰り返し吉田に説いた。宮澤喜一が次郎のことを〝従順ならざる側近〟と表現し、

〈当時マスコミで言われた「白洲の側近政治」なんていう批判はまったくあたらない〉

と語っているのは、まさにこうした事情を指しているのである。吉田に向かって諫言《かんげん》できる人間は自分しかいない。これは自分の仕事だ――そう彼は信じていた。直截《ちょくせつ》な物言いをしたのは、あくまで吉田のためを思ってのことである。吉田との関係は次郎自身が〝オレのほうが持ち出しだ〟と語っているように献身的なものだった。

吉田に対する思いを伝える白洲語録をいくつか紹介してみよう。

「吉田は涙もろいからな。誰か悪いやつがいて、泣き落とし戦術でもやってくれればコロリとだまされる」

「吉田がワンマンなわけじゃない。ほかの連中がグウタラなだけさ。いくら吉田がそのつもりになっても、独りでワンマンになれるもんじゃない」

「結局、ボクは吉田に対して個人的に愛情を持っているだけの話だ」

どれをとっても吉田に対する愛情にあふれている。そこには媚《こび》や打算はない。

結局、引退勧告は受け入れられず、それ以降、次郎は吉田の前に顔を見せなくなっていた。次郎は孤独だった。誰も独立を回復したという意義を国民と共有化する努力をしていない。吉田までが政争の中に身を投じてしまう始末である。友人の今日出海《こんひでみ》は、こんな次郎の孤独を〝芸術家的孤独〟と呼んだ。

〈あいつ一寸《ちょっと》芸術家ですよ。文学や芸術が分るというんじゃなく、個性的というか絶対に他人に自分がゆずらんところ、〝芸術家的孤独〟とでもいうかな〉

吉田も今度という今度は次郎をあえて呼び戻そうとはしなかった。吉田学校の取り巻きが増えた上に、政争でそれどころではなくなっていたことも一因だった。

(吉田と白洲の関係はついに切れたか)

そう世間が思うほどにふたりの関係は冷え込んでいった。

多くの人が次郎のことを心配した。そのうちのひとりが財界の重鎮である水野《みずの》成夫《しげお》(国策パルプ、フジテレビ、産経新聞社長)である。

次郎は水野の娘・ルミ子のことをたいへん気に入っていて、しばしば家に招いた。また白洲家のスキー小屋に長男の春正たちともども連れて行ったりしたこともあった。次郎は最初から彼女を春正の嫁にと思っていたようだ。そしてその思惑どおりことは進んだのだが、水野はわざと、

「親ともいえる吉田さんのところに足を向けないような男の息子に大事な娘はやれない」と難癖をつけてきた。彼なりの気配りだった。水野は次郎より三歳年上で、電気事業再編成審議会委員として電力会社再編をともに推進した仲である。次郎は水野に背中を押されるようにして、久しぶりに大磯に顔を見せた。吉田ははじめ次郎が何のために来たのかわからなかったが、あとで事情を聞いて、

「あいつもあれで人の親なんだなあ」

と呵《か》々大笑《かたいしょう》し一度で仲直りとなった。

こうして無事春正の結婚式が行われた。場所は、樺山愛輔が建設し松本重治が館長をしていた鳥居坂の東京国際文化会館。ほかでもない次郎の長男の結婚式ということで牛場友彦夫妻が仲人を買って出てくれた。

そう簡単に縁が切れるほど吉田と次郎の関係は薄いものではなかった。だが吉田の周辺には吉田学校の池田や佐藤たちがいる。彼らの関心はどちらかというと政党政治の争いごとに向かいがちだったため、次郎が出て行く場面は減っていった。彼は権力争いの世界とは最後まで距離を置いていたのである。だが、外交関係ではその後も吉田の意を受けてしばしば外国へと出向いた。

昭和二七年の渡米は、アイゼンハワー新大統領の閣僚たちに日本の直面している困難な課題を伝えて援助と協力を要請するとともに、新大統領の極東戦略に関する情報収集を行うという重要な任務だった。これなどは新聞でも報道されたが、表に出てこない密命も多かった。

「文藝春秋」一九五六年一二月号に、次郎は『政界立腹帖』という一文を寄せている。

〈アメリカ人は例の純真な単純さで中共を認めようとしない。アメリカが認めなくても中共という国は現存する。いつまでも盲目的にアメリカに追従するのはやめてこの問題など率先してアメリカに中共の存在という事実をよく納得さしてやろう位の気概を持ったらどうだ。東洋の問題は中共を除外しては考えられない〉

これが日中国交回復の実に一六年前の文章であることに驚かされる。彼は外交官ではなかったが、独特の外交感覚を持っていた。そこを吉田も買っていたのだ。

「外交官というものは、功を求めずに縁の下の力持ちをもって甘んずべきものだよ」

というのが吉田の口癖だったが、次郎もまた〝功を求めずに縁の下の力持ちをもって甘んず〟ることをもってよしとしていたのである。

次郎は口が固かった。娘婿の牧山圭男によると、ある晩、酒が入って家族がくつろいでいるころ、ベテラン風の新聞記者が白洲邸を訪ねてきたことがあったという。当時ある経済事件の解決に次郎が隠密裏《おんみつり》に動いていることをかぎつけたのだ。次郎は浴衣姿のまま現れ、悠然《ゆうぜん》としてこう言った。

「僕は知らないよ。でもね君、僕は口が固いからここまでやってこられたんだ。知っていたとしてもしゃべらないよ」

驚いたことに記者は、

「失礼しました！」

と頭を下げるなりさっさと帰っていった。次郎の口の固さはそれほどまでに有名だったのだ。

次郎は死の数年前、何日かにわたって古いかばんを持ち出し、中の書類を次々に火にくべていたという。長女の桂子《かつらこ》が、

「何を燃やしているの?」

と尋ねるとそれには答えず、

「こういうものは、墓場まで持って行くもんなのさ」

と言って、焼却炉から立ち上る煙をじっと見上げていたという。


戦後、外国への渡航ができるようになるとすぐにロビンとの交友も復活した。

ロビンは昭和二六年一二月に伯父の六世ストラッフォード伯爵が亡くなり、娘ふたりしかいなかったため、爵位(Earl of Strafford)と領地を相続して七世ストラッフォード伯爵を襲名していた。

次郎はロンドンに行くときは外務省の車は使わず、ストラッフォード伯爵家の旗の立った車に乗ってロビンがロンドンに持っていた別邸(チェルシーのリンゼイハウス)に直行するのが常だった。こうしてふたりは、まるで何事もなかったかのように従前の関係に戻っていった。

第一線から退いたつもりの次郎だったが、彼の人脈と影響力を慕って多くの会社が秋波を送ってきた。これまでのしがらみで受けざるを得ないものだけに絞ったが、それでも荒川水力発

電会長、東亜セメント社長、日本テレビや大洋漁業の社外重役といった多くの肩書きがついてきた。これらの企業にとって、次郎はまさに用心棒のような存在だったに違いないが、情で引き受けたものも多い。友人だった大沢善夫に頼まれて大沢商会の社外重役になり、大沢の息子が経営に失敗したあとも面倒を見たりしたのはその一例だろう。

まだ日本の産業はよちよち歩きである。昭和二六年四月、産業復興資金を調達するため日本開発銀行が設立されたが、次郎はこの初代総裁に当時はまだ無名だった小林中《こばやしあたる》を推薦した。その後小林は財界の大立て者となっていく。

日本経済の復興には外資の導入が必要不可欠だった。雇用確保と産業の国際化の近道でもあったからだ。一方で、日本の市場が有望であるのは誰の目から見ても明らかであり、海外資本も千載一遇《せんざいいちぐう》のチャンスと日本進出を狙っていた。義父の樺山愛輔や松本重治などを通じてモルガン財閥やロックフェラー財閥とも深いつながりを持っていた次郎は、彼らの窓口として格好の存在だった。

東北電力の会長を辞任して数年経ったころ、当時英国を代表するユダヤ系投資銀行であったS・G・ウォーバーグの創立者サー・シグモンド・ウォーバーグが次郎に会いたいといってきたことがあった。

ふたりは出会った途端《とたん》に意気投合。彼の帰国後、ウォーバーグの社員は次郎のおかげで日本の要人と次々に面談ができた。そういうとき次郎は、銀座ソニービル地下のレストラン『マキシム』をよく使った。商談の後は決まってゴールデンアラスカやコパカバーナといったクラブへと繰り出し、最後に次郎が全員の分の支払いをすると白いベンツに乗ってさっと帰っていった。

ウォーバーグは次郎のおかげで野村と提携することができ、住友重工社債のユーロ市場起債主幹事を取ることに成功。日本での基盤を築くことができたのである。彼らは次郎のことを“wonderful secret weapon”(素敵な秘密兵器)と表現した。

サー・シグモンド・ウォーバーグは昭和五三年(一九七八年)、日本経済への貢献をたたえられ勲一等瑞宝章を贈られる。次郎の没後、その貢献を多としたウォーバーグは、日本を中心としたアジア関連図書をケンブリッジに寄贈し、それを「白洲ライブラリー」と名づけ、次郎への感謝の気持ちを表した。

美談ばかりではない。鉄鋼の世界に外資を導入しようとして問題を引き起こしたこともあった。

戦後、日本製鉄はGHQの集中排除命令で八幡と富士の両製鉄に分割されることが決まっていた。当時の日本製鉄社長は三鬼隆《みきたかし》(後の八幡製鉄社長)、筆頭常務が永野重雄(後の富士製鉄社長)である。賠償指定解除後は富士製鉄のほうに返還されると思われていた旧日鉄広畑製鉄所に関して、次郎が英国鉄鋼メーカーのジャーディン・マセソン社との合弁案を吉田に進言したことからたいへんな騒ぎとなった。当時の広畑製鉄所はわが国最大の日産一〇〇〇トンの高炉二基と優秀な厚板生産設備を有する二〇〇万坪の最新鋭高炉工場であり、奇跡的に戦災を免れていた。広畑なくして富士製鉄の経営は考えられなかったのだ。

これだけ聞いていると次郎が一方的に悪いように思うかもしれないが、当時の日本は外貨準備が極端に不足しており、これを獲得する手段を考えるのも次郎の役目だったのだ。それはしばしば日本におけるなけなしの資産を切り売りすることにもつながった。まさに〝汚れ役〟だったが、誰かがやらねばならなかったのだ。

吉田は次郎の進言を採用すると発表したが、これに対し永野は、

「広畑を取られたらわしは腹を切る」

と言って激怒した。ここは永野が踏ん張った。六高時代の柔道仲間である桜田武日清紡社長を通じ、吉田のパトロンのひとりである宮島清次郎日清紡会長に接触。宮島に吉田を説得してもらうことで、白洲案をぎりぎりのところで食い止めることに成功したのだ。永野の政治力もまた見事だった。

収まらないのは苦杯を飲まされた次郎の腹の虫である。起こるべくして事件は起こった。当時銀座の交詢社《こうじゅんしゃ》通りを少し入ったところに、政財界や文壇の人々がよく出入りした『エスポワール』という老舗《しにせ》のクラブがあった。ここで運悪くふたりが鉢合わせしてしまうのである。

エスポワールの店内はそれほど広くない。次郎は玄関のドアをあけるやいなや永野を見つけ、獲物めがけて急降下してくる鷲《わし》さながらに大股で歩み寄ると大声でどなりつけた。

「何もわかってないくせに横車を押しやがって、お前みたいな阿呆がいるから日本はよくならねえんだ！」

永野は二歳年長である。だが次郎にとってそのくらいの歳の差はまったく関係がない。がやがやと騒がしかった店内はいっぺんに静まり返った。永野のほうも負けてはいない。

「そっちこそ国を売るようなまねしやがって、英国かぶれの〝売国奴《ばいこくど》〟め！」

〝売国奴〟という言葉を耳にした瞬間、次郎の中の何ものかがぶちっと音を立てて切れた。これまで日本のために死力を尽くしてきた次郎には絶対に許せない言葉であった。永野の胸倉をぐわっとばかりにひっつかむと横っ面めがけて思いっきり拳骨をめりこませた。

「キャーッ！」

甲高い女性の悲鳴と同時に黒縁のめがねがあらぬほうに飛び、永野はもんどりうって倒れこんだ。ふつうの男ならそれですぐに白旗をあげていたことだろう。ところが永野は若いころ柔道で鳴らした猛者《もさ》である。腕っ節には絶対の自信がある。めがねを探すのもまどろっこしいとばかりに立ち上がると、負けじと殴り返してきた。

「上等だ、この野郎！」

社会的地位のあるふたりが衆人環視《しゅうじんかんし》の中、取っ組み合いの大喧嘩《おおげんか》である。今なら間違いなく週刊誌ネタになったことだろう。一緒にいた麻生太賀吉が間に入ってなんとかその場をおさめた。この喧嘩の勝敗はどちらに軍配が上がったとも言えない。次郎は「永野のほうが詫《わ》びてきた」と言っているが、永野のほうは「殴りつけたら向こうが詫びてきた」と言っているし、麻生太賀吉は次郎の味方だからか「永野さんがひどい目にあっていた」と、みんなてんで好き勝手なことを言っている。

永野は後に日商会頭を長く務め、水野成夫、小林中、桜田武らとともに財界四天王と呼ばれるようになるが、次郎は、

「あいつらはバスが走り始めてから飛び乗るのがうまいだけだ」

と言っている。彼からすれば、

(あいつらがえらそうにできるのはいったい誰のおかげだ)

という思いがあったのだろう。

この事件がきっかけかどうかはわからないが、次郎は川崎製鉄を応援した。

昭和二五年、川崎重工から独立したばかりの川崎製鉄西山弥太郎社長は八幡、富士製鉄への挑戦を敢然と宣言。資本金わずかに五億円であったにもかかわらず、東京湾の一角を埋め立てて総工費一六三億円の銑鉄一貫工場を建設するという一大計画を打ち出した。大規模工場による合理化こそこれからの鉄鋼業界の生きる道だと考えたのだ。

当時は遊休高炉があるような状態だっただけに、一方で無謀だという声が出たのもまた当然であった。建設費の半分は政府からの財政資金に頼る計画だったが、当時法王と呼ばれていた一万田日銀総裁のところに赴いた西山社長は猛反対を受けた。「建設を強行するなら今にペンペン草を生やしてやる」とまで言われ、西山は悔し涙を流した。

だが次郎は鉄鋼業界に自由競争の原理が働くことに大賛成。子飼いの始《し》関伊《せきい》平《へい》資源庁長官に川崎製鉄を支援するべきだと助言。さっそく通産省は設立認可を出した。当時開業したばかりだった日本開発銀行総裁の小林中も次郎の動きに阿吽《あうん》の呼吸で融資を約束。こうして川崎製鉄

は千葉工場を無事操業させることができ、鉄鋼業の近代化に向けた輝かしい第一歩を踏み出したのである。

次郎がかかわった案件で広畑製鉄所同様世を騒がしたのが、四日市旧海軍燃料廠《ねんりょうしょう》の払い下げ問題である。四日市の旧海軍燃料廠は無傷のまま接収されていたこともあって、その払い下げは石油関連各社の垂涎《すいぜん》の的《まと》。激しい争奪戦が繰り広げられた。なかでも三菱石油は英国系のシェル石油と手を組んで四日市選出の九鬼紋十郎参議院議員にわたりをつけ、次郎に支援を申し入れてきた。ロイヤル・ダッチ・シェルグループの会長ジョン・H・ラウドンと次郎とは親しい関係にある。外資導入の観点からも依頼を引き受けた。

賠償施設払下諮問《はらいさげしもん》委員会は多少難色を示したが、委員の中には小林中など息のかかった人間もいた上、最後は通産省の永山時雄官房長が強引に後押しをし、昭和三〇年、結局三菱石油が落札した。その後この旧燃料廠を核にして一大コンビナートが建設されることになる。

外資導入は重要かもしれないが、親しくなると情にもろい次郎のこと、ついつい力が入ってしまう。これなどは明らかにやりすぎだろう。案の定世間の風当たりは強く、余波は永山にも及んだ。次郎の支援もあって一官房長の枠を超えた活躍を見せていた永山だったが、この時の強引な行政指導が批判を受けて左遷され、その後退官に追い込まれた。

次郎はそんな永山の面倒を後々まで見てやっている。昭和四一年、永山をシェル石油常務に就任させると同時に昭和石油の取締役も兼務させた。英語べたな永山をシェルの英国本社に経営留学させた上でウォーバーグなどを紹介して英国人脈を形成させ、帰国後昭和石油の社長に据えた。その後永山は期待に応え、昭和石油とシェル石油日本法人の対等合併を成功させるのである。

四日市旧海軍燃料廠払い下げ問題に関しては余談がある。次郎の伝手《つて》がなければ入札に入れないという口コミが広がった結果、次郎の名刺が一枚五万円という異常な高値を呼んだという噂が流れたのだ。当の本人は、

「オレにもその名刺を五、六枚まわしてくれよ」

と言って笑っていたが、実際、次郎の名刺の威力は絶大だった。そんな次郎のことを〝ファイブ・パーセンター〟(五パーセントのマージンをとる男の意)と呼んで揶揄《やゆ》する向きもあった。だが彼が利権屋だったかというと、それは違う。身近で次郎のことを見ていた宮澤喜一は、

「白洲さんが外資からコミッションをとるなんていうことは絶対ありえませんね」

と、断言している。

「人間は地位が上がれば上がるほど〝役得〟を捨て〝役損〟を考えろ」

というのが次郎の口癖だった。上の役職についたからそれで何か得をしようなどとはもってのほかだというのである。これは彼がよく口にしていた〝ノブレス・オブリッジ〟(社会的責任をもつ者はそれ故の責任を有する)に通じる考え方だろう。

「自分よりも目下と思われる人間には親切にしろよ」

とも言っている。運転手にでもキャディにでも必ず「ありがとう」と言った。

「すみませんと言うのはダメだ。Say "Thank you!"」

運転手つきの社用車に乗るとき、次郎は好んで助手席に座った。理由を聞かれると、

「後ろでふんぞり返っているやつはみんなバカだ！」

ということらしかった。食事のため店に車で来ると、

「天井でも何でもいいから、先に運転手に食べさせてやってくれ」

と真っ先に運転手の分を注文するのが常であった。


昭和三八年（一九六三年）一〇月、吉田茂が政界を引退した。八五歳になっていた。次郎もすでに還暦を過ぎている。政界進出を狙っているという噂が幾度も流れたが、次郎はそんな噂を鼻で笑うように残りの人生を空気のような自由人として過ごした。

小林秀雄から「〝隠居〟の英訳は？」とたずねられた次郎は、「カントリー・ジェントルマンだろう」と答えている。英国において、地方にいて中央に危急の事態が出来《しゅつたい》すると、〝いざ鎌倉〟とばかりにはせ参じるのが彼ら〝カントリー・ジェントルマン〟である。次郎はまさにそうした人々を理想としていた。そして彼の場合、世を忍ぶ仮の姿として百姓を選んだ。

「みんな笑って本気にとってくれないが、オレは自分のことを農民のひとりだと思ってるんだ。実際、政府もオレのことを兼業農家と認めている。農地法で〝将来農業に精進する見込みある者〟っていうお墨付きをもらってるんだ」

農作業姿は派手《はで》だった。アメリカの機械整備工などが着ているカーキ色のつなぎに長靴とい

ういでたち。当時はまだ珍しかった耕耘機《こううんき》や脱穀機、草刈機などを次々に買い入れ、おいしいといわれる野菜の品種を熱心に調べては取り寄せた。本職から見れば素人の域を出ていなかったようだが、鶴川の農民たちはそんな次郎を仲間と認め、なにくれと世話を焼いてくれた。

昭和四二年一〇月二〇日、昼食が終わってくつろいでいた白洲家に一本の電話がかかってきた。お手伝いさんに呼ばれて受話器を受け取った次郎の穏やかな表情がみるまに凍りついた。吉田茂急死の知らせだった。

(ついこの間まで、あんなに元気だったじゃないか……)

一ヵ月前の九月二二日に八九回目の誕生日を祝ったばかりである。どうしても信じられなかった。

引退してからの吉田は、三万六〇〇〇坪という広大な大磯の屋敷を〝海千山千楼《うみせんやませんろう》〟と名づけ、悠々自適《ゆうゆうじてき》の生活を送っていた。執事、コック、看護婦など六名もの使用人がいて何不自由ない生活である。八〇を過ぎているというのに毎年のように各国を歴訪し、親しくしていたアデナウアー西独首相が来日した際には大磯に招待したりもしている。

亡くなる一年ほど前に吉田が肺炎になる騒ぎがあったが、このときは次郎が鶴川村で自分の信用している医者に大磯の屋敷へ行ってもらい、回復するまで面倒を見てもらった。その後も食べ過ぎてお腹をこわしたと聞いたので、

「そんなに食べちゃだめじゃないですか」

と忠告したら、

「もうこの年になれば、食うことのほかに楽しみがないのに、よけいなこと言うな！」

と怒られ、

（この分なら一〇〇歳くらいまで生きるかもしれんな……）

と思ったばかりだった。

死の前日、

「富士が見たい」

と言って二階の寝室のベッドの上に座りながらあきもせず眺めていたという。西日が入るからと大工が止めるのも聞かず、障子《しょうじ》を開けると窓枠がちょうど額縁《がくぶち》のようになって富士の見える窓をわざわざ作らせたほど、吉田は富士を愛していた。

二〇日の朝、主治医がいつものように診察に訪れたがとくに異常はなく、帰ろうと門に向かっていたときに容態が急変して呼び戻された。その直後に息を引き取ったという。昭和四二年一〇月二〇日午前一一時五〇分のことであった。

何を食べればそんなに元気でいられるのかと問われれば、

「人を食っている」

と答えた。そんな口の達者な吉田の突然すぎる死であった。吉田の死はひとつの時代の終わりを人々に印象付けた。生前の功績を称え、一〇月三一日に国葬とされることが決まった。

葬儀の当日、遺骨を乗せた霊柩車《れいきゅうしゃ》は午後〇時二五分に大磯の自宅を出た。平塚、茅ケ崎といった沿道の商店街には半旗が掲げられ、人々は喪章《もしょう》をつけている。車は一路、会場となった武道館へと向かった。都心だけでも沿道には七万人がひしめき、武道館の入り口である田安門には二五〇〇人の人垣ができていた。葬儀には皇太子夫妻や外国使節ら約五七〇〇人が参列。午後二時一〇分、一斉に黙禱《もくとう》が捧げられた。池袋東口で交通整理をしていた警察官も一時マイクをはなして黙禱をしたという。

一方、東京カテドラル聖マリア大聖堂（文京区関口）では、国葬とは別に身内だけの葬儀が行われた。早くに癌で亡くなった妻・雪子が信者だったことから、死の直前、吉田はカトリックの洗礼を受けていたのだ。吉田は、お嬢さん育ちの雪子とは必ずしもうまくいっていたとはいえず、花柳界で派手に遊んで彼女に心労をかけもした。そうした後悔の念が、晩年の吉田をこのような行動に駆り立てたのだろう。

こちらの葬儀のほうには顔を見せた次郎だったが、なんとなく居心地が悪くてすぐ鶴川に戻ってきてしまった。マスコミはかつての側近のコメントをもらおうと必死に次郎を探したが、彼はその後も公の場にはほとんど姿を見せなかった。世間の喧騒をよそに、次郎はテレビも見ず部屋にこもった。こうして静かにふたりの来《こ》し方を静かに振り返ることが、〝じいさん〟への最高の供養だ――そう次郎は信じていた。

吉田に対する国民の評価はその後年月が流れても歴代首相中別格の高さを誇っている。その功績の一端は間違いなく次郎に帰せられるであろう。評論家の大宅《おおや》壮一《そういち》は次郎のことを、〝吉田が富士なら白洲は宝永山〟だと表現し、次郎は吉田にとって〝唯一の腹心だった〟と述べている。彼らは文字どおり〝一心同体〟〝二人三脚〟で、日本の復興に力の限りを尽くしたのだ。

吉田の死後、次郎は形見として革張りのソファーを譲り受けた。もとはと言えば正子の父樺山愛輔がイギリスで買って吉田に贈ったものである。次郎はそれを武相荘に置き、吉田を偲《しの》ぶよすがとした。しばらくして、

「ソファーの革をそろそろ張り替えなくては」

と言われたときには、

「馬鹿なこと言うな。じいさんの手垢《てあか》がちゃんと残っているんだ。大事にしろ」

と血相を変えて怒った。古くても汚くても、思い出には代えられない。次郎にとって吉田は、父であり、師であり、戦友であるとともに、女性に対する愛など比較にならない深さの愛を注ぎ続けた懸想人《けそうびと》であった。次郎は吉田を通して夢を実現できたのである。感謝――などという平凡な言葉では語りつくせない何ものかをじっと抱きしめていた。それは彼らふたりにしかわからないものであったに違いない。

素顔の白洲次郎

時を少しさかのぼる。

昭和二八年（一九五三年）八月八日、次郎がまだ東北電力の会長をしていたころのこと、彼の人生でもっとも悲しい出来事が起こった。最愛の母・よし子が天に召されたのである。

東京と関西に別れて住んでいたこともあり、始終会いにもいけなかった。老衰で二年ほど前からその日の近いのは覚悟していたはずだったが、実際に亡くなってみると胸の中の何ものかがすとーんと落ちてぽっかり空洞ができてしまったようで、寝ても覚めてもずっとため息をついていている始末である。ありきたりな悲しみとはまったく異質のものであった。生前ああしてやればよかったというような悔恨が、胆汁のようにこみ上げてきて次郎の心をさいなんだ。「文藝春秋」の中で彼は次のようにつづっている。

〈何か大きなつっかい棒が急に消滅した様な気持になって世の中から全ての張り合いとかいうものが無くなった様な気がしてならない。（中略）いつでも会いに行けて、いついっても笑顔で迎えてくれるという様な勝手な我儘無比《わがままむひ》の気持があったせいかも知れない。母が亡くなってみると父の場合とは逆に、思い出すことは私が如何に母に迷惑をかけたか、どんなに嫌な思いをさせたかということばかりで母を喜ばしたことなどどんなに思い出そうと努力しても駄目だった。（中略）母の献身的な愛と看護は、いつ考えても私の眼は涙で一杯になる。私は今は亡きこの母がいなかったら、こんな母でなかったら、今ここに生きている人間ではない。母が死んで思うことは只々後悔することのみの連続である。死んだ人は帰らないことは百も承知だが、どうしてもあきらめきれない。私の命の中に大きな空虚が出来たと同じで、この真空地帯は私の生の続くかぎり、永久にこのままでいることには間違いはない〉（『嫌なことはこれからだ』「文藝春秋」一九五四年一月号）

母・よし子の四十九日、次郎は正子や親戚たちとともに菩提寺である三田《さんだ》の心月院に納骨をしようとしていた。折悪しく台風一三号が接近しており天気は大荒れ、嵐の中波濤《はとう》を突っ切る船の甲板の上にでもいるようである。あまりの風雨に一、二日延期してはどうかという意見も出たが、

「馬鹿言え！　お母さんの四十九日がまたくるとでもいうのか！　四十九日は今日しかないんだ！」

と、次郎はヒステリックなほど激しくなじった。その鬼気迫る様子に従わないわけにはいかなくなった。みな次郎のよし子に対する異常なまでの愛情を知っていたからだ。白洲家の墓地

が一ヵ所に集められてしばらくしたころ、

「お母さんをいじめたような人は白洲家の墓所に入ってほしくない」

と、祖母の墓石を実家に送り返そうとしたのである。さすがに実行はされなかったが、彼の愛情の深さを示すエピソードである。そんなことだから、次郎がよし子の四十九日を台風くらいであきらめるはずもなかった。

「風に吹きとばされようが、雨にたたかれようが、何がなんでも行くんだっ！」

次郎の叱咤《しった》により一行は〝十数里の道〟を出掛けることになった。正子はなんとなく次郎の思いがわかっていたので黙ってついていくことにした。母・よし子が生前、次女の福子（離婚してふたりの娘とともに実家に戻っていた）や末娘の三子《さんこ》とともに住んでいた西宮の甲東園《こうとうえん》から山越え谷越えして行くのである。親戚たちの車も次郎の車のあとに続いた。

花崗岩《かこうがん》でできている六甲の山並みは風化が進んでいて案外脆《もろ》い。しばしば鉄砲水《てっぽうみず》が出ることでも有名である。この日もところどころ道路は冠水し、山崩れらしい無残な岩肌の露出があった。雨脚が激しくなると窓ガラスが滝を流したようになって、ワイパーをいくら激しく動かしても前が見えない。正子は冷や冷やしっぱなしである。幸いなことに対向車はまったくなかった。当然だろう。筆者の実家の近所なのでよく通る道だが、道路の整備されていなかった当時のこと、台風の日にあの曲がりくねった悪路を走るのはたいへんなことだったろう。だが次郎はまったく苦に感じなかった。

（生前お母さんにはあれだけ世話になったんだ。その大事なお母さんの遺骨を埋葬するのに、

どんなひどい目にあってもあきらめたりできるもんか）

むしろ天がこうした試練を与えてくれたことは願ってもないことだった。〝この試練を越えて母のために心月院に向かうことが、その大恩に対してわずかながらも報いることになれば〟

——そう心の中で呪文のように繰り返していた。

土砂降りの中現れた次郎たちを見て住職も驚いた。間が悪いことに、埋葬が始まると雨脚は一段と激しさを増してきて天から叩きつけるようにして降りだした。

「読経は短めでけっこうですから」

あとで福子と三子からさんざん非難されたが、次郎はそう住職に注文をつけた。母・よし子は雨の中四十九日法要をしてあげたことで十分喜んでくれている。経を読む長さが問題ではない——それが次郎の理屈であった。こういう場合でも気の短さだけは変わらないのが面白い。住職は次郎の希望にこたえ早めに切り上げてくれた。とは言え、この大降りの中では若い僧が差しかける傘などまったく役に立たず住職もずぶ濡れである。

（ありがたいことだ……）

次郎は心の中で手を合わせた。最愛の母に實相院性海慈船大姉という、海のように広い慈愛を表現した戒名をつけてくれたことにも感謝していた。

納骨式は無事終わり、寺の本堂へと戻りはじめた。雨脚が強いのでつい小走りになってしまう。そんな中、末妹の三子が何度も墓のほうを振り返る様子に、次郎は心をわしづかみにされて立ちすくんだ。

（結婚をせず最後まで母親に孝養を尽くしてきた三子にとって、この別れは自分などよりずっとつらいものだったに違いない）

あまりの不憫《ふびん》さに胸のあたりが酸っぱく痛んできた。瞼《まぶた》が熱くなってぼろぼろ涙が出てくる。誰もいなければきっと咆哮《ほうこう》するようにして泣いていたことだろう。雨と涙でくしゃくしゃになった顔を見られるのが嫌で、

「ひどい雨だな！　本当にひどい雨だ！」

と、わざと大きな声をあげながら本堂へとかけこみ、ハンカチでごしごしと荒っぽく顔を拭《ふ》いた。無性に悲しかった。そうした思いもあったのだろう、三子は晩年を鶴川の白洲家で過ごすことになり、次郎の死の六年後、この地で没している。大柄で色白でふくよかな女性だったという。

次郎の愛情は当然のことのように家族にも注がれた。

次郎は子供たちひとりひとりに愛称をつけている。春正が〝ニヤマ〟、兼正が〝ペピィ〟（Ｐｅｐｐｙ）、桂子《かつらこ》が〝トゥーラ〟（Ｔｏｕｒａ）。海外出張の際には、決まって子供たちのためトランクいっぱいにお土産を買って帰り、メルクリンの鉄道模型など当時はまだ珍しいおもちゃに歓声が挙がった。

冬になると決まってスキーに連れて行った。白洲家は最初志賀高原の木戸池《きどいけ》に、その後は蔵王《ざおう》にスキー用の山荘を持っていた。東京から持っていったコロッケや塩ジャケ、パンなどを雪

の中に埋めておき、一〇日ほどの滞在中に掘り出しては食べるのである。

鶴川の生活も、都会からすればキャンプに来ているようなもの。戦後のモノがない時代には庭にセメントで石を積み上げトタン屋根で覆ってオーブンを作り、パンを焼いたりした。木工細工も作った。そんな次郎は実に良き父親であった。

子供の学業にはまったくの無関心。父兄参観には一度も顔を出していない。春正の記憶に残るのは、小学校六年生のときの学芸会で忠臣蔵をやり、浅野《あさの》内匠頭《たくみのかみ》を演じた際に祖父・樺山愛輔が観に来てくれた記憶のみだというから寂しい限りである。進学先に口を挟むこともなかった。もっとも正子のほうは春正の担任の先生と仲良くなるほどで、PTA活動はそこそこやっていたようだ。

男親というのは娘が可愛いもの。次郎も長女の桂子のことを、溺愛《できあい》していた。年頃になるともうたいへんである。日ごろから、

「どんな奴がお前をもらいにきても反対してやる」

そうきっぱりと宣言していたが、周囲はほうっておかず、どんどんお見合いの話を持ってくる。さすがに〝見合いをするな〟とは言えない次郎は、そのたびにやきもきしたが、見合いから帰ってきた桂子が相手のことが気に入らなかったと言うたびに、それまでふさぎ込んでいた次郎の表情がぱっと明るくなるのだった。

だがついに年貢の納め時がやってきた。牧山圭男という素敵な男性が現れたのである。輸入車販売会社のヤナセに勤めている青年だった。次郎とは旧知の間柄である。桂子はすでに結婚

を決意していたが、ああでもないこうでもないと必死に難癖をつけ反対してきた。それでも桂子の気持ちは変わらない。すると今度は正子に泣きついた。家庭のこととなるとはるかに正子のほうが男らしい。

「わたしに任せなさい」

正子はそう言うと、牧山を新橋の『小川軒』に呼び出して〝面接〟を行った。帰ってきた正子は一言、

「あれは大丈夫だわ」

と言った。万事休すである。正子は当代きっての目利き。次郎も彼女の言うことには従わざるをえなかった。しばらくして牧山が桂子との結婚を了承してもらいに白洲邸を訪問してきた。

「桂子さんと結婚させていただけませんか」

緊張した面持《おもも》ちでそう切り出したが、次郎は暖炉《だんろ》の前に座り、時折薪《たきぎ》をくべながらじっと火を見つめたままである。しばらくあって牧山のほうを見ずに、

「オレは子供たちの結婚にはいっさい口をださない。皆好きにさせる主義だ」

とぼそっと言った。いつもと言っていることが全然違う。その後も会話が交わされたが、次郎は不機嫌な面持ちでずっと横を向いたままである。自分が義父・樺山愛輔に〝お嬢さんを頂きます〟と一方的に宣言して結婚したことなどすっかり忘れた風であった。

結婚式は赤坂のレストランで行われた。次郎は当日熱を出している。子供のようだ。その

上、

「嫌になったらいつでも帰ってこい」

と桂子にこっそり言っているのを正子に聞きとがめられ大目玉を食らった。結婚してからもなお牧山に向かって、

「英国じゃ娘の亭主のことを"7years' enemy"(七年越しの敵)って言うんだ」

と恨み節を口にしている。往生際《おうじょうぎわ》が悪いことこの上ない。こうしたところは父親の文平《ふみひら》そっくり、あるいはそれ以上であった。結局、牧山夫妻は武相荘の奥の、まさに"スープの冷めない距離"に家を建てて住むことになったから、さすがに次郎も静かになった。

孫ができてからは同様に愛情を注いだ。小学校からの帰りが遅いというと、ウィスキーのグラスを片手に駅まで迎えに行った。そして帰ってきてからは肩をもませて恍惚《こうこつ》としていたという。

晩年は正子のエッセイストとしての名が高まり、白洲次郎というと"白洲正子の夫"という形で紹介されることが多くなったが、次郎は白洲正子の名が世に出ていくのをたいへんに喜んだ。特別な敬意を抱いていたらしく周囲の人に、

「うちのカミサンはえらい」

とよく口にしていたという。ところが正子の作品をほとんど読んでいない。『西行』を読みかけたときも、

「わからん!」

と言って投げ出した。親しかった小林秀雄の本も一冊も読んでいなかったというから、要するに文学というものに縁がないのだ。一方の正子は床に入ってから必ず夜遅くまで本を読む習慣があった。次郎は明るくて寝られないのでそのうち寝室は別々になった。

次郎は白洲正子の仕事を理解していなかったが、一方の正子が白洲次郎の業績を理解していたかというと、それもまた疑問である。仕事のことは家庭に持ち込まないというのが夫婦円満の秘訣なのだろう。

ふたりは〝新婚気分の時期が長かった〟と正子が自分でのろけているほどで、夫婦喧嘩というものがほとんどなかった。外であれほど怒鳴り散らしていた次郎が、家の中で怒鳴ったことなど一度もなかったというのが面白い。正子によると、それは次郎が一度手ひどい敗戦を喫《きっ》したことが原因ではないかというのである。新婚時代の夕食の席でのこと。明治期の話題が出て、次郎はついうっかり、

「薩長のやつらは東京で散々乱暴を働いた。お前さんのお祖父さんだって同じだろう」

と口を滑らせてしまった。正子にとって祖父・樺山資紀《かばやますけのり》は至高の存在である。言葉よりも先に手が出た。次郎の横っ面をいやというほどひっぱたいたのだ。これにはさすがの次郎も、鳩が豆鉄砲を食らったような顔をしたまま固まってしまった。それ以来、彼は内弁慶ならぬ〝外弁慶〟になったのだというのである。

正子はかき氷が大好物。五月ごろになるともう〝かき氷〟〝かき氷〟と言い始めるのを見て次郎は、

「おいＰｅｐｐｙ（兼正の愛称）、かき氷作る機械ってどこに売ってるかな?」

と尋ね、〝かっぱ橋〟だろうと聞くと、わざわざ行って買ってきてやるという女房思いの一面もあった。

一方正子は、

〈お金もあったし、ハンサムで紳士なんだから、もてないはずはなかったんだけど、浮気は一度もありませんでしたね〉（白洲正子『いまなぜ「白洲次郎」なの』）

と胸を張っている。次郎はあの容姿に加えてフェミニストでありたいへん女性にもてたのだが、奥さんがそう言うからにはこれ以上は無粋《ぶすい》な詮索《せんさく》というものだろう。実に幸せな夫婦である。

日本一格好いい男

次郎のダンディさはもはや伝説的である。〝お洒落《しやれ》だ〟と言われることを極端に嫌った彼だったが、そのこと自体がすでに格好良かった。

今日《こんにち》、次郎は〝日本一格好いい男〟ともてはやされ、彼の伝説についての特集がさまざまな雑誌で幾度となく組まれている。その淵源《えんげん》をたどれば、ケンブリッジでの生活で身につけた英国流ダンディズムに行き着くわけだが、なかでも彼の身近にいたロビンたちのライフスタイルが一つのお手本になっていたであろうことは間違いない。

近年、海外でブランド品を買いあさる若い女性たちのことがしばしば話題に上る。海外の人の目もきわめて冷ややかだ。次郎も、〝一流品はそれにふさわしい社会的地位にない人間が身につけるべきではない〟と語っている。

「イギリスではロールス・ロイスに乗っていいやつと、ジャガーまでしか乗ってはいけないやつがいるんだ」

というのが持論であった。彼の場合、世界の一流品を身につけてひけらかすようなレベルはとうに超越していて、ごく自然に名品を選んだ。

背広はすべて英国の老舗《しにせ》『ヘンリー・プール』で仕立てた服。欧州視察の折、岩倉具視がセビル・ローにあるこの店でスーツをあつらえたことが、〝背広〟という言葉の語源になったと言われる老舗中の老舗である。

旅行かばんは『ルイ・ヴィトン』を愛用した。

「いいものを使えばホテルでの扱いも違うよ」

と、娘の桂子《かつらこ》がパリに留学する際に持たせている。靴はロンドンからのオーダーメイド。床屋は帝国ホテルと決まっていた。

おいしいものにも目がなかった。次郎が愛した店はいずれも知る人ぞ知る名店であるが、店の主人たちは異口同音《いくどうおん》に、

「白洲さんに食事を出すときはこちらの腕を試されているようで緊張しました」

と告白している。中でも次郎がひいきにしていた寿司屋が銀座の『きよ田』であるが、そこの主人・新津《にいつ》武昭《たけあき》は次のように語っている。

〈じいさん（筆者注：次郎のこと）は自分のうちの子供じゃなくても、三歳とか四歳の子供がワーワー騒いでも絶対おこりませんでした。でも、大人が飲んで酔っ払ってるとね、知らない人でも平気で後から襟首つかんで、「おい、出てけ」って引っ張り出すんです〉

小林秀雄などは次郎から「お前は酒乱だ」とたしなめられていた口だが、かく言う次郎のほうも酒の飲み方は優雅とは程遠いものだったようだ。小林は、

「あいつと飲むのはいやなんだよな。落ち着いて飲めないんだよ」

とこぼしている。余談だが、小林は一人娘の明子が次郎の次男・兼正と結婚したため縁続きとなった。

次郎はご承知のとおり気が短い。関西で言うところの〝いらち〟である。相手のペースに合わせるということがついぞない。食事に一緒に行っても、自分の好きなように飲み、食べるのだが、それがまた人一倍早かった。

ウィスキーの場合、最初の二、三杯をまるで水でも飲むように飲み干してしまう。つまみも一気に食べる。そして自分が満足するとテーブルを指でたたき始める。〝早くしろ〟という合図であった。自分勝手なことはなはだしい。そうしておいて店を何軒も梯子《はしご》するのである。

戦後、銀座の街を二分した人気のクラブがある。前にも登場した銀座生え抜きの『エスポワール』と京都から乗り込んできた『おそめ』（カネボウビルの裏あたりにあった）がそれであった。次郎はどちらにもよく顔を出したが、次郎と親しかった川口松太郎はこの二軒のクラブを舞台に『夜の蝶』（昭和三二年）という小説を書き、吉村公三郎監督で映画にもなった。

その中でふたりのママ（演じたのは京マチ子と山本富士子の二大女優）から思いを寄せられる〝白沢一郎〟（コロンビア大卒の前国務大臣、イラン石油輸入権で荒稼ぎしている政界の黒幕という設定。配役は山村聡）のモデルこそ白洲次郎その人なのである。愛憎の泥沼にはまり、最後は

酔っ払い運転での自動車事故でハンドルが胸に刺さって死ぬという筋書きだから、いくら親しくても怒ったに違いない。

女性には優しいから当然もてたが、同時にたいへんな照れ屋でもあった。新幹線の通路を挟んだ隣に座っている若い女性たちが「素敵なおじ様ね」と話している声がたまたま聞こえ、それからはずっと置物のように固まって窓のほうばかり向いていたという微笑ましいエピソードが残っている。

ウィスキーは『マッカラン』が好きだったが、それとは別に、彼が本場英国から個人的に輸入しているスコッチ・ウィスキーがまさに逸品であった。それは親友のロビンがスコットランドの蔵元から原酒を樽ごと買取って、彼の広大な邸内で熟成させ、頃合いを見計らって送ってくれるものだった。このために次郎は自ら輸入業者の登録までしている。

樽出しのウィスキーはアルコール度が高い。一度このウィスキーでホームパーティーをしたところ急性アルコール中毒で倒れた人が出た。その話を伝え聞いたロビンは、その後、

「お前たちにはこちらのほうがいいだろう」

と、度数の低い瓶詰めのウィスキーを送ってくるようになったという。

彼はスポーツを愛した。野球は大洋ホエールズのファン、犬丸たちを誘ってラグビーもよく観に行ったが、中でもゴルフは生活の一部であった。冬はスキー、それ以外はゴルフと相場が決まっていたのだ。

昭和五七年（一九八二年）、八〇歳のとき、次郎は軽井沢ゴルフ倶楽部の常務理事（現在の理事長にあたる）に就任している。

就任と同時に運営の合理化に着手した。財政を好転させるにはメンバーを増やすのがいちばん手っ取り早い方法なのだが、次郎はこの方法をとらなかった。

――メンバーはいつでも待つことなくプレイできるべきだ。

そう彼のプリンシプルが言っていたのである。逆にビジターには厳しかった。ある文壇のゴルフコンペで、会員でない出版社の役員がもうハーフ回ろうとティーショットを打ったのを見咎《とが》め、途中でやめさせた。仕方なくその役員氏がキャディにボールをとってくるよう頼んだところ、

「もともとラウンドできねえんだから自分でとってこい！」

と一喝したという。

芝の手入れから、従業員の生活、会員の行儀《ぎょうぎ》にいたるまで、ひとつもゆるがせにせず、英国風のゴルフクラブにしようと努力した。一番ティの上で空振りしたり、煙草の吸殻を芝生の上に捨てたりすると、たちまちベランダから降りてきて雷を落とした。クラブハウス内でも帽子掛けがあるのに帽子を卓上に置いたりすると注意した。食事もおいしくしようと犬丸一郎に頼み、帝国ホテルで修業したコックをスカウトした。ちなみに犬丸は次郎の死後、平成一〇年から一六年までこの倶楽部の理事長を引き継いでいる。

次郎の最高ハンデは2。相当の腕前である。球筋もその人柄そのままにいつも一直線。フェ

アウェイからはずれることはまずなかった。ターフをあまり取らず、ＯＢもほとんどなかったが、たまに山に打ち込むとボールを捜すことなどせずにすぐロストボールを宣告し、けっしてプレイを止めることをしなかった。"PLAY FAST"というシャツを作り、スムーズなゲーム進行を心がけた彼は、自ら範《はん》を示したのだ。

次郎はゴルフ場に、けっして日本流の融通を持ちこませなかった。それが首相であっても、である。

中曽根康弘首相が新聞記者とＳＰを連れてきたとき、次郎はメンバーでないからと新聞記者をまず追い出した。ＳＰについても中曽根と一緒にコースに出ることは許さなかったため、彼らは仕方なくクラブハウスから双眼鏡で首相の姿を追ったが、その様子を見て次郎は、

「バードウォッチングか？」

と言ってからかった。当時中曽根首相が、その時々で立場を変えるため〝風見鶏〟と呼ばれていたことにかけたジョークである。

皇族が来て、ふつうにプレイフィーをもらっていいものか支配人がお伺いを立てに来たときも、

「当たり前だ！」

と言って怒鳴った。平等の精神に例外はなかったのだ。

次郎が〝うるさ方〟に憧れていたという話はすでに何度か触れた。彼はよく次のような話を若い人たちに話して聞かせた。

「オレが三〇代のころ、格式のあるクラブハウスの前のデッキチェアには、うるさいジイサンがずらっと並んで日向ぼっこしていたもんだ。オレが行くと決まって『おい白洲、ウィークデーに何しに来た、帰れ！』って言われたもんさ。最近はああいうステキなジイサンが少なくなった」

長男・春正は学生のころ、しばしば軽井沢で朝吹常吉（翻訳家・朝吹登水子の父親、三越社長）と散歩する機会があったが、ゴルフ場の駐車場をひと回りして、一台ずつボンネットをステッキで叩きながら朝吹はこんなことを言ったという。

「こいつも会社の車。あいつも会社の費用。次郎は偉い、自分の車で来ている」

朝吹は公私のけじめを厳しくつけたことで有名な人物である。この話をあとで春正から聞いた次郎は、

「オレが会社（東北電力）のランドローバーで来ていることを知ってて、わざと言ってやがる。イヤなジイさんだ」

と顔をしかめたが、「イヤなジイさんだ」と言いながら、後々までこの話を何度も嬉しそうにしていた（朝吹登水子によれば常吉は、「白洲さんは偉いです。ジープを自分で運転しています」とも言っていたようだが）。

キャディたちにはたいへん慕われ、次郎の死後も、彼のことに話が及ぶと涙ぐむキャディが多かった。次郎は六〇歳になるまでシングルをキープしたが、ハンデが10を超えたところでゴルフをぴたっとやめた。彼の美意識がそうさせたのだろう。次郎の死後、彼を記念してクラブ

ハウス前に一本の桜の木が植えられた。「白洲の桜」と呼ばれるその桜は、毎年春になると満開の花を咲かせ人々の目を楽しませている。

最後にどうしても車の話に触れないわけにはいかない。

若き日、〝オイリーボーイ〟と呼ばれた次郎は晩年まで車を愛し続けた。生涯に乗った車は五〇台を下らないだろうと言われている。

七〇年代、彼は六八年型ポルシェ911Sに乗っていた。パワステもなくクラッチもブレーキも重いが、走りとスピードに徹底的にこだわった車だった。この年式のエンジンは一九〇〇ccだったが、わざわざ二四〇〇ccのエンジンに積み替えている。パワーアップしてブレーキディスクは耐えられるのかなど細かいチェックを行ったあと、自分でアルミ板を2・4と切り抜いてボディーに貼り付け悦に入っていた。ロビンから贈られた赤いドライビング・グラブをはめてハンドルを握るのが最高の喜びであった。

次郎が鶴川の家から軽井沢の別荘までの道順を記したメモが残されているが、まだ暗い朝四時ごろに家を出て、六時にならないうちに「今着いたから」と軽井沢から電話してきたことがあったという。高速道路などない当時のこと。いったいどういう走り方をしたのか。高速道路を使ったとしてもそんな早く軽井沢に着くのは難しいだろう。これも〝次郎伝説〟のひとつである。

助手席に乗せると口やかましいこと限りない。

「遠くを見ろ！」

が口癖だった。遠くを見ると視野が広がるというのである。一度助手席に乗せて懲りた春正は二度と乗せなかったという。

家族のすすめもあって、八〇歳をもってハンドルを握るのはやめにしたが、車に対する情熱が冷めたわけではなかった。トヨタの豊田章一郎社長からソアラの新型を開発しているという話を聞き、さっそく現行のソアラを購入した次郎は、気のついた技術的な問題を書いて送った。

そこで豊田社長は、

「いつも車のことで文句を言うおじいさんがいる。私が聞いても仕方ないから、開発担当の君が行って会ってきなさい」

と、新型ソアラの開発責任者・岡田《おかだ》稔弘《としひろ》に〝白洲次郎担当〟を命じた。それから次郎はしばしば岡田を飲みに誘ってはいろいろと助言を与えた。家でまで岡田の話をしたので、白洲家では〝ソアラの岡田さん〟で通っていたという。

一九八〇年、その岡田にポルシェを目指せと激励し、愛車のポルシェ911Sをぽんと提供した。トヨタの研究費は当時すでに相当な予算枠をもっている。次郎の車を提供してもらう必要などさらさらなかっただろうが、次郎なりの励ましのしるしだった。しかし残念ながら、次郎がそのニューソアラに乗ることはなかったのである。

葬式無用、戒名不用

戦後の日本社会はけっして次郎の期待していた方向に進んだわけではない。

次郎は「週刊朝日」（一九七六年一一月一八日号）のインタビューの中で日本の現状を憂えて次のように語っている。

「今の政治家は交通巡査だ。目の前に来た車をさばいているだけだ。それだけで警視総監にはなりたがる。政治家も財界のお偉方も志がない。立場で手に入れただけの権力を自分の能力だと勘違いしている奴が多い」

しばしば教育にも言及した。中野好夫（英文学者）との対談で次のように語っている。

「日本人は大体話がつまらんですよ。これは中野さんなんか大いに責任がある。教育が悪いんですな。あなたが大学で教授して講義をする、それを生徒が筆記して丸暗記で試験へ行く、そしてそのとおり書くと一〇〇点、そんなバカなこと世の中にあるものですか」

「自分で考えるということを教えない。日本ぐらい自分でものを考える奴が少ない国はありませんよ」

「やはりこれはもっと本質的にいうと、教師が自分で考えることをしない。明治維新前まで、さむらいの子供にいちばんやかましくいった教育、つまり物事の原則を考えるということを教えない」（「サンデー毎日」一九五三年八月二日号）

辻井喬《つじいたかし》（堤清二）は水野成夫の娘と再婚した関係で次郎とは縁続きとなったが、彼が次のように語っている。

〈昔も今も白洲次郎のような人に会ったことがない。それは、自分の感じたこと思ったことを修辞を施《ほどこ》さずに口にして憎まれない人という意味である〉

次郎の言葉はその多くがそのままで人生に対する警句となっており、深い示唆《しさ》に富んでいる。それは彼がしっかりとした〝自我〟を持ち個性豊かな人間で、画一的思考をしなかったがゆえにその言葉は手垢《てあか》がついておらず新鮮に感じられるからだろう。彼の言動のひとつひとつをとれば〝偏屈〟で〝協調性のない〟人間のような印象を受けるだろうが、こうした言葉をつなぎ合わせ、少し引いた位置から俯瞰《ふかん》すると彼の本質が見えてくる。

世の中には幸せな人もいれば不幸な人もいて、人間は本当に平等なのかと疑わしくなるほどだが、ひとつ確かなことは、〝死〟だけは誰の上にも平等に訪れるということだ。華やかな人生を生きてきた次郎にも、そのときが近づいていた。

気がつけば友人たちはみな鬼籍《きせき》に入っている。昭和五五年（一九八〇年）河上徹太郎没（享年七八）、昭和五八年小林秀雄没（享年八〇）、昭和五九年今日出海《こんひでみ》没（享年八〇）。彼らはみな長命ではあったが、それでも友人たちの死が重なったことはこれ以上ない痛手だった。

人恋しくなる夕暮れ時など、

「小林も、今も、死ななくてもよかったのになあ」

とつぶやくことがあり、そんなときの彼はほんとうに寂しそうに見えたという。そして今日出海と同じ年、親友のロビンもまたこの世を去るのである。

次郎はロビンの死の四年前、娘婿の牧山を伴って人生最後の英国旅行に出かけていた。まだ元気だったロビンと次郎は、まるで〝仲のいい子供同士が戯れているよう〟であったという。滞在中、ロビンの長男を訪ねたりして楽しい時間をすごし、帰国の途に就くべくロンドンの空港に向かうタクシーに乗った。するとふたりはこれまでとは打って変わって口数が少なくなった。次郎はこのときすでに七八歳。もう会うのはこれが最後かもしれないという思いがふたりの脳裏に浮かんだであろうことは容易に想像がつく。

途中、ロビンは自宅に帰るためヴィクトリアステーションで降りることになった。車が駅に着き、牧山は真っ先に降りてロビンのためにドアを開けてあげた。するとロビンは次郎にちょっと手を上げただけでろくに挨拶もせずそのまま駅に向かって歩き始めたのである。

当然次郎も降りて見送るものとばかり思っていたのだが、案に相違して車からは一歩も出ず、

「何をしてるんだ、早く乗れ」

と牧山をせかした。

(もう会えないかもしれないのに、これが最後の別れになるかもしれないのに……)

ロビンの後姿はどんどん小さくなっていく。ふたりを交互に見ながら、牧山が車に乗るのをためらっていると、

「早くしろ!」

と次郎は癇走《かんばし》った声で怒鳴った。結局ロビンは一度も振り返らなかった。彼らふたりの美学がそこにはあったのだろう。荘子にある〝君子の交わりは淡きこと水の如し〟という言葉を思い起こさずにはいられない。


昭和五九年、鎌倉の兼正の自宅に、ロビンの次男ジュリアンから一本の電話がかかってきた。

「たった今、親父が息を引き取ったよ。僕からジローおじさんに言うのは忍びないから、申し訳ないがPeppyから伝えてくれるかい」

兼正はかつてロビンの家にホームステイしていたこともあって、ロビンの息子たち(トーマスとジュリアン)とはたいへん懇意にしていた。当然ジュリアンは次郎とロビンの関係を知り尽くしている。次郎の気持ちを考えると、とても自分の口からは言えなかったのだ。

兼正にとってもこの役目は重い。しばらく前からロビンが寝たきりになっていたことはジュリアンから聞いて知っていたが、心配すると思ってわざと次郎には知らせなかったくらいだっ

た。丹田《たんでん》に力を入れてダイヤルを回した。最初お手伝いの女性が電話を取った。電話口の向こうで彼女が次郎を呼ぶ声が聞こえる。受話器を持つ手が汗ばんできて何度も持ちかえた。胸の鼓動が高鳴る。

「ああ、オレだ」

次郎が出た。

「ノーサンバーランドから電話があった……」

それだけ言うのがやっとだった。〝ノーサンバーランド〟はロビンの城館がある場所。これだけでどこからの電話かはわかった。息をついで次の言葉を出そうと勇気を振り絞った瞬間、電話口の次郎のほうから、

「ロビンか?」

と尋ねてきた。

兼正は何も言えないまま身体を固くした。次の瞬間、

「ありがとう」

そうひとこと言うと次郎は電話を切った。兼正は切れたあともしばらくは、〝ツー、ツー〟といっている受話器を耳から離すことができなかった。

次郎が受話器を置いてひとりになったときに流した涙は彼だけの秘密である。荒野にぽつんと取り残されたような寂寥《せきりよう》感——その言い知れぬ孤独の深さを次郎はひとり抱きしめねばならなかった。

昭和六〇年の秋、急に次郎は正子に、

「軽井沢に行くぞ」

と言ってふたりで出かけ、帰ってくるや否や今度は京都へと出かけた。次郎らしく実にあわただしい旅である。物心ついてからというもの、ふたりだけで旅行に行くところなど一度も見ていない子供たちはみな驚いた。

ふたりは伊賀の陶芸家・福森雅武のところで素焼きの湯飲みに字を書いたり、嵐山に行ったりして楽しんだが、その嵐山で思いがけない出来事があった。嵐山の『吉兆』で一般客が立ち入らないという仏間に通され、吉兆特製の親子丼を食べていた折のこと、次郎は何を思ったか、突然幼いころ可愛がってくれた『中現長《なかげんちょう》』の女将《おかみ》の昔話をし始めたのだ。正子もはじめて聞く話である。驚いたのはそれを聞いた吉兆の主人であった。

「その女将はんはこの吉兆の先代のお母はんですがな。九十いくつまでお元気で、この嵐山においやした。ほら、目の前の仏壇に位牌《いはい》がおます。いやあ、ほんまに不思議なご縁ですなあ」

次郎は凝然と固まってしまった。なんということか。目の前の仏壇にあの優しかった湯木やゑの位牌があるとは。老いた次郎の目から滂沱《ぼうだ》の涙が溢れてきた。さっそく仏壇に線香を上げて位牌を手にすると、さするようにしながら長い間離さなかった。これまで何度〝あのときのお礼が言いたい〟と思ったことか。京都に来たことは、そして嵐山の吉兆に入ったことは、けっして偶然ではない気がした。

一一月二六日、ようやく次郎たちは鶴川へ帰ってきた。その夕方のこと、

「だんな様、食事ができました」

いつものようにお手伝いが、二階にいる次郎に知らせに行ったが、この日に限ってなかなか降りてこない。そのときたまたま電話がかかってきた。永山時雄からだった。今度は電話だと呼びにいくと、

「具合が悪いから、あとで、と答えてくれ」

と、いつになく弱々しい返事が返ってきた。

（これはおかしいわ……）

単なる旅の疲れとはどこか違うものが感じられた。すると案の定、突然次郎は血を吐いたのだ。正子はすぐに元赤坂の前田外科病院に電話し様子を話すと、「胃潰瘍《いかいよう》だろう」ということで、その日のうちに入院させることが決まった。次郎は東京に用事がある時は赤坂にある春正のマンションに泊まっていたから、前田外科病院は目と鼻の先である。

永山時雄は、

「親友のロビンが死んでからというもの、白洲さんから〝根気〟が消えたような気がする」

と述懐している。ここで言う〝根気〟とは〝生きようとする気持ち〟でもあったろう。抜け殻のようになった身体からは脂分が抜け、心がかさかさ乾いた音をたてるようになった。

次郎は六十代に入った頃から不整脈に悩み始め、しばしば手首を押さえて脈をとる仕草をす

るようになっていた。好きなタバコもやめていた。その頃はまだ健康に注意していたのだが、晩年になると、どういうわけか病院の検査を受けようとしなくなった。月一回、健康診断のために病院に行っても診せようとしないのである。「こんにちは」と手を挙げてきて世間話をすると「また来ます」と言って帰っていく。これでは医者もなすすべがなかった。

入院が決まった日の夕方、次郎は一階に降りてきて居間のソファーで横になりながら迎えの車を待っていた。テレビの画面には千代の富士の取り組が映っている。〝カン〟のいい男だけあって人生の終幕が近づいたことに気がついたのだろう。心配して一緒にいたかたわらの桂子《かつらこ》に向かい、

「相撲も千秋楽《せんしゅうらく》、パパも千秋楽」

と、珍しく弱音を吐いたという。

しばらくすると迎えの車がきた。大儀《たいぎ》そうに車に乗り込んだ次郎は、

「まだ死なないよ」

と運転手に言った。人生最後の強がりだった。三宅一生《みやけいっせい》デザインのコートを着、ハンチングをかぶったその姿に死の影は微塵も見えなかったが、結局彼はそのまま帰らぬ人となるのである。

病院に到着してみると、やはり胃潰瘍だった。それ自体は大したことがないという話で、手術しようかどうするかという話になったが、念のため全身の精密検査をしてみることになった。すると驚いたことに、ほかの臓器が実にひどい状態だったのだ。心臓は肥大し、腎臓疾患

も併発している。頑健だったために、ぎりぎりまで肉体を酷使《こくし》した結果だった。

「これはひどい……一両日がヤマですね」

言葉が質量を持ち、鋭い鏃《やじり》のようになって正子の胸を貫いた。いくら気丈な人間でも〝死〟に直面してたじろがない者は少なかろう。さすがの正子も心虚《うつ》ろになって、医者の言葉も水の中で聞いているようであった。

(あんなに元気だったジローさんが……)

日ごろの次郎の姿からは死の影など微塵もうかがえなかっただけに、寡婦《かふ》になる心の準備などできていない。足元の地面が崩れ落ちる思いであった。

病室の次郎にその事実は知らされていない。

若い看護婦が、注射器の入った皿を持って病室に入ってきた。そして注射器に針をつけると、マニュアルどおり、

「右利きですか? 左利きですか?」

と尋ねてきた。すると彼は、

「右利きです。でも夜は左」

と真面目くさって答えたのだ。〝左利き〟は酒飲みを指す隠語である。大工は〝ノミ〟を左手で持つことから、〝飲み〟にかけてそう言うのだ。

次郎畢生《ひっせい》のジョークは、残念ながらその看護婦にはまったく通じなかった。彼女はたんたんとオキシフルで腕を消毒し、慣れた手つきで静脈の位置を探り当てると針を刺した。だが次郎

は、人生最後のジョークの出来に満足であった。口元をわずかに緩めたあと、じっと目をつぶった。結局これが最後の言葉となった。

身体は悪いはずだったが、不快な思いは驚くほどなかった。まるで自分の肉体が水晶のように透き通っていくような感じがして、そのまますっと眠りに落ちていった。

入院前日、次郎は兼正のところにローストビーフを届けてやろうと思い、帝国ホテルに注文をしていたのだが、次郎がいつまでたっても取りに来ないことから犬丸一郎は次郎の入院を知った。

犬丸のほかにも永山時雄夫妻、鹿島建設元社長の渥美健夫と、次郎ととくに親交の深かった人々が急報を受けて枕元に駆けつけたが、すでに次郎の意識はなく言葉を交わすことはできなかった。これまで次郎が周囲に振りまいていた愛が、このとき次郎の回復を願う祈りとなって、彼の身体の上に燦々《さんさん》と注がれていた。

だが運命には逆らえない。次郎の身体からは徐々に生気が抜け出していった。

入院してわずか二日後——白洲次郎は何ら苦しむことなく、家族全員に看取られながら安らかに息を引き取るのである。昭和六〇年（一九八五年）一一月二八日午後四時二四分、享年八三。実に穏やかな死に顔であった。

〈プリンシプルを持って生きていれば、人生に迷うことは無い。プリンシプルに沿って突き進んでいけばいいからだ。そこには後悔もないだろう〉

というその言葉どおりに彼は生きた。人生の最後の瞬間まで格好良かった。

翌朝、マスコミ各社は一斉に白洲次郎死去のニュースを伝えた。中曽根首相が弔意を述べる様子がテレビでも映し出され、それを見た多くの人々が、

「ご葬儀はいつになるのですか？」

と問い合わせてきたが、葬式は……なかった。次郎が生前〝葬式無用、戒名《かいみょう》不用〟とわずか二行だけの遺言を残していたからであった。

死の五年前のこと、次郎はソファーに横になりながらかたわらの正子にこう話しかけた。

「俺が死んでも葬式はいらんぞ。知りもしないやつらがお義理で来るのなんか真っ平だ。もし背いたら化けてでてやるからな」

「そんなの口で言ってもだめよ。周りが信用しないから遺言書いといてよ」

「うーん、しょうがねえなあ……」

次郎はそう言って億劫《おっくう》そうに起き上がると、紙とすずり箱を持ってきた。

「おい、遺言の〝ユイ〟って字はどう書くんだっけ？」

などと言いながらこのとき書いた遺書が残っている。

生前、週刊誌のインタビューの中で次郎は、「あなたのモットーは」と聞かれ、「キリスト教徒が聞いたら怒るかもしれんが」と前置きしながら、

「死んだらクサルということだ」

と言い放った。生前、彼が何度も口にしたこの言葉が、〝葬式無用、戒名不用〟という遺言

につながったらしかった。

「次郎が思う存分生きてくれたことを心底知っていたから、子供たちもカラッとしていた」

そう正子は語っている。

知人や遺族たちは彼の遺志を尊重して、葬式代わりに赤坂のマンション二階の次郎の部屋で酒盛りをした。棺《ひつぎ》の前には彼が愛したスコッチ・ウィスキーと〝葬式無用、戒名不用〟の遺言書が置かれ、一晩中騒いで故人を偲《しの》んだ。永山や宮澤喜一、辻井喬はもちろん、戦前の日本水産時代の部下までもが最後の別れに駆けつけた。笑い声さえ上がる一方で、ふと涙ぐむ人がいたり、突然号泣する人が出てくる不思議な会であった。中曽根首相もSPを連れて弔問に訪れている。

春正は棺を同じ東宝グループの葬儀会社に頼んだのだが、あいにく次郎にあう大きさで白木《しらき》の簡素な棺がなく、金箔の少し派手な模様のついたハイカラなものになってしまった。彼が最後に乗った車は、今でこそしばしば見かけるが当時はまだ珍しかった黒塗りのリムジンタイプの霊柩車《れいきゆうしや》。見送りの人々には、いかにも次郎らしい格好いい車だという印象を与えた。

霊柩車の向かった先は品川区西五反田の桐ヶ谷斎場《きりがややさいじよう》。やがて斎場の煙突から煙が立ち上った。

「じゃあなっ」

という言葉が聞こえてきそうなほどの軽やかさで、次郎は天へと駆け上っていったのである。

次郎はあれだけ国に貢献したにもかかわらず、勲章をもらうのを固辞した。

「何で国が勝手に勲何等とか決めることができるのか?」

生前そう言っていた次郎が例外的に意義を認めていたのは文化勲章だけだった。


一周忌のこと、次郎の墓前に三人の紳士が訪れた。それは当時のトヨタ社長・豊田章一郎、長男の章男、そして岡田稔弘。彼らは岡田が丹精《たんせい》込めて開発し、次郎の夢を乗せたニューソアラを三田《さんだ》の心月院に横付けした。

「葬式もしない白洲さんのわがままに対応するには、これしか方法がなかった」

そう豊田章一郎は語っている。

「白洲さんからいろいろとアドバイスいただいたソアラの改造が、こうしてほぼ理想どおりにできました。ありがとうございました」

岡田は墓前で、そう次郎に報告した。次郎は生前よく岡田に、

「“No Substitute”(かけがえのない)車を目指せ」

という言葉で目指すべき車のあり様を示したという。“No Substitute”——実にいい言葉ではないか。その精神は、きっと今のトヨタにも受け継がれているに違いない。

「見ていただけなかったのが残念で……」

岡田は何度もそう繰り返しながら流れ落ちる涙をぬぐった。世界を代表するカーメーカーを

して師の礼をとらせた〝オイリーボーイ・白洲次郎〟もって瞑《めい》すべしである。

次郎の死後、正子がデザインして三田の心月院にふたりの墓をたてることになった。

白洲家の墓はおよそ一〇〇坪の墓域に、一族の墓碑が整然とL字形に並んでいる。もとは心月院の方々に散らばっていたものを一つにまとめたものである。赤松が何本もあったのだが松食い虫にやられて次々と枯れてしまい、正子がその後に桜の木と花みずきを植えベンチをしつらえた。

――よくおいでくださいました。まあゆっくりお座りになられて、時節がよければ花見でもしていってください。

そう語りかけられているようで、温かい雅《みやび》の心が伝わってくる。しばらくして花みずきは枯れてしまったが、桜の木は春になると美しい花を咲かせている。

このあたりの墓石は後背地《こうはいち》の六甲山《ろっこうさん》から切り出された白っぽい花崗岩《かこうがん》が多いのだが、次郎が只見川の工事現場で見つけた石を使ったふたりの墓石は黒々としていて実に目立つ。形も板碑《いたび》をかたどっていてユニークだ。さすがに〝俺の墓〟と彫られることはなかったが、その代わり、次郎そっくりだということで不動明王をあらわす梵字《ぼんじ》が、正子の墓には彼女がエッセイで採り上げた十一面観音を意味する梵字が彫られている。梵字とは古代インド語（サンスクリット語）を書くのに用いられた字のこと。不動明王を表すその梵字はカーンと読む。

不動明王は凄まじい憤怒《ふんぬ》の形相《ぎょうそう》で知られ、大日如来の命をうけて一切の災難やけがれを焼きつくす明王とされている。よく誤解されるように、怒りの形相をしているからといって恐い仏ではなく、むしろ衆生《しゅじょう》を必死に守ってくれているありがたい仏なのだ。

正子のことだ、不動明王の意味するところは十分理解していたことだろう。彼女はその上で、〝これは次郎さんにそっくりだわ〟と判断したに違いないのだ。泉下《せんか》の次郎は苦笑しているかもしれないが、〝うるさ方〟を自任した白洲次郎その人に誠にふさわしい。絶妙である。

次郎の死後、不思議な出来事があった。

武相荘《ぶあいそう》の庭に、どこから来たのか一羽の孔雀《くじゃく》が舞い降りたのだ。しばらく庭に棲《す》みついて、得意げに羽を広げたりしていたが、ちょうど死後一〇〇日目にあたるころ、突然どこへともなくいなくなってしまった。

〈きっとこれは次郎さんに違いない。ダンディな彼だからこそ、幽霊になるなんて無粋《ぶすい》なことはせず、七色に輝く鮮やかな孔雀になって、残した妻の前に現れてくれたのだろう〉

そう正子は書いている。なんとも美しく神秘的な話である。

平成一〇年（一九九八年）一二月二六日午前六時二一分、正子もまた、肺炎のため八八歳の生涯を閉じた。大往生であった。

辻井喬が生前、

「もし、あちらでお会いになるとしたら、どんな人に会いたいですか」

と尋ねると、言下に、

「西行《さいぎょう》よ」

と答えたという彼女は、幽界《ゆうかい》の満開に咲く桜の下で西行に会ったのかもしれない。だがその横にはきっと、

「やっと来たか、遅いぞ！」

と、照れたような笑顔の次郎が出迎えてくれていたに違いないのだ。

あとがき

白洲次郎について書こうと思いたったのは、兵庫県三田市の郷土史家として、次郎の祖父・白洲退蔵の事績について研究し始めたことがきっかけである。

次郎が社会の表舞台に登場したのは、敗戦というわが国の歴史始まって以来未曾有の危機の真っ只中であり、それまでに営々と築いてきた精神的世界が一気に否定され、国民全体が虚脱状態に陥っていた時期であった。

三島由紀夫がかつて嘆いたように、敗戦を境にして、武士道の国として民族的誇りを胸に生きてきたはずの日本人が、一転して卑屈な精神の民族に堕してしまった。そもそも人間は、状況により自分の立場を微妙に、あるいはドラスティックに変化させるものである。それは強い相手に出合ったときのための、いわば人間の生物としての本能でもあったのだろう。

白洲次郎という男は、そうした人間の本能に敢然《かんぜん》と挑戦していった。GHQの前で卑屈になることも阿《おもね》ることもせず、自らの信念を真っ向から主張し、それはしばしば常人からすれば常軌を逸した蛮勇であるかのような印象さえ抱かせた。

ＧＨＱは本国に〝従順ならざる唯一の日本人〟と報告している。そして一見破天荒なように見える彼の行動の中に、いつもすっきりと一本、際立った〝筋〟（次郎はこれを〝プリンシプル〟と呼んでいる）が通っていた。そのプリンシプルなるものを彼がどうやって身につけることができたのか、それをどうしても解き明かしてみたくなったのである。

次郎と同時代を生きた人々の間でさえ、白洲次郎はつかみどころのない人物とされた。本書の冒頭で登場する彼の友人・河上徹太郎は、次郎に関する人物評はみな「写真を見て書いた漫画」であると表現している。実際の次郎を見ないで書いているにすぎない、という意味である。そう言われてしまうと反論のしようもない。たしかに次郎の真の姿は、彼と親しく接した人間でないとわからないのかもしれない。ましてや次郎の死後彼を知った筆者が、どれだけ彼に迫りえたか、はなはだ心もとない。

そうした中にあって、犬丸一郎さん、宮澤喜一さんら、生前の白洲次郎を知る皆さんに貴重なお時間を頂き取材することができたことは望外の幸せであり、本書が多少なりとも〝生の白洲次郎〟に近づくことができたとすれば、こうした皆さんのご協力の賜物にほかならない。

なお本文中の姓名に関しては、失礼ながら直接取材してお世話になった方々も含めすべて敬称を省略させていただいた。また引用文献については、本文中ですべてを明示すると読みづらくなるため巻末に一括して掲げることにさせていただいた。重ねてご海容いただきたい。

本書は郷土史研究の中から生まれた。そういう意味では、三田市在住の郷土史家・高田義久さんほか『ドラマ九鬼奔流で町おこしをする会』の皆様、伊丹の貴重な史料を送ってくれた伯父・前田茂夫の支援は心強かった。また原豊さん、八木法寛さん、前川守さん、一本松正道さん、浜中善彦さん、角倉英司さん、伯父・中西進、弟・教之にも貴重なご指導を頂いた。何度も心月院や三田市立図書館に足を運んでもらった母・池鶴子にもお礼を言いたい。

執筆には余暇を利用した。結果として休日はすべて潰れたため妻・光子、長女・祐里奈にはとんでもない負担をかけた。この埋め合わせはいつか（?）させてもらうつもりだ。

紙面の都合で割愛せざるを得ないのが申し訳ないが、本当に多くの方々に支えていただいた。それらの人々には本書を世に出すことでお礼に代えさせていただきたい。装幀家の間村俊一さんと講談社の加藤晴之さんのおかげで立派な本にしていただいた。良きご縁に感謝したい。

白洲次郎の痛快なエピソードに触れると誰しも、高倉健主演の仁俠《にんきよう》映画を見たあとの観客が、肩で風を切りながら映画館を出てくるのにも似た精神の高揚感に包まれるはずである。しかしその一時的な興奮の後に、信念を持つ人間のみが身にまといえる真の意味での〝格好良さ〟に思いを致していただけるならば、作者冥利《みようり》に尽きるというものである。

白洲次郎関連年譜

文政一二年（一八二九年）七月一五日白洲退蔵三田薬師寺町に生まれる
弘化二年（一八四五年）退蔵勤学料一〇両を与えられ大坂に留学。篠崎小竹に師事
弘化三年（一八四六年）昌平黌入学、古賀謹一郎に学ぶ
嘉永二年（一八四九年）江戸で中小姓に就任
嘉永六年（一八五三年）四月西洋兵書を藩主に奉呈。同月二五日胆液贍病により重態となるが坪井芳洲（大木忠益）の治療で一命をとりとめる。九月末になって勤めに復帰。六月三日黒船来航
安政元年（一八五四年）一月一六日ペリー再び来航。小物見役を命じられ黒船偵察
安政三年（一八五六年）一一月白洲文五郎没
安政四年（一八五七年）一月一二日退蔵白洲家の家督を継ぐ
安政五年（一八五八年）二月一六日澤野栄太郎の娘峯（一人目の妻）と結婚。一〇月福沢諭吉蘭学塾開く（後の慶応義塾）
安政六年（一八五九年）四月二日川本幸民蕃書調所教授方に。九月九鬼隆義第一三代三田藩主となる
万延元年（一八六〇年）五月兵制改革。一三〇石を与えられる
文久三年（一八六三年）六月奉行就任
慶応三年（一八六七年）一〇月大政奉還。一一月二八日英人よりスナイドル銃三五〇挺購入。同日隆義を連れ戻すべく神戸出発。三田へと帰国させることに成功

明治元年　（一八六八年）一月三日戊辰戦争。三田藩一小隊参加。三月大参事就任。七月川本幸民三田に帰国し、英蘭塾開校
明治二年　（一八六九年）五月白洲文平誕生。六月版籍奉還。一一月三田農民一揆発生
明治四年　（一八七一年）六月一日川本幸民没。七月廃藩置県
明治五年　（一八七二年）四月福沢諭吉三田を訪れる
明治一一年（一八七八年）九月二二日吉田茂誕生
明治一三年（一八八〇年）一一月兵庫県初代県会議員になる
明治一四年（一八八一年）交詢社員となる
明治一五年（一八八二年）八月横浜正金銀行官選取締役就任
明治一六年（一八八三年）一月同行頭取就任。三月同行頭取ならびに取締役辞任。岐阜県に奉職
明治一八年（一八八五年）一致英和学校野球部創設。初代主将白洲文平
明治一九年（一八八六年）岐阜県大書記官に就任
明治二四年（一八九一年）一月二四日九鬼隆義没、九月一四日退蔵没。従五位に叙せられる
明治二七年（一八九四年）ボストン美術館で白洲文平コレクション開催
明治三四年（一九〇一年）昭和天皇、正子の兄・樺山丑二誕生
明治三五年（一九〇二年）二月一七日白洲次郎誕生
明治三七年（一九〇四年）二歳　七月二九日ロビン誕生
明治三九年（一九〇六年）四歳　三月一二日ケーディス誕生
明治四三年（一九一〇年）八歳　一月七日樺山（白洲）正子誕生
大正三年　（一九一四年）一二歳　神戸一中入学

大正八年　（一九一九年）一七歳　神戸一中卒業
大正一〇年（一九二一年）一九歳　英国に渡航
大正一一年（一九二二年）二〇歳　九月二一日叔父・白洲十平没
大正一三年（一九二四年）二二歳　ケンブリッジ大学クレア・カレッジ入学。五月二四日ベントレーを購入。九月二〇日から二四日までロビンの城館に宿泊
大正一四年（一九二五年）二三歳　ケンブリッジ大学クレア・カレッジ卒業
昭和三年　（一九二八年）二六歳　白洲商店倒産。帰国
昭和四年　（一九二九年）二七歳　ジャパン・アドバタイザー入社。一〇月京都で第三回太平洋会議に参加。一一月一九日正子と結婚。一二月三日正子の母・常子没
昭和五年　（一九三〇年）二八歳　一二月一三日叔父・白洲長平没
昭和六年　（一九三一年）二九歳　二月五日赤坂氷川町の家にて長男・春正誕生。八月八日叔父・白洲純平没。セール・フレーザー商会に転職、取締役就任
昭和九年　（一九三四年）三二歳　ロビン結婚
昭和一〇年（一九三五年）三三歳　一〇月二三日父・文平没
昭和一一年（一九三六年）三四歳　四月一〇日吉田茂駐英大使を命じられる
昭和一二年（一九三七年）三五歳　三月日本食糧工業取締役就任（後に日本水産取締役外地部部長）
昭和一三年（一九三八年）三六歳　一月三日次男・兼正誕生。一二月一一日吉田和子、麻生太賀吉と結婚
昭和一五年（一九四〇年）三八歳　六月三日長女・桂子誕生
昭和一七年（一九四二年）四〇歳　日本水産を退職。帝国水産理事就任。南多摩郡鶴川村能ケ谷（現・

町田市能ケ谷町）に、茅葺き屋根の農家を買う

昭和一八年（一九四三年）四一歳　鶴川村へ転居

昭和一九年（一九四四年）四二歳　八月五日兄・白洲尚蔵没

昭和二〇年（一九四五年）四三歳　四月一五日吉田逮捕拘留される。五月二四日河上徹太郎同居。八月一五日終戦。九月一五日吉田外相に就任。一二月終戦連絡事務局参与に就任、一二月一六日近衛文麿没

昭和二一年（一九四六年）四四歳　日本国憲法制定作業に立ち会う。二月二八日公職資格審査委員会委員就任。三月一日終戦連絡事務局次長に昇格。高等官一等に叙せられる。五月二二日第一次吉田内閣成立。一二月経済安定本部次長就任

昭和二二年（一九四七年）四五歳　五月二〇日第一次吉田内閣総辞職。終戦連絡事務局次長退任。ロビン離婚し翌年再婚

昭和二三年（一九四八年）四六歳　一〇月一五日第二次吉田内閣成立。一二月一日初代貿易庁長官就任

昭和二四年（一九四九年）四七歳　二月一六日第三次吉田内閣成立。五月二四日貿易庁長官退任。翌二五日通商産業省設立。電力事業再編に取り組み始める

昭和二五年（一九五〇年）四八歳　四月二五日吉田の特使として訪米。六月二二日吉田・ダレス会談。八月一〇日警察予備隊創設

昭和二六年（一九五一年）四九歳　四月一一日マッカーサー解任。五月一日東北電力会長就任。九月八日サンフランシスコ講和条約。ロビンの伯父Edmund Henry Byng（六世ストラッフォード伯爵）が一二月二四日に亡くなりロビン爵位

継承

昭和二七年（一九五二年）五〇歳　軽井沢ゴルフ倶楽部理事就任。一〇月三〇日第四次吉田内閣成立。一一月吉田首相の特使として欧米視察。ロビンと再会しイートン校にロビンの息子たちを訪問

昭和二八年（一九五三年）五一歳　三月欧米視察。五月二一日第五次吉田内閣成立。八月母・よし子没。この年から二年間春正フランスに留学

昭和二九年（一九五四年）五二歳　一〇月八日松本烝治没。一二月七日吉田内閣総辞職

昭和三〇年（一九五五年）五三歳　四日市旧海軍燃料廠払い下げ問題

昭和三二年（一九五七年）五五歳　春正、川喜多長政の東和（現在の東宝東和）に入社

昭和三四年（一九五九年）五七歳　四月一〇日東北電力会長退任

昭和三九年（一九六四年）六二歳　四月五日マッカーサー没

昭和四〇年（一九六五年）六三歳　次男・兼正、小林秀雄の長女・明子と結婚

昭和四一年（一九六六年）六四歳　赤坂にマンションを建て、二階次郎、三、四階兼正夫妻、五、六階春正夫妻が住む

昭和四二年（一九六七年）六五歳　一〇月二〇日吉田茂没。一〇月三一日国葬

昭和四四年（一九六九年）六七歳　三月二一日ホイットニー没

昭和四九年（一九七四年）七二歳　五月六日妹・白洲福子没、九月一二日佐藤達夫没

昭和五四年（一九七九年）七七歳　三月二七日青山二郎没

昭和五五年（一九八〇年）七八歳　九月二二日河上徹太郎没。最後の英国旅行、ロビンと最後に会う。一二月二日麻生太賀吉没

昭和五七年（一九八二年）八〇歳　二月軽井沢ゴルフ倶楽部常務理事（現在の理事長）就任
昭和五八年（一九八三年）八一歳　三月一日小林秀雄没
昭和五九年（一九八四年）八二歳　ロビン没。七月三〇日今日出海没
昭和六〇年（一九八五年）八三歳　一一月一六日から正子と伊賀・京都旅行。一一月二六日前田外科病院に入院。同月二八日午後四時二四分白洲次郎没

平成元年（一九八九年）正子の兄・樺山丑二没
平成三年（一九九一年）一〇月一〇日妹・白洲三子没
平成八年（一九九六年）六月一八日ケーディス没。三月一五日麻生和子没
平成一〇年（一九九八年）一二月二六日白洲正子没

参考文献

『風の男　白洲次郎』青柳恵介著　新潮社（一九九七）
『白洲正子自伝』白洲正子著　新潮文庫（一九九九）
『プリンシプルのない日本』白洲次郎著　ワイアンドエフ（二〇〇一）
『鶴川日記』白洲正子著　文化出版局（一九七九）
『白洲正子〝ほんもの〟の生活』白洲正子ほか著　新潮社（二〇〇一）
『白洲次郎の日本国憲法』鶴見紘著　ゆまに書房（一九八九）
『白洲次郎の生き方』馬場啓一著　講談社（一九九九）
「文藝別冊　白洲次郎」河出書房新社（二〇〇二）
『白洲次郎』白洲正子ほか著　平凡社（一九九九）
『白洲次郎の流儀』白洲次郎ほか著　新潮社（二〇〇四）
「サライ」二〇〇四年新緑特大号
『吉田茂の愛犬白洲次郎』小松原操著「人物往来」一九五二年一月号
『政争と利権にゆがめられた只見川』「経済往来」一九五二年一〇月号
『假面と素顔――日本を動かす人々』大宅壮一著　東西文明社（一九五二）
『素顔の大物たち』今里廣記、鹿内信隆著　サンケイ出版（一九八五）
『戦後経済復興と経済安定本部』経済企画庁編　大蔵省印刷局（一九八八）
『職人貴族　樺山丑二』樺山事務所発行　みずほ出版（一九九一）（非売品）

『白洲退蔵伝』中谷一正著
『三田藩九鬼家年譜』高田義久著（一九九九）
『摂津國三田藩士族』高田義久著（一九九六）
『北摂三田の歴史』北康利著　六甲タイムス社（二〇〇〇）
『摂津三田藩史』高田忠義著（一九八二）
『篠崎小竹先生書簡』中谷一正編
『横浜正金銀行史』
『男爵九鬼隆一――明治のドン・ジュアンたち』司亮一著　神戸新聞総合出版センター（二〇〇三）
『蘭学者川本幸民』司亮一著神戸新聞総合出版センター（二〇〇四）
『ヘボン塾につらなる人々』原豊著　明治学院サービス（二〇〇三）
『福沢諭吉書簡集』慶應義塾編　岩波書店（二〇〇一）

『吉田茂とサンフランシスコ講和　上下』三浦陽一著　大月書店（一九九六）
『日本宰相列伝　吉田茂』猪木正道著　時事通信社（一九八六）
『さらば吉田茂』片岡鉄哉著　文藝春秋（一九九二）
『吉田茂』今日出海著　中公文庫（一九八三）
『人間吉田茂』塩澤実信著　光人社（一九八九）
『父吉田茂』麻生和子著　光文社（一九九三）
『祖父吉田茂の流儀』麻生太郎著　ＰＨＰ研究所（二〇〇〇）
『吉田茂という逆説』保阪正康著　中央公論新社（二〇〇〇）
『吉田茂と復興への選択』戸川猪佐武著　講談社（一九八二）

『吉田茂の遺言』加瀬俊一著　日本文芸社（一九九三）
『吉田茂「避戦工作」書翰』吉田茂記念事業財団編　中央公論社（一九九〇）
『血族が語る昭和巨人伝』文藝春秋編　文春文庫（一九九〇）
『私は吉田茂のスパイだった』東輝次著　光人社（二〇〇一）
『アデナウアーと吉田茂』大嶽秀夫著　中央公論社（一九八六）
『昭和の三傑』堤堯著　集英社（二〇〇四）
『吉田と駐米大使』楠山義太郎著「改造」一九五二年六月号

『近衛文麿　上下』杉森久英著　河出書房新社（一九九〇）
『近衛家の太平洋戦争』近衛忠大著　日本放送出版協会（二〇〇四）
『日本宰相列伝　近衛文麿』矢部貞治著　時事通信社（一九八六）
『近衛日記』共同通信社開発局（一九六八）
『近衛文麿対米和平工作の全容』ロバート・フィアリー著「文藝春秋」二〇〇二年一月号
『風にそよぐ近衛』牛場友彦著「文藝春秋」一九五六年八月号
『聞書　わが心の自叙伝』松本重治著　講談社（一九九二）
『昭和史への一証言』松本重治著　毎日新聞社（一九八六）
『細川日記』細川護貞著　中央公論社（一九七八）

『マッカーサー伝説』工藤美代子著　恒文社（二〇〇一）
『マッカーサーと吉田茂　上下』リチャード・B・フィン著　角川文庫（一九九五）
『マッカーサーの「犯罪」上下』西鋭夫著　日本工業新聞社（一九八三）

『マッカーサーの日本』週刊新潮編集部著　新潮社（一九七〇）
『GHQの人びと』竹前栄治著　明石書店（二〇〇二）
『私本GHQ占領秘史』中薗英助著　徳間書店（一九九一）
『日本永久占領』片岡鉄哉著　講談社（一九九九）
『占領史録　上下』江藤淳編　講談社学術文庫（一九九五）
『共同研究日本占領軍その光と影　上下』思想の科学研究会編　徳間書店（一九七八）
『昭和天皇　戦後』児島襄著　小学館（一九九六）
『軍隊なき占領』G・デイビス／J・ロバーツ著　新潮社（一九九六）
『ニッポン日記』マーク・ゲイン著　ちくま学芸文庫（一九九八）
『公職追放』増田弘著　東京大学出版会（一九九六）
『政治家追放』増田弘著　中央公論新社（二〇〇一）
『講和條約』児島襄著　新潮社（一九九五）
『沖縄問題の起源』ロバート・D・エルドリッヂ著　名古屋大学出版会（二〇〇三）
『日本国憲法成立史』佐藤達夫著　有斐閣（一九九四）
『マッカーサー憲法裏話』佐藤達夫著「政経指針」一九五五年八月号
『日本国憲法を生んだ密室の九日間』鈴木昭典著　創元社（一九九五）
『ドキュメント日本国憲法』西修著　三修社（一九八六）
『新憲法の誕生』古関彰一著　中央公論社（一九八九）
『史録日本国憲法』児島襄著　文藝春秋（一九七二）
『日本国憲法制定の過程Ⅰ・Ⅱ』高柳賢三ほか編著　有斐閣（一九七二）

『憲法制定過程覚え書』田中英夫著　有斐閣（一九七九）
『日本国憲法の草案について』松本烝治著　憲法調査会事務局（一九五八）
『外交と日本国憲法』大塚高正著　文真堂（一九九二）
『1945年のクリスマス』ベアテ・シロタ・ゴードン著　柏書房（一九九五）
『憲法に男女平等起草秘話』土井たか子／ベアテ・シロタ・ゴードン対談　岩波書店（一九九六）
『骨太な男　永山時雄』宍倉正弘著　東京法令出版（二〇〇三）（非売品）
『帝国ホテルの昭和史』竹谷年子著　主婦と生活社（一九八七）
『ホールに音が刻まれるとき』渡辺和著　ぎょうせい（二〇〇一）
『聞書　池田勇人』塩口喜乙著　朝日新聞社（一九七五）
『聞き書　宮澤喜一回顧録』御厨貴、中村隆英編　岩波書店（二〇〇五）
『最後の御奉公　宰相幣原喜重郎』塩田潮著　文藝春秋（一九九二）
『有馬頼寧日記』山川出版社（一九九七〜二〇〇三）
『耳庵松永安左衛門　上下』白崎秀雄著　新潮社（一九九〇）
『大臣に随行して』宮澤喜一著「財政」一九五〇年八月号
『内ヶ崎贇五郎流芳録』東北電力株式会社（一九八五）（非売品）
『子爵夫人　鳥尾鶴代』木村勝美著　立風書房（一九九二）
『私の足音が聞える』鳥尾多江著　文藝春秋（一九八五）
『佐藤榮作日記』朝日新聞社（一九九八）
『猛医武見太郎』三輪和雄著　徳間文庫（一九九五）
『私のメモアール』曾禰益著　日刊工業新聞社（一九七四）（非売品）

『続　重光葵手記』中央公論社（一九八八）
『外交の瞬間』牛場信彦著　日本経済新聞社（一九八四）
『私の軽井沢物語』朝吹登水子著　文化出版局（一九八五）
『絹と武士』ハル・松方・ライシャワー著　文藝春秋（一九八七）
『ひかない魚』新津武昭著　求龍堂（二〇〇一）

『戦後秘史』大森実著　講談社（一九七五）
『実録昭和の疑獄史』室伏哲郎著　㓻文社（一九八九）
『昭和史探訪6　戦後三〇年』番町書房（一九七五）所収〝「サンフランシスコ条約」始末〟西村熊雄
「百年の遺産――日本近代外交史」岡崎久彦著　産経新聞連載
『日米戦争は回避できた』加瀬俊一著　善本社（一九九四）
『民は官より尊し』浅川博忠著　東洋経済新報社（一九九五）
『秘密のファイル　上下』春名幹男著　共同通信社（二〇〇〇）
『劇的外交』霞関会著　成甲書房（二〇〇一）
『JAPAN EXPERIENCE:FIFTY YEARS,ONE HUNDRED VIEWS』compiled and edited by HUGH CORTAZZI
JAPAN LIBRARY（2001）
『LADDERS AND SNAKES』PETER SPIRA（1997）

北 康利
（きた・やすとし）
昭和35年生まれ。東京大学法学部卒業後、都市銀行入行、フィレンツェ大学留学。現在、銀行系証券会社勤務。中央大学専門職大学院国際会計研究科客員教授、京都大学大学院経済学研究科非常勤講師、早稲田大学教育総合研究所特別研究員。資産証券化などのファイナンス理論を専門とする一方で、兵庫県三田市の郷土史家としての一面をもっている。著書に、『ABS投資入門』『北摂三田の歴史』『男爵九鬼隆一　明治のドンジュアンたち』『蘭学者　川本幸民』などがある

写真協力
旧白洲邸「武相荘」 小学館「サライ」 平凡社

白洲《しらす》次郎《じろう》 占領《せんりょう》を背負《せお》った男《おとこ》

2005年8月2日　第1刷発行
2005年8月31日　第3刷発行

著者　北《きた》 康利《やすとし》

発行者　野間佐和子

発行所　株式会社講談社
郵便番号 112-8001
東京都文京区音羽2－12－21
電話　出版部　03-5395-3522
販売部　03-5395-3622
業務部　03-5395-3615

印刷所　慶昌堂印刷株式会社

製本所　黒柳製本株式会社

本文データ制作　講談社プリプレス制作部

N.D.C.289 406p 20cm

定価はカバーに表示してあります。

ISBN4-06-212967-1